全面营改增税收政策对现代服务业的影响及对策研究

张 玥 ◎ 著

北京理工大学出版社
BEIJING INSTITUTE OF TECHNOLOGY PRESS

内容提要

本书以供给侧结构性改革为背景，通过文献研究、市场调研等手段，研究"营改增"对现代服务业的影响，并从税收政策和企业应对两个方面对现有问题提出对策建议。

本书可对致力于全面营改增税收政策对现代服务业的影响及对策研究的学者以及专业会计从业人员提供有益帮助，也可为其他相关读者提供参考。

版权专有　侵权必究

图书在版编目（CIP）数据

全面营改增税收政策对现代服务业的影响及对策研究/张玥著.—北京：北京理工大学出版社，2018.11

ISBN 978-7-5682-5156-3

Ⅰ.①全… Ⅱ.①张… Ⅲ.①增值税－税收改革－影响－服务业－研究－中国 Ⅳ.①F726.9

中国版本图书馆CIP数据核字(2018)第006650号

出版发行／北京理工大学出版社有限责任公司
社　　址／北京市海淀区中关村南大街5号
邮　　编／100081
电　　话／(010)68914775（总编室）
　　　　　(010)82562903（教材售后服务热线）
　　　　　(010)68948351（其他图书服务热线）
网　　址／http://www.bitpress.com.cn
经　　销／全国各地新华书店
印　　刷／北京紫瑞利印刷有限公司
开　　本／710毫米×1000毫米　1/16
印　　张／13.5　　　　　　　　　　　　　　责任编辑／王晓莉
字　　数／272千字　　　　　　　　　　　　 文案编辑／王晓莉
版　　次／2018年11月第1版　2018年11月第1次印刷　责任校对／周瑞红
定　　价／68.00元　　　　　　　　　　　　 责任印制／边心超

图书出现印装质量问题，请拨打售后服务热线，本社负责调换

前言 Preface

2012年1月1日"营改增"试点至今已六年有余,在这六年里,从地区性试点到全国性试点,从单一行业试点到全行业试点,经历了多次试点,2016年5月1日起,以全面实施"营改增"政策为标志,我国完成了营业税改征增值税的重要税制改革。自此,增值税全面覆盖了货物、服务、无形资产、不动产的流转环节,营业税彻底退出了我国税制体系。但是服务、无形资产和不动产的流通领域经营业态复杂多样,经营模式与货物流通领域的工商企业差别很大,因此,目前在增值税领域并行了两套政策:《中华人民共和国增值税暂行条例》及其实施细则和《营业税改征增值税试点实施办法》及其配套措施。前一个是针对销售货物、加工修理修配劳务而执行的原有的增值税条例及一系列的配套措施;后一个是针对销售服务、不动产、无形资产而执行的针对营业税改过来的征税范围的新条例及配套措施。两套政策的并行,导致增值税政策复杂多样。原增值税纳税人和"营改增"试点纳税人适用政策补贴,"营改增"前后取得固定资产和不动产出租、销售适用政策不同,开工的老项目和新项目适用政策不同……全面"营改增"后出现了操作难度大、政策文件不完善等一系列问题。

2015年11月10日,在中央财经领导小组第十一次会议上,习近平总书记提出:"在适度扩大内需的同时,着力加强供给侧结构性改革,着力提高供给体系质量和效率,增强经济持续增长动力,推动我国社会生产力水平实现整体跃升。"这是立足于我国实际,在经济需求疲软,经济下行压力变大的背景下，从供给侧结构性改革中寻找经济发展的新动力。"营改增"顺应了供给侧结构性改革的需求，成为目前我国政府寻求供给侧结构性改革的助推器。

补齐服务业短板是供给侧结构性改革的关键。如果说去产能是供给侧结构性改革的"减法"，那么补短板就是供给侧结构性改革的"加法"。对"量"和"质"两个方面增加有效供给，推进产业结构升级。从"量"而言，我国早已成为世界第二大经济体和全球制造业大国。但是在服务业方面还比较滞后，2015年我国服务业占GDP的比重达到50%，而全球平均水平已经在60%以上，发达国家在80%左右。对"质"而言，服务业内部结构升级也是至关重要的。服务业需要从传统的劳动密集型服务业向知识密集型、高端生产服务业和现代服务业转化。"营改增"税收新政在减轻企业负担、提升企业盈利能力、带动企业增加有效投资、激发创新创业动力、促进产业升级等方面具有积极的作用。

本书以供给侧结构性改革为背景，通过文献研究、市场调研等手段，研究"营改增"对现代服务业的影响，并从税收政策和企业应对两个方面对现有问题提出对策建议，是成都职业技术学院高层次人才科技支撑计划项目"全面营改增政策下企业税收风险及对策研究"（项目编号：16CZYR0122）的总结性成果。

由于著者水平有限，加之时间仓促，书中难免存在不足之处，希望广大读者批评指正。

著 者

目 录 Contents

第一章 导论 …………………………………… 1
第一节 研究背景与意义 …………………… 1
第二节 国内外结构性减税政策研究现状与研究综述 …………………………………… 3
第三节 研究方法与研究内容体系 ………… 11

第二章 "营改增"的背景与目的 …………… 14
第一节 税法与税收制度、税收政策的联系与区别 …………………………………… 14
第二节 税收政策与经济发展 ……………… 16
第三节 增值税转型的经济效应 …………… 23

第三章 全面"营改增"实施与发展 ………… 30
第一节 "营改增"的背景 ………………… 30
第二节 "营改增"的意义 ………………… 35
第三节 "营改增"对经济的影响 ………… 40
第四节 "营改增"试点情况 ……………… 43

第四章 "营改增"对现代服务业的影响 …… 48
第一节 现代服务业的划分及发展趋势 …… 48
第二节 "营改增"对现代服务业的影响 … 52

第五章 "营改增"对邮电通信业的影响和对策 …… 55

第一节 "营改增"对邮政企业的影响及对策 … 55

第二节 "营改增"对电信企业的影响及对策 … 59

第六章 "营改增"对金融保险业的影响及对策 …… 67

第一节 "营改增"对金融业的整体影响及对策 …… 67

第二节 "营改增"对我国银行税收负担的影响 …… 71

第三节 "营改增"对我国保险业的影响 ……… 77

第七章 "营改增"对现代物流业的影响及对策 …… 83

第一节 现代物流业发展现状和对经济发展的作用 …… 83

第二节 "营改增"对现代物流业的影响 ……… 85

第三节 现代物流业"营改增"后的应对建议 …… 89

第八章 "营改增"对技术服务的影响及对策 …… 94

第一节 技术服务概述 ………… 94

第二节 "营改增"对研发技术服务的影响及
对策 ………………………………………… 95
第三节 "营改增"对信息技术服务的影响及
对策 ………………………………………… 102

第九章 "营改增"对电子商务的影响及
对策 ………………………………………………… 110

第一节 电子商务概述 ……………………………… 110
第二节 "营改增"对电子商务的影响 ……… 114
第三节 完善电子商务的税收征管制度建议 … 118
第四节 电子商务在线交易"营改增"后的应对
策略 ………………………………………… 120
第五节 "营改增"对跨境电子商务的影响和
对策 ………………………………………… 124

第十章 "营改增"对鉴证咨询业的影响及
对策 ………………………………………………… 129

第一节 鉴证咨询业概述 …………………………… 129
第二节 "营改增"对鉴证咨询服务业的影响 … 131
第三节 鉴证咨询业"营改增"后的应对措施 … 137

第十一章 "营改增"对医疗卫生业的影响及
对策 ………………………………………………… 142

第一节 医疗卫生业税制概述 ……………………… 142

第二节　医疗卫生机构"营改增"政策解读 …… 150

　　第三节　"营改增"对医院财务的影响及对策… 152

第十二章　"营改增"对旅游业的影响及对策 …… 158

　　第一节　旅游业"营改增"背景 ……… 158

　　第二节　"营改增"对旅行社的影响及对策 …… 162

　　第三节　"营改增"后旅游服务税收监管问题及对策 ……… 166

第十三章　"营改增"对房地产业的影响及对策 …… 175

　　第一节　房地产业"营改增"政策解读 ……… 175

　　第二节　"营改增"对房地产业的影响 ……… 178

　　第三节　房地产业在"营改增"下的对策 …… 187

第十四章　"营改增"对融资租赁业的影响及对策 …… 194

　　第一节　融资租赁业概况 ……… 195

　　第二节　我国融资租赁业税收政策发展现状 … 197

　　第三节　"营改增"对融资租赁业的影响 …… 199

　　第四节　促进融资租赁业发展的税收政策建议 …… 203

参考文献 ……… 207

第一章　导　　论

第一节　研究背景与意义

一、研究背景

随着我国经济的快速发展和全球化步伐的加快，人口红利萎缩、劳动力成本上升、环境恶化等问题日益突显出来，所有这些都在孕育着产业结构的转型，近年来这种结构的转型趋势更加不可避免。税收政策是国家为了实现一定历史时期的任务，选择确立的税收分配活动的指导思想和原则，它是经济政策的重要组成部分。

税收政策引领着产业结构转型，重组后的产业结构决定了经济发展状况，经济发展状况影响税源，这是一个简单的税收经济学原理。在实际操作过程中，税收政策所起的作用效果如何？与政策制定目标差异有多大？这种差异是客观存在的，税收政策在执行过程中，需要及时反馈和修正。

税收政策的形成和发展与社会经济建设紧密地联系在一起。不同时期的税收政策有鲜明的时代特点和经济目标。

(一)中华人民共和国成立初期的税收政策

中华人民共和国成立初期的税收政策执行时间段为1949年3月到1952年年底。经过长年的战争，国民经济萧条，这个时期的首要任务就是以生产建设为中心，恢复国民经济。税收工作的重点由农村转向城市。当时的税收总政策是"国家的税收政策，应以保障革命战争的供给，照顾生产的恢复和发展及国家建设的需要为原则，简化税制，实行合理负担"。同时，根据当时税制不统一的问题，提出了"统一税政，平衡财政收支"的税收政策。

(二)经济始发期的税收政策

1952年年底，我国基本完成了国民经济的恢复工作。国营经济和合作经济在整个国民经济中的比重提高了，商品流转和经营方式也发生了变化，商品流转环节大大减少，出现了"经济日益繁荣，税收相对下降"的现象。在当时的税收制度下出现了"多种税、多次征"的复杂现象,极不利于国家计划管理和国营企业经济核算。因此,提出了"保证税收,简化税制"的原则。税收政策开始服务于对资本主义工商业的社会主义改造。

(三)经济发展期的税收政策

自1978年改革开放以来,社会主义市场经济发展态势良好。市场经济的高速发展给人们提出了统一税法、公平税负、简化税制、合理分权、理顺分配关系、规范分配格局的要求。考虑到社会主义市场机制的需求,我国税收开始了分税制改革。

分税制改革旨在理顺中央与地方之间的关系,调动中央和地方的积极性。同时,分税制充分发挥了税收杠杆调节经济、配置资源的独特作用。中央可以运用属于自身的税种、税收进行全面性调节,地方也可以运用地方税种进行局部调节,这样的多层次税收调节,更有利于掌握调节的力度和幅度,实现预期调控目标。

(四)经济繁荣期的税收政策

经过了经济的高速增长期,近年来我国经济下行压力较大。除了受到全球经济下行的影响以外,我国经济发展也面临着新的环境。为了配合产业升级,我国提出了"营业税改征增值税,结构性减税"的税收政策。

结构性减税区别于全面的、大规模的减税,它是在税负总体水平不变的情况下,为了达到特定目标而针对特定群体、特定税种来削减税负水平。结构性减税强调税制结构内部的优化,强调贴近现实经济的步伐,相对更为科学。

二、研究意义

增值税转型改革,即"营业税改征增值税",是我国历史上单项税制改革减税力度最大的一次。增值税转型将成为结构性减税的重头戏。增值税转型不仅可以拉动投资,促进产业结构升级优化,解决企业创新不足的问题,更可以理顺税制关系、完善税制,符合国家财税体制改革的整体思路。

结构性减税的财税体制改革是经济发展的必然趋势,是我国未来一段时间税收政策的发展方向。虽然"营改增"工作已经全面铺开,但是从2012年营业税改征增值税试点工作在上海开始以来,对本项改革减税效果的质疑声不断。在税收实际征管工作中也存在着诸多问题。本书力求将税收理论和实证研究相结合,以现代服务业为立足点,探寻有效推进结构性减税及产业升级的"营改增"税收政策,这对提高税收政策的有效性,降低税收风险,提高纳税人的满意度和遵从度,具有重要的理论和现实意义。

第二节　国内外结构性减税政策研究现状与研究综述

一、结构性减税政策研究的国际探索与研究综述

各国的结构性减税政策目标都是指向刺激经济增长，其政策的直接目标是鼓励投资、促进消费和提高就业率等。各国的减税目标一致，但是做法不同。我国的结构性减税政策与发达国家的结构性减税政策相比，虽然有一定的共同点，但是存在着不同之处。这些结构性减税政策的不同之处可以看作我国结构性减税政策的主要借鉴点。

(一)对于所得税减税，综合考虑整体税负影响

所得税减税在以所得税为主体税种的国家中运用得较为广泛。其中，对个人所得的税收进行减免时，在衡量个人的税收负担的同时考虑家庭税负，是非常典型的所得税减税案例。时任美国总统的奥巴马在"2009法案"中对个人所得的减税计划就包括了提高个人所得税的子女抵免额。在老龄化特别严重的日本，为了刺激经济，提高经济活力，针对纳税人"上有老，下有小"的情况规定了纳税人如果有赡养老人和养育子女的，每年最高可获得38万日元的税收优惠，以减轻工薪阶层的生活压力。目前，我国采用的是以商品流转税为主体税种的税制模式，这一点在我国的个人所得税政策中尚未涉足，暂时没有相应的个人所得税税收优惠政策。

(二)结构性减税政策的细化程度与发达国家有差距

从结构性减税政策上看，我国结构性减税政策的细化程度还不够，存在走一步看一步的情况。以日本为例，其个人所得税减税政策做得非常细致，考虑得也很全面。他们在制定结构性减税政策时不仅考虑到了家庭赡养人口和养育子女的数量对家庭经济的负担，也考虑到了家庭医疗费用、家庭购买社会保险的压力、家庭偿还住房贷款的压力，以及可能发生的自然灾难会对居民带来意外损失的情况。此外，日本政府还考虑到了勤工俭学人群取得收入的税收减免。

产生这样的差距主要是因为发达国家税制结构已经比较完善，在推行结构性减税的时候能将政策和规定具体化。这一点是值得我国在结构性减税政策的推行中学习和借鉴的。

(三)税制结构导致减税政策的方向不同

我国是以商品流转税为主体税种的国家，这是由我国的经济基础和发展方向决定的。而欧美各国是以所得税为主体税种的国家。这样的差别源于国家经济结构组成。商品流转税主要是以商品为主体进行征收的，其税负的转嫁性很高，在

实际税负测算的时候与理论值相差较大。而所得税是就纳税人所得征收的税，纳税人就是负税人，税负无法进行转嫁。在税负测算和结构性减税效果检测中后者都更简单和直观。不同的税制结构造成参考借鉴程度的差异。就本次结构性减税政策来看，能参考和借鉴的程度是极其有限的。所以，需要在参考和借鉴发达国家的结构性减税政策的基础上，探求适合自己的结构性减税政策。

二、发达国家结构性减税政策借鉴

税制结构的选择往往是在公平与效率之间寻找平衡点，因此不同社会形态中的税制结构不能完全照搬。我国在借鉴发达国家结构性减税政策时必须考虑自己的国情，以便寻找最具有合理性和可行性的税收政策。

(一)结构性减税政策必须随宏观经济环境的变化而变化，根据实际经济情况随时调节

20世纪40—70年代，在西方国家发生严重经济危机的背景下，美国实施了凯恩斯主义的减税政策；80年代，由于上一阶段凯恩斯主义扩张性经济政策带来的负面影响，美国的宏观经济出现持续"滞胀"的局面。此时美国开始实施供给学派的减税政策。到了90年代，受到经济全球化和国际税收竞争的影响，再加上战争问题，美国的财政状况又开始恶化。此时美国采取了综合灵活运用古典主义、凯恩斯主义和供给学派减税思想的新平衡减税政策。到了21世纪初，由于美国经济开始衰退，高失业率等社会问题逐步显现，美国政府采取了联邦减税政策。之后由于经济受次贷危机引发的金融危机的影响，美国金融体系受到巨大冲击，奥巴马政府提出了"2009法案"，以刺激美国经济的发展。

(二)要使结构性减税政策形成体系，整体的税制结构必须先完善起来

由于新的税收法律的制定需要通过人民代表大会来立法，历时比较长，对实际经济状况的反应比较不敏感，容易使政策落后于经济的变化。而对于一些特殊情况，在现有税种上进行调整则不需要经过人大立法，对经济的反应比较敏锐。因此要想使得结构性减税政策形成体系，在面对不同的经济和社会问题时能快速地做出反应，首先必须将我国的税制结构进行完善，在这一点上发达国家的很多做法都值得借鉴。如英国以所得税为主体的税制结构，发达国家关于房地产的税收，以及碳排放税等构成税制结构的税种，都有待我国在建立完善的税制结构的道路上继续论证和探索。

(三)结构性减税政策的细化程度有待提高

发达国家在减税政策设计的细化环节上考虑得比我国具体和详细，从上述与发达国家结构性减税政策的不同点比较中可以得到体现。在个人所得税的设计上，很多发达国家都综合考虑家庭税收负担，在征税之前扣除了赡养老人和养育子女

带来的经济负担(如美国、英国、日本等),有的国家还根据已婚和未婚分别设计不同的申报表。由这些细节可见,发达国家在结构性减税政策的制定上已经渗透进国民生活的方方面面,值得我国借鉴。

三、我国税收政策研究探索与研究综述

(一)结构性减税政策的实施条件

结构性减税政策,是"以提高居民收入水平和扩大最终消费需求为重点,调整国民收入分配格局"的宏观调控决策,是积极的财政政策。结构性减税对于国民经济的增长、居民收入的增加有着现实意义。

1. 结构性减税是调整国民收入分配的有效途径

结构性减税可以在某种程度上增加居民与企业在国民收入分配中的比例,既有利于鼓励企业投资,也有利于刺激民众消费,是扩大内需的有效性政策手段。从经济学角度来看,可使收入更倾向于个人和企业,是一种高效率的资源配置形式。同时,在历次的经济危机中,结构性减税都起到重要作用,成功抵御了经济危机。减税对经济危机的调节效果受到经济学界的公认。因此,目前对企业和居民减税必将减轻企业的负担,扩大企业的生产,刺激居民的最终消费能力,并使居民的消费与企业的生产形成对接,形成良性循环。

2. 结构性减税时机成熟

近年来,经济全球化竞争愈演愈烈,各个国家都试图通过减税来提高本国企业的国际竞争力,并将更多的资源留在个人和企业的手上,刺激内需。此外,充分发挥市场对资源配置的作用,减少政府对经济的干预。2008 年开始,墨西哥出台包括降低公司所得税和社会保险税税率在内的减税措施,减税总额约为 131 亿比索;英国宣布自 2008 年 12 月起下调货物销售增值税税率,使消费者获利 120 亿英镑。从历史上看,在经济繁荣时期用减税政策维持经济繁荣,缓解经济下行压力是较为普遍的做法。我国的财政收入已经保持了多年的高速增长,外汇储备已经居于世界第一位,已经具备了减税的客观条件。所以,国家应该立即实施减税政策。

3. 结构性减税有利于缓解税负压力

近年来,我国宏观税负呈上涨趋势。从税收总量上看,我国税收收入占 GDP 的比例持续上升,从 2008 年的 19% 上升到了 2011 年的 19.4%。我国财政收入占 GDP 的比例由 2008 年的 20.3% 上升到 2011 年的 22.01%。众多数据显示,企业税收负担也是逐年增长的。在税负增加的情况下,企业的税收遵从度大大降低。2011 年全国稽查重点工作成效显著。据国家税务总局统计,全年共立案查处各类案件 21.2 万起,入库查补收入(含税额、滞纳金和罚款)923.5 亿元。这不利于建立良好的税收环境。目前暴露的问题反映出企业税负水平已经不符合市场经济的

要求，相对于市场经济的发展，当前的税负水平明显过高。如不及时进行结构性减税，将会带来更多的问题。这也为政府进一步减税，降低税负水平制造了机会。

4. 继续减税空间已经具备

2011年，中央公共财政收入51 327.32亿元，完成预算的111.9%，比2010年增长20.8%。中央公共财政支出56 435.32亿元，完成预算的103.8%，增长16.8%。2012年全国财政收支预算差额比2011年执行数减少500亿元，财政支出的压力有所降低。从全年来看，虽然受经济形势影响，财政收入增速持续下行，但2012年1—5月已完成全年预算收入的一半以上。税收收入的乐观预期，将为实行结构性减税留下充足的空间。

5. 结构性减税体现政府意志

政府实施结构性减税的最终目的是扩大内需、调整宏观分配关系、调节收入差距，以及构建和谐社会。从目前的税收政策定位来看，过度强调财政收入的增长，会使中小企业税负沉重，大多数工薪阶层收入水平偏低，社会保障能力薄弱，居民消费意愿不强。因此，对税收政策进行调整，对于减轻中小企业和广大中低收入劳动者负担，扶持服务企业、高科技企业、技改企业、研发创新企业的发展，限制"三高企业"的比重，借助货币政策、社保政策之间的互相联动，形成综合调控态势，推动结构调整，促进社会公平与和谐具有十分重要的作用。

总之，减税对于我国目前的社会现状而言具有十分重大的意义，并且具备了实施的条件。只有实施"藏富于民"的减税政策，更多的消费也才能被拉动起来，人民也才会有更大的能力创造更多的财富，经济发展才能持续，国家最终才能实现长治久安。从这个意义上说，对现有结构性减税政策在实践中的效应进行研究具有极大的价值。

(二) 结构性减税在理论和实践中存在的问题

自2008年我国政府首次提出实行结构性减税政策以来，结构性减税已成为积极财政政策的重头戏，在巩固和扩大应对国际金融危机冲击的成果，促进国民经济平稳较快发展方面做出了重要贡献。与此同时，社会各界对结构性减税做了大量的分析解读和理论研究，在很多方面达成了共识，但依然存在实践与理论不符的现象。

1. 对结构性减税概念的理解不够全面和深入

在大量的研究分析中，不同认知的学者有不同的观点。有人认为，结构性减税是为了达到特定目的而针对特定群体、特定税种来削减税负水平，与全面减税有本质的差别，其作用效果也大不一致。也有人认为，结构性减税不仅是税收数量的减少，而且应通过税制结构的优化来达到减税的效果。还有人认为，结构性减税的着眼点在于促进经济结构的调整，而不是促进经济的增长，促进经济增长的任务主要由财政支出来承担。

上述观点从不同的侧面阐述了结构性减税政策的方式和目的。虽然视角不同，但都透析出对结构性减税概念的理解不够全面和深入。所谓结构性减税，是政府在实施积极财政政策中通过调整优化税种及其构成要素减轻居民和企业税负，激发市场活力，增强发展动力，推动国民经济又好又快发展的宏观调控手段。

(1)结构性减税作为积极财政政策的重要组成部分，本质上是政府的一种宏观调控手段。结构性减税是通过调整税种、税目、税率和税式支出等可控变量，不断释放减轻税收负担的政策信号，并通过价格机制传递给市场主体，引导其在追求自身利益最大化的同时按照宏观调控的预期目标进行生产经营活动，从而更好地发挥市场在社会资源配置中的基础性作用，促进经济长期平稳、较快发展。因此，结构性减税政策是一种市场导向，是运用税收参数发挥杠杆作用的间接调控手段。

(2)结构性减税通过各种政策工具的优化组合建立科学有效的内在机制，发挥"组合拳"的最佳效应。结构性减税是一个多元税收政策工具的组合体，税种的调整、税目的增减、税率的调整以及税式支出皆为工具，都有使用的必要。在实践中，各种政策工具的作用、特点、对象和范围既相互关联又相互区别。因此，任何一种政策工具都不是孤立地起作用，也不能期望用一种工具来解决所有问题，必须根据宏观调控目标的需要通盘考虑、统筹使用，把解决现实问题与建立长效机制紧密结合起来，建立起优势互补、有机衔接、协调联动的内在机制，把各种政策工具组合为有机的整体，力争用最少的政策资源和最小的代价取得最佳的综合调控效果。

(3)结构性减税通过减轻企业和居民税收负担的传导机制和作用机理，实现总量上的扩张效应和结构上的激励调节。结构性减税重在减轻企业和居民的税收负担，但减轻企业和居民的税收负担仅仅是结构性减税政策的中间环节和传递媒介。它的主要作用在于相应地增加企业和居民的经济收入，为市场主体创造良好的税收环境，增强微观经济主体的活力。同时，通过税收政策的导向功能，引导投资和消费行为，调整经济结构，有效调配资源。

(4)激发市场活力，增强发展动力，推动国民经济持续健康发展是结构性减税的根本目的。结构性减税政策能不能收到预期的效果，可以从五个方面衡量：①是否有利于刺激需求特别是扩大内需，进而拉动经济自主、有序、平稳增长；②是否有利于改善供给结构，加快转变经济发展方式，提高经济发展质量和效益；③是否有利于发挥市场在资源配置中的基础性作用，增强市场主体的动力和活力；④是否有利于改善民生，企业和居民能否真正从中受益；⑤是否有利于财政可持续性，有效防范财政风险。

2. 对结构性减税政策理论渊源认识不清

(1)结构性减税政策是科学发展观在财税领域的理论果实。结构性减税的理论内核是尊重规律、造福人民的科学发展观。结构性减税政策以减轻企业和居民税收负担为主基调，把公共财政的阳光和温暖送到每一位市场主体，让他们实实在在地得到"真金白银"，真正做到人民财政为人民，彰显了以人为本的核心理念，是科学发展观在财税领域盛开的理论之花。

(2)结构性减税政策是我国财税体制改革探索的实践结晶。结构性减税政策是多年来党中央、国务院治国理政实践的探索结晶。事实上，在党的十六届三中全会提出"简税制、宽税基、低税率、严征管"的税制改革原则中，就已经体现出减税的战略思想。自2003年以来有增有减的税制改革和政策措施走的也是结构性减税的路子。2008年，为了应对特大自然灾害和全球金融危机的冲击，党中央、国务院实施大规模结构性减税政策，顺应民心民意，符合经济规律。

(3)结构性减税政策是对世界各国税收理论政策的有益借鉴。减税政策既是凯恩斯主义的重要内容，也是供给学派的核心思想，历来被各国奉为促进经济平稳增长的良药。结构性减税既没有简单模仿凯恩斯主义运用扩张性税收政策进行需求管理的主张，也没有照抄照搬供应学派通过减税刺激供给和结构调整的思想，而是在借鉴吸收主流财政经济理论范式的基础上，认真研究世界主要经济体减税政策实践，综合考量利弊得失，合理吸收有益成分，提炼形成了具有中国特色和符合国情的政策措施，使我国的积极财政政策在全球财税政策中独树一帜。

(4)结构性减税政策是对我国传统税收文化基因的最好提炼，是对我国传统税收文化中优秀思想的传承和创新。孔子首倡"养民以惠"，孟子主张"薄税敛"，汉代贾谊主张"轻赋少事，以佐百姓之急"，隋代苏威提出"轻赋役"，唐代魏征主张"安民政治，轻徭薄赋"，明代丘浚提出"上之取于下，固不可太过，亦不可不及"，清代魏源认为"善赋民者，譬如植柳，薪其枝叶而培其本根；不善赋民者，譬如剪韭，日剪一畦，不罄不止"。所有这些都贯彻着"善政在于养民，养民在于宽赋"的思想。不仅如此，我国历史上的"文景之治""贞观之治""开元之治""洪武之治"和"康乾之治"等盛世的出现与朝廷休养生息的减税政策均密切相关。结构性减税正是在总结历史经验的基础上，对传统税收文化中优秀基因的秉承和创新。

3. 对结构性减税政策有认识误区

(1)结构性减税不等于财政减收。结构性减税的直接效应就是减轻企业和居民的税收负担，但并不能说明政府财政收入就一定会减少。从长期来看，减税将增加企业盈利，提高个人可支配收入，进而扩大税基，为财政持续增收提供条件。这也是尽管长期以来工业化国家减税浪潮此起彼伏，减税措施层出不穷，但政府收入占GDP比重远远高于我国的原因。迄今为止还没有哪个国家因为减税政策而使财政收入越来越少，更没有哪个国家由于减税政策而导致经济增长速度下降。因此，不能把每年税收的增长与企业税负的增加等同，也不能简单地认为税收增长就是对企业不利，更不能把税收增长当成对积极财政政策扩张效应的一种抵消。

(2)结构性减税不等于企业减负。一般而言，结构性减税就是要减轻企业的税收负担。但事实上，现阶段我国企业所承受的负担既有税收负担也有非税负担，既有显性负担也有隐性负担,既有合理负担也有不合理负担,结构性减税只能减少企业看得见、摸得着的税收负担,对企业的非税负担、隐性负担以及不合理负担,结构性减税显然力所不及。加之,我国企业各种非税负担严重挤占了税收,侵蚀了税基,是真正能够对企业负担和经济增长产生实质性影响的因素。从这个意义上讲,减税是手段,减负是目的,减税不是通向减负目标的唯一路径。因此,结构性减税不等于企业减负,减税未必就能减负。

(3)结构性减税不等于全民加薪。有人提出,政府因结构性减税政策所放弃的税收收入应该全部转化为居民个人可支配收入,也就是把结构性减税与个人加薪等同起来。但是,结构性减税与个人加薪并没有必然联系。税是全体纳税人为获得政府提供的公共产品和服务而支付的价格,是公民应尽的义务;薪则是公民的劳动报酬,是企事业单位的成本。结构性减税不是普惠性的,受惠对象是区域性的、行业性的和分类性的,用结构性减税所放弃的收入来为全民加薪,实质上是用部分税额给大众发红包、搞福利,这种撒胡椒面式的做法不仅达不到利民的目的,而且会扭曲结构性减税政策的调控意图。

四、对我国现阶段实施的结构性减税政策的思考和建议

在未来相当长的一段时期内,结构性减税政策不仅是积极财政政策的重头戏,也是我国经济结构转型的重要推手,在宏观调控舞台上必将发挥越来越重要的作用。2012年我国税收收入已达100 601亿元,同比增长12.1%。表面看来,收入规模和增长速度为实施结构性减税创造了很大空间。但是,我国税收收入占GDP的比重为19.37%,人均税收收入只有1 182美元。如果将8 502亿元的财政赤字和10.7万亿元的地方政府债务考虑进去的话,我国未来实施结构性减税的道路未必平坦。虽然现有结构性减税政策中增值税转型措施已经固化到长期税收制度之中,但还有很多措施仍属于临时性措施。虽有拾遗补阙的功效,却有悖于税法的严肃性和完整性,还需不断地完善。因此,要根据我国经济发展目标,结合市场需求,科学谋划结构性减税政策并将其不断完善。

(一)加强顶层设计,进一步增强结构性减税的科学性

对于我国来说,结构性减税既没有"放诸四海皆准"的成熟理论作支撑,也没有完美无缺的成功模式和操作版本可照搬。尽管六年来结构性减税政策的成功实施创新了积极财政政策的理论,丰富了我国宏观调控的实践,但这些政策带有对策性、临时性和碎片化的烙印。因此,要站在全局高度,把结构性减税与稳增长、控物价、调结构、惠民生、抓改革、促和谐更好地结合起来,按照"远近结合、标本兼治、有扶有控"的原则,遵循市场规律,顺应客观情况,权衡利弊得失,做好战略谋划,提出应对预案,实施相机抉择,防范各类风险,以杜绝目标上偏离国家调控意图、政策上可行性论证不足、技术上量化分析缺乏、事后不做绩效考评

等情况的发生,不断增强结构性减税的科学性、预见性和系统性。

(二)突出政策导向,进一步增强结构性减税的针对性

今后实施结构性减税政策要在保证全国税收政策统一的前提下注重从区域优惠向产业优惠倾斜,由虚拟经济向实体经济转向,由粗放生产向集约生产倾斜,由总量扩张向结构转型转变,由"两高一资"向绿色文明靠拢。在产业优惠中要重点突出战略性新兴产业,在区域优惠中要根据主体功能区规划,向重点开发区和优先开发区倾斜,减少和取消对限制开发区和禁止开发区的优惠,不断增强税制的统一性、严肃性和针对性,减少随意性、盲目性和模糊性,消除形式和效果上的不公平待遇。为此,除了贯彻落实好已经出台的措施之外,还要适应经济形势的新变化,不断丰富结构性减税政策的内容,通过有增有减的政策设计与长期税制改革的结合,把投资引导到有利于节能减排且附加值较高的产业,引导到有利于形成新的消费增长点的服务业领域,引导到有利于满足新的消费需求的战略性新兴产业,建设低投入、高产出、低消耗、少排放、能循环、可持续的国民经济体系。

(三)实施差别税收,进一步增强结构性减税的灵活性

要采取有差别的优惠措施和激励政策,调整不同所有制经济、不同产业、不同地区的税收负担水平。降低服务业的税负水平,加快部分服务业改征增值税试点的步伐,对服务企业的设备更新、技术转让加大税收抵扣力度,对劳动密集型服务企业加大税收优惠力度,研究出台推进服务业综合配套改革的税收支持政策;调整完善鼓励企业研发投入的税收优惠措施,并制定支持新能源、节能环保、电动汽车、新材料、医药、生物育种和信息通信等战略性新兴产业的税收减免优惠措施,对政策重点支持的行业或领域实施优惠税率,并且扩大税前扣除范围。降低奢侈品进口关税和国内售价,让高收入群体的高端消费需求留在国内,释放高端消费需求;适时降低已成为日常生活不可或缺的商品的消费税,引导商品价格合理回归,刺激普通群体的消费潜能。调整能源、资源、农产品等大宗商品的进口关税,制定引导技术改造的优惠政策,鼓励低碳技术、高新技术和高附加值产业急需的先进技术、关键设备和稀缺资源性产品进口,缓解国内所面临的资源约束瓶颈;全面取消"两高一资"产品出口退税率,调整出口关税,坚决抑制相关行业产能过快扩张的势头,推动相关产品出口,推动贸易结构平衡。

(四)突出组合配套,进一步增强结构性减税的协调性

国外减税实践主要是削减所得税类。我国 2012 年个人所得税占税收收入比重为 5.79%,企业所得税占比仅为 19.54%,而增值税、消费税和营业税占比为 54.08%。可见,靠削减所得税来刺激经济的空间小,刺激效应辐射范围有限。此外,我国企业所得税税率为 25%,与世界上 105 个国家 24.99% 的平均税率持平。欧盟 33 国企业所得税税率有 20 个国家高于我国,美国和日本企业所得税税率更是

分别高于我国14.2和14.5个百分点。在增值税方面，欧盟33国中有24个国家增值税标准税率高于我国，且2001—2012年有18个国家提高了增值税税率。如此看来，不管是所得税还是商品流转税，通过单纯降低边际税率实现调控目标的办法也不一定可行。应综合运用税种减免税、出口退税、延期纳税、投资抵免和加速折旧等多种政策工具，并把握好各种政策工具的平衡点，对各项政策进行优化组合，通过协同发力谋求组合效应。在此基础上，减税政策还应与产业、价格、货币和其他财政政策相协调，并建立联动机制，通过"组合拳"推动产业向中西部转移，延缓传统要素禀赋优势的弱化；推动沿海企业转型升级，培育新的竞争优势；推动数量扩张型增长方式向质量效益型发展模式转变，用最少的政策资源和最小的代价取得最好的调控效果。

(五)加强预算控制，进一步增强结构性减税的有效性

迄今为止，我国纳入结构性减税范围的政策措施有很多，但实施这些措施实施后，国家每年到底让渡了多少税收收入，企业和老百姓因此真正享受到多少实惠，并在多大程度上有利于宏观经济和市场活力，目前还没有一个科学精准的跟踪考评机制，这不仅是我国加强结构性减税政策管理所面临的制约，也为社会各界正确把握结构性减税政策意图增加了难度。所以，要尽快改变这种总量说不明、效果道不清的现象，对结构性减税政策进行预算控制，全面测算规模和科学分析政策效果，并将正在实施或计划实施的结构性减税政策纳入政府预算，编制结构性减税政策年度预算表，提高政策实施效果的精确度和可靠度。对其进行量化考核和科学管理，定期公布条文规定、总体规模、资金分布和政策效应，切实增强结构性减税的有效性。

第三节 研究方法与研究内容体系

一、研究思路

本书是在我国全面"营改增"税收政策改革的背景下，结合产业结构升级的要求，以现代服务业为切入点，广泛借鉴发达国家结构性减税的成果和经验，按照理论性、系统性和实践性的思路，着力构建我国结构性减税政策的理论体系和方法体系。

(一)理论性

按照经济学原理构建以商品流转税为主体的结构性减税政策的理论体系和方法体系，解析结构性减税政策的核心内涵，结构性减税政策目标，结构性减税风险形成原因及特点，结构性减税政策监控、管理方法，结构性减税完善方向。

(二)系统性

按照系统性原理建立结构性减税政策管理理论和方法体系,在"营改增"对现代服务业影响的章节内容中体现结构性减税政策理论的系统性、联系性和连贯性,以及税收政策制定与实施的关联性、系统性和效应性。

(三)实践性

"营改增"的结构性减税政策,在国内外并没有成熟的理念和经验可以借鉴。本次"营改增"对于我国来讲是"摸着石头过河",通过积累、比较、总结、提炼、修正、完善,建立和发展起来。其目的是更好地指导实践,有效地推进结构性减税政策的制定和实施,更具有效率地优化市场资源配置,提高纳税人的满意度和遵从度,建立良好的税收征管环境。所以,本次"营改增"结构性减税政策的理论和方法源于实践,目的是更好地实施减税政策,促进理论与实践互动循环。

二、研究方法

(一)文献研究理论分析法

本书以规范的文献理论分析研究为基础,广泛收集国外、国内结构性减税政策的优质文献资料,系统性甄选符合我国基本国情的内容,形成系统性、高品质的文献资料。由此深入分析研究相关文献的理论和实践价值,在此基础上形成对税收风险管理的系统、科学认知,进一步调研实践和深入思考,提出创新的理论观点和认识,探索建立系统、科学的结构性减税政策发展方向和管理方法。

(二)系统与比较研究法

本书在文献研究的基础上,有效运用系统和比较研究方法,将国外结构性减税政策的基本原理和成功经验与我国的经济发展情况、现实税制情况做系统分析和比较研究。同时将国内已有的结构性减税政策前沿性理论经验和时间成效进行系统比照研究,分析甄别相互之间的共同规律和有价值的观点、方法,深入进行系统研究、提炼和归纳,创建系统、科学的结构性减税政策理论和方法体系。

(三)实证研究法

本书以实证研究法为重点研究方法。首先,通过实践调研,获取大量的企业纳税数据,获得第一手资料,并将资料进行统计分析。将企业实际财务情况和结构性减税政策导向进行分析研究,提炼出具有普遍性指导意义和理论价值的观点和方法。

三、研究总体框架和内容体系

本书共十四章,研究的总体框架和内容包括:第一章导论,阐述研究背景与意义、国内外结构性减税政策研究现状和研究综述以及研究方法与研究内容体系;

第二章"营改增"的背景与目的，主要介绍税法、税制、税政的联系与区别，税收政策与经济发展，增值税转型的经济效应；第三章全面"营改增"实施与发展，通过文献资料研究对"营改增"实施的背景、"营改增"的意义、"营改增"对经济的影响、"营改增"试点情况，以及全面"营改增"的实施做了详细的解析，是全书的研究环境和实践基础。第四章到第十四章，将现代服务业细化为具体行业，分别是邮电通信业、金融保险业、现代物流业、技术服务业、电子商务、鉴证咨询业、医疗卫生业、旅游业、房地产业、融资租赁业等，逐一探讨"营改增"对各行业的影响以及应对策略。

第二章 "营改增"的背景与目的

第一节 税法与税收制度、税收政策的联系与区别

由税收这一经济行为,产生了税法、税收制度以及税收政策。它们之间从不同的角度共同作用于税收这个经济行为,调整分配关系,引导资源流向。

一、税法与税收制度的联系与区别

税法是因税收行为而产生的法律,属于法律范畴,其调整税收活动并提供法律保障。税收制度是为了实现税收的职能,由国家以法律(税法)的形式确定并通过行政手段进行课税。

税法与税收制度在外部表现形式上存在许多一致的地方,且在实际运用中相辅相成、不可分割。从法律层级上看,税法和税收制度都是由税收法律、税收行政法规、税收规章、地方性税收法规和规章这几个不同层级的法律规范组成的。从组成要素上看,税法与税收制度又是一样的,都是由纳税人、征税对象、税率、纳税时间和地点等所组成。由于税法与税收制度从形式层级到组成要素都是一致的,所以很多人分不清税法与税收制度,干脆将税收制度称为"税收法律制度"。但是,这是一种不准确的表达方式。

税收制度是一个复杂的体系,是一个国家税负结构、税收管理体制及征收管理体制的总和。税负结构是一个国家或地区在一定历史时期,根据自己的社会、经济和政治的具体情况,以法律形式确定下来的税收体系。它主要解决国家对什么收入和行为征税,征多少税的问题;税收管理体制是中央和地方政府之间划分税收管辖权的制度,包括税收政策的制定、税法的颁布、税种的开征和停征、税目的增减、税率的调整、减免税权限的划分等;征收管理体制是税收征管机关依据税法开展税收征管的规程,由管理、检查和征收三个部分组成。

总的来说,税法和税收制度有三大不同。

(一)属性不同

税法是法律范畴,属于上层建筑;税收制度是由经济基础过渡到上层建筑的

中间环节，属于经济范畴。它们属性不同的表象是其侧重点不同。税法的重点在于调整税收关系；税收制度的重点在于调整税收与经济制度的关系。

(二)确立程序不同

属性的不同引起税法与税收制度的确立程序有所区别。税法属于法律范畴，所以它的立、改、废有严格的法定程序，对其进行调整和变化时效性差。税收制度是一个经济范畴，其变化的程序相对容易，对经济的调节作用明显，时效性强。

(三)效力不同

税法具有人人必须遵守的效力，公平、公正、公开。税收制度主要是对结构内部或管理人才有约束力。

属性的不同、确立程序的不同、效力的不同决定了税法和税收制度是有区别的，不可等同对待。

虽然税法和税收制度有区别，但是它们内在的联系是紧密的。税收作为财政收入的主要形式，必须通过制定税收制度才能实施，才能实现实际收入，确保税收收入的实现，确保财政收入。同时，因为税收的无偿性，需要将税收制度上升到法律层面，借助法律的强制力量把主要的税收制度公开化、强制化，成为具有普遍约束力的行为规范。如果没有税法的强制力，再完善的税收制度也是一纸空文。所以，税收制度是税法产生的基础。对于成熟的税收制度，可以将其固定化、规范化、法律化。对于不成熟的税收制度，对其考察一段时间，然后进行修正，待其成熟后再上升为税法。

二、税法与税收政策的联系与区别

税收政策是国家指导和影响税收征纳活动及税务管理准则的措施，属于行政范畴。它是税收制度的中心准绳，决定着税收的方向。我国的税收政策是根据国家经济发展状况、经济发展目标和路线方针而制定的，反映了不同时期国家政治经济状况。

自中华人民共和国成立以来，我国先后经历了五次大的税制改革。每次改革都是以当时国家制定颁布的税收政策为先导的。税收政策是指导税收工作的基本方略。

税法和税收政策是有区别的，主要表现在三个方面。

(一)制定的主体和程序不同

税法因其法律属性不同，其制定主体只能是国家，是由国家立法机关和经立法机关授权的国家行政机关制定的。税收政策的制定者也是国家，但是由国家行政机关制定，行政属性明显。

由于两者的属性和制定主体不同，其制定程序也不一样。税法有严格的制定程序，称为立法程序。而税收政策一般没有专门的制定程序，其表象经常是在某一个经济目标或者政治形势下，快速出台与之相匹配的税收政策。税收政策的出台可以雷厉风行，变动和完善非常灵活，而税法的制定迟缓且稳定。

(二)表现的细致程度不同

税法是法律，其细致程度更强，能具体、全面、详尽地阐述问题，可操作性很强。税法的这一特点保证了税收征管的效力和效率。税收政策具有指导性，一般比较概括，是对税收工作的方略指导，实际操作性并不强。

(三)效力和责任不同

税法受到国家强制力保护，具有强制性、无偿性和公平性的特点。税法具有法律效力，同时其效力范围广泛，包括纳税人和征收机关都受到它的约束，没有特权。不论谁违背了税法，都会受到明确的公平制裁。所以说，税法具有确定的法律责任。而税收政策并没有具体的规范，仅仅是一个具有指导性作用，不具备法律约束力，也不以法律责任对责任主体进行惩戒的措施。

税法与税收政策的本质区别决定了两者不可能在任何情况下都是一致的，正确处理它们之间的关系才能将税法制定得更完善。具体而言，在制定税法的时候，应该充分领会税收政策的精神实质，使税法既能反映客观经济规律，又能体现国家的税收政策要求；而当税收政策与税法不一致甚至相抵触时，应该按照税法执行。

第二节 税收政策与经济发展

发展中国家的主要经济问题是经济落后、分配不均和通货膨胀。因此，经济发展的主要目标是促进经济增长，缓和分配不均和控制通货膨胀。税收政策对实现这些经济目标都可以发挥积极的作用。

一、税收与经济增长

在发展中国家，经济增长的主要约束是资本短缺。因此，税收对经济增长的贡献就在于调动更多的社会资源用于弥补这一缺陷。一般来说，税收在这个方面的作用主要有两点：一是为公共投资筹集充足的资金，即扩大公共储蓄；二是刺激私人和企业把更多的收入用于储蓄和投资，即增加私人储蓄。

(一)扩大公共储蓄的税收措施

扩大公共储蓄的主要手段是增加税收收入。发展中国家作为一个整体，税收水平是较低的，主要原因是税收基础薄弱和税收潜力未被完全开发。在发展中国家中，可以采用如下措施增加税收：①在现行税收结构下提高税率；②颁布新税法，开辟新的税源；③改善税收管理，提高征税效率；④改革现行税收结构。

在不改变现行税收基础的条件下，提高税率当然能够增加财政收入。但是，提高个人所得税税率不是增加税收的有效办法。因为，第一，税收增加的幅度很小。在低收入国家，甚至在中等收入国家中，个人所得税的征税对象只占人口的极小部分。在20世纪70年代初期，除了缅甸、肯尼亚、土耳其等少数国家外，几乎所有的发展中国家的个人所得税只涉及不超过2%的人口。与此相比，1980年美国大约有50%的人口缴纳个人所得税。所以，即使发展中国家能够把个人所得税税率提高，所增加的税收收入也是十分有限的。发展中国家的个人所得税占总税收收入的比例只有10%。因此个人所得税税率平均提高10%，总税收也不过只提高1%。第二，虽然发展中国家个人所得税纳税比例低于发达国家，但个人所得税税率差不多与发达国家一样高。可见，发展中国家的个人所得边际税税率已经很高，再提高税率的余地不大。个人所得税税率超过一定界限就会引起逃税和避税的发生。第三，个人所得税的征收对象大多是城市的富有者，在很多发展中国家这个阶层最有势力，在政治上影响很大，提高个人所得税税率将会招致这个阶层的强烈反抗。

在发展中国家，提高企业所得税税率是较为可行的。由于发展中国家国内企业制度不发达，这种税的征收对象主要是外国经营的大型企业。但是，提高这些外国企业所得税税率是有限制的，而且对跨国企业征税过高会引起大量逃税。

销售税与特别产品税是较有希望增加政府收入的税源，因为对产品征税较之对所得征税容易些。发展中国家一般很少征收零售税和批发税，而采用周转税和增值税的形式对制造品的生产和流通征税。与所得税相比，销售税税率的提高不仅可以增加较多的税收收入，而且最不易遭到公众的不满和反抗。但是，一旦这种税率超过20%，逃税行为就会不可避免。

特别产品税也是一种销售税，但它只对少数几种特殊的商品（如汽油、酒、烟等）征税。大多数学者认为，特别产品税是一种增税的理想源泉。第一，这种税的征收对象是一些限制性消费品，需求价格弹性很低。第二，现在已经有越来越多的证据表明，烟酒之类的商品对人体是有害的，对这类商品加以限制有益于人们的健康。从以上两个理由来看，提高特别产品税税率的可行性是最大的。实际上，许多发展中国家都自觉地运用特别产品税来增加政府收入，有的国家的特别产品税税率甚至高达100%以上，并且还有上涨的趋势。

外贸税是发展中国家最重要的税源。在很多发展中国家，外贸税几乎占总税收收入的1/3，其中进口税就占1/4。在最贫穷的国家，这种税收所占比例甚至高达50%。提高关税税率的余地是很大的，但也不是无限的。首先，高关税虽然保护了国内的朝阳工业，但是也保护了落后的低效率工业。其次，过高的进口税会促成走私与逃税，既使合法的进口品减少，又使进口税收收入减少。例如，1969年前在哥伦比亚，香烟的进口税超过了100%，结果在市场上看不到征过税的外国香烟,而黑市上的外国香烟到处都是。最后,除了韩国、新加坡少数国家和地区外,大多数发展中国家的进口税都采用严格等级制,耐用消费品特别是奢侈品的关税最高,中间产品的关税稍低一些,而关税最低的是资本品和生活必需品(如粮食等)。但是,对消费品尤其是奢侈品实行高关税一般不会得到很高的税收收入,因为这些产品是有高价格弹性的。

在发展中国家,最不重要的可能是财产税。据相关资料表明,20世纪70年代初,22个发展中国家没有一个国家的财产税对总税收收入的比例达到10%。其中肯尼亚只有0.7%,刚果最低,只有0.1%。这说明在发展中国家中提高财产税税率的潜力很大,但实际做起来很困难,因为财产所有者具有强大的政治经济势力,可以阻止财产税税率的提高,或者采取各种手段逃税。

除了提高现行税收的税率外,发展中国家还可以开辟新的税收收入源泉。在许多发展中国家,由于种种原因,很多应征而未征的税源完全被忽视了,如机动车辆登记税、城市财产税、国有企业收入和利润税等。此外,开辟税源的另一个渠道是对服务业部门征税。通信服务在许多发展中国家至今仍然是不征税的,外国旅游停车站等劳务收入也是免税的。实际上,对劳务收入征收所得税不仅能获得较高的税收收入,还会有利于收入分配,这是因为高收入阶层购买服务的数量大于低收入阶层。

与税率提高和开辟新的税源相比,税务管理的改善也许是增加税收收入的一个很重要的措施。不需要提高税率,也不需要增加新的税种,只要政府的税务工作者提高工作效率,廉洁奉公,税收收入就会大大增加。事实上,在所有发展中国家,逃税现象极为严重,这已成为发展中国家制定财政政策中面临的最棘手的问题之一。

发展中国家的征税效率普遍较低,且亟须做出积极的改善。

增加税收收入的最后一个政策措施是改革现行的税收结构。这种措施难而有效。韩国在20世纪60年代早期,智利在20世纪70年代,印度尼西亚在1984年都推行了税收改革。值得注意的是,哥伦比亚在1974年推行了税收改革,这次税收改革在税收收入增长和分配方面取得了惊人的成绩。改革后的第一年,税收收入就增长了45%。仅在第一年,从最高的收入阶层中就转移了占国内生产总值1.5%的收入。

(二)税收政策对刺激私人储蓄与投资的作用

税收政策对促进经济增长的作用不仅在于增加公共储蓄,而且在于刺激和引导私人部门增加储蓄和投资。为了增加更多的公共储蓄,税收收入应该是越多越好,但税收收入的增加就减少了私人的储蓄和投资。企业可以追求利润最大化,但一个国家不能追求税收最大化。应从微观角度考察何种税收相对来说更能刺激私人的储蓄和投资。

征收个人所得税是否会导致私人储蓄的减少,对这个问题各界有不同的看法。

一些研究表明，在发展中国家，所得税的增加对储蓄没有或有很小影响，因为发展中国家的高收入阶层（个人所得税缴纳者）的消费倾向很强。另外一些研究则表明，发展中国家富有阶级具有很强的储蓄倾向，因此个人所得税的增加对消费影响不大，而对储蓄会产生十分不利的影响。也就是说，税收与储蓄具有很强的替代性。这两种相反的观点都可以找到经验证据。有的学者认为，在某些国家，特别是拉美一些国家，消费倾向是很强的；而在另一些国家，特别是东南亚一些国家，储蓄倾向却相当强。可见，征收个人所得税对私人储蓄产生多大抑制作用要依各国的储蓄倾向或消费倾向的大小而定。

如果说关于个人所得税对储蓄的不利影响还有争论的话，那么企业所得税对储蓄的抑制作用就几乎确定无疑了。企业的利润扣除盈利后，几乎无一例外地用于储蓄和投资。对这部分收入，征税越多，企业储蓄和投资就越少。因此，发展中国家若要刺激私人储蓄和投资，减少公司所得税是一个有效的措施。

就私人储蓄刺激而言，在大多数发展中国家，消费税比所得税抑制效应要小得多。消费税包括普通销售税和特别产品税以及进出口税等间接税。人们的储蓄意愿最直接地受他们收入的影响，而只间接地受消费的影响，因此直接税比间接税更加损害家庭储蓄意愿。

由于以消费为基础的税收比以收入为基础的税收更能有利于私人储蓄的增长，几乎所有的发展中国家主要依靠间接税来积累公共储蓄。但是，间接税对储蓄也有不利的影响，因为产品税最终要加到物价上去。面对这种情况，有些学者提出对消费直接征税。具体做法是：纳税人每年向税务当局申报总收入和总消费，低于政府规定的最低水平消费免征消费税，如果高于这个水平的消费就征收消费税。而且消费税税率随消费的增加而上升。直接消费税的观点在几十年前就有人提出过。

资本所得税和社会保险税是抑制私人储蓄的两个重要税种。由于国民储蓄率在很大程度上是对资本税后报酬率的反映，因此对资本收入（利息与红利）征税将会导致为投资使用的私人储蓄量的减少。同样，由于人们进行储蓄在一定程度上是为退休筹集资金，因此，征收社会保险税也能降低私人和国民储蓄率。

一个国家的税收制度除了影响私人储蓄的能力，从而影响私人投资以外，还能够影响一国一个既定私人资本量的投资数额和配置。

首先，必须认识到一国的实际私人储蓄额与国内实际私人投资数额是两个不同的量。如果资本净流出额大于零，国内实际投资额就会小于实际私人储蓄额，反之亦然。发展中国家的实际情况表明，尽管对资本外流实行外汇控制和其他限制，资本仍然倾向于在国际范围内流动。如果国外的资本净收益大于某一个特定发展中国家的资本净收益，那么国内资本就会流向国外。而决定一个既定国家资本净收益的一个关键因素就是该国的资本所得税。实际上，试图对资本收入征收重税的国家的资本外流率是相当高的。

全面营改增税收政策对现代服务业的影响及对策研究

目前，大多数国家已认识到资本国际流动的问题，并力求把资本所得税税率限制在国际一般水平。这一点从大多数发展中国家的公司所得税税率十分接近这一事实中可以得到证实。在拉丁美洲，公司所得税税率一般为25%～40%，而美国在1986年这个税率是46%。在东南亚地区，除中国香港外，大多数国家和地区的公司所得税税率为30%～40%。

发展中国家的应税企业中相当一部分是跨国公司的附属企业。在这种情况下，对企业所得税的减免不仅能阻止国内资本外流，而且有吸引外资的作用。此外，政府还可以采取优惠的税收政策以吸引更多外资企业的资本和利润。

税收除了对私人资本国际流动有影响外，还对国内私人资本的配置影响很大。为了把私人投资引导到需要优先发展的工业，如基础工业、出口工业，或引导到经济落后的地区，很多发展中国家政府有选择地对国内投资者提供巨大的税收刺激。这种刺激一般有两种主要方法：一是提供免税期；二是加速折旧或税收扣除。显然，这两种情况都减少了应税收入和缴税额。而税收的减少自然会促进企业投资意愿的增强。

二、税收与收入分配

除了促进经济增长外，税收政策的另一个目标是减轻收入分配不平等的程度。在许多发展中国家，收入分配不平等颇为严重。发展中国家占人口10%的高收入阶层占有总收入的一半，而发达国家占人口10%的高收入阶层只占有总收入的30%左右。可见，发展中国家税收政策在调节收入分配方面具有更加重要的意义。

调节收入分配的主要方法就是实行累进税制，即税收负担随收入增加而以更大比例增加。累进税制虽然本身不能帮助穷人变富，但可以阻止富人变得更富，使贫富悬殊程度得到缓和。由于人们的富裕程度可以由收入、消费和财产三个方面来计量，累进税制一般包括三种形式，即个人所得税、消费税和财产税。

个人所得税是累进税制最重要的形式。由于发展中国家个人所得税占国内生产总值和总收入的比例相当低，个人所得税调节收入分配的作用是有限的。但是，发展中国家的个人边际所得税税率却不低，甚至比发达国家的税率还高。所以，个人所得税仍不失为调节收入分配的有效工具。

在大多数发展中国家，实际征收的税收收入远低于理论上的税收收入，即有效税率低于名义税率。这是因为，面对高所得税税率，纳税人一般在三个方面做出反应：逃税、避税和行政腐败（贿赂）。因为在发展中国家税法执行不严，对逃税犯罪缺乏严厉的惩罚，所以即使所得税税率具有很高的累进性，通过所得税来再分配收入的范围是有限的。

当然，实行累进所得税尽管存在许多问题，不能把累进所得税作为收入再分配的唯一手段，但实际上在所有的发展中国家，个人所得税几乎全部来自占人口20%的最高收入阶层。这意味着个人所得税还有着减少收入分配不平等的作用。

从理论上说，消费税在调节收入分配上没有所得税更直接、更有效。但是就发展中国家的具体情况而言，消费税对收入分配目标似乎更切合实际，原因有三：第一，在发展中国家，资本品基本上免税或征税很少，所有的产品税几乎都是针对消费品征收的。发展中国家产品税占总税收收入的比例达60%左右。第二，在大多数发展中国家，生活必需品（如粮食）一般是免税的，被征税的消费品主要是高收入家庭购买的高档消费品和进口消费品。因此消费税具有较大的累进性，即收入高的人缴纳的税收多。第三，与所得税相比，消费税较容易征收。对消费品征税，特别是对烟、酒等特殊商品和进口高档奢侈品征税一般很少引起公众的不满和抵抗。此外，消费品的生产、销售和进出口都有比较固定的地点，逃税相对来说困难一些，这就能保证税收收入的实现。

虽然对非生活必需品征税有利于促进收入分配平等，但不是每种商品税对收入分配有同样的影响。著名的西方发展经济学家刘易斯对消费品征税效率提出了三个原则：①生产或准许进口的单位较少，以便能够控制逃税；②需求价格弹性很低，从而需求不被高税收抑制；③需求收入弹性较大，随着收入的增加而税收累进性相应增加。根据这三个原则，显然对高档消费与限制消费的特殊产品征税是最理想的，而对低档消费品征税是最不理想的。

需要指出，对高档消费品和限制消费的产品征收重税不仅有利于收入分配，而且有利于经济增长。因为它可以增加公共储蓄，可以把消费基金引导到生产投资上来。如果是对进口高档消费品征收重税，那么还会有利于促进国内工业的发展和国际收支平衡。从实践来看，进口替代似乎并不是发展中国家行之有效的工业化战略。这样，对进口奢侈品征收高关税虽然能从高收入阶层中取得更多的收入，但不一定能促进经济增长。

许多发展中国家的财产分配不平等比发达国家还要严重，因此，征收财产税在发展中国家对实现公平分配有重要意义。但是，发展中国家财产税税率很低，且征收难度大。在增加财产税方面，提高土地的累进税率对实现收入公平分配目标是一个较好的措施。但是，由于发展中国家大额财产和大量土地的所有者拥有强大的政治经济势力，他们有能力阻止财产税的颁布和实施，所以发展中国家运用财产税来调节收入分配是很困难的。

三、税收与经济稳定

与发达国家不同，发展中国家的问题主要不是周期性经济危机，而是经济落后和分配不均。因此，发展中国家政府常常把经济增长和收入分配作为主要政策目标。发达国家的反周期政策在发展中国家从来没有普遍实行过。但是，在经济发展过程中，发展中国家普遍发生了巨大的财政赤字和恶性通货膨胀，严重地影响了经济增长和低收入阶层的生活水平。因此，稳定经济又逐渐成为发展中国家的一个重要政策目标。但是，与发达国家不同的是，发展中国家的经济稳定政策就是反通货膨胀政策。就税收政策来说，政府不是通过周期性调整税率来影响私人经济活动的，而是尽可能地增加税收收入，为日益增长的政府支出筹集足够的资金，以免发生巨大的财政赤字。实际上，在发展中国家，经济增长需要日益扩大的公共投资支出。而税收的增长一般很难跟上公共投资支出的增长。因此，财政赤字不是表现为一个周期性问题，而是表现为一个长期性问题。与发达国家相比，发展中国家更容易遭受通货膨胀的危害。

反通货膨胀的税收政策不能总是求助于税率的定期提高，而是要建立一个对经济增长具有有效反应的税收制度。也就是说，应该建立一个具有高税收收入弹性的税收制度。税收收入弹性能够衡量税收制度对国内生产总值的反应程度或敏感程度，它被定义为总税收收入的相对变动除以国内生产总值的相对变动，即 $E=\dfrac{\Delta T/T}{\Delta Y/Y}$。其中，$E$ 表示税收收入弹性系数；T 表示基期税收收入；ΔT 表示税收收入增量；Y 表示基期国内生产总值；ΔY 表示国内生产总值增量。当 $E>1$ 时，税收制度就是有弹性的，即税收收入比国内生产总值以更大的比例增加；当 $E<1$ 时，税收制度就是无弹性的。

对于发展中国家，在初期建设中，为了弥补日益增大的政府支出，税收收入弹性当然是越大越好。在这里，税收收入弹性主要是指不改变税率和税基定义条件下的弹性，它被称为事前的税收收入弹性，表示税收制度对国内生产总值的内在反应。当今发展中国家很少有事前税收收入弹性大于或等于1的。由于发展中国家政府支出弹性一般大于1，即政府支出的增长快于国内生产总值的增长，因此绝大多数发展中国家财政极为紧张。这就迫使政府不得不通过立法来改变税率和税基定义，增设新的税种。这样，税收收入弹性就变成了事后的税收收入弹性，它等于事前的税收收入弹性加上因税法改变而增加的税收收入弹性。有些发展中国家的事后税收收入弹性大于1，但是如果事前的税收收入弹性很低，这时的税收收入弹性则会迅速减小，因为非内在的税收增加在比例上总是小于国民收入的增长。由此可见，事前的税收收入弹性的大小对税收收入的增加是至关重要的。

课税基础对国内生产总值的反应程度其实就是一个国家的税基弹性。有的学者认为，特别产品税的税基是无收入弹性的。这种产品消费的增长在比例上小于国民收入的增长，从而课税基础弹性小于1。对把进口替代作为迅速工业化手段的国家来说，关税基础的收入弹性也很低。因此，严重依赖进出口税和特别产品税的国家只能有很低税入弹性的税收制度。

最有收入弹性基础的税收被认为是所得税。因为，随着经济的发展，城市现代部门在整个经济中所占比重将增大，而对现代部门的劳动者和资本所有者征税比对非现代部门要容易得多。奢侈品消费税课税基础也是具有较高收入弹性的。因为当收入水平提高时，奢侈品的消费量将以更大的比例增长。从而，课税基础将比国民收入以更快的速度增长。

除了课税基础外，税收的累进性也是影响税收收入弹性的一个重要因素。个人所得税被认为是最有累进性的税收。个人所得税比例的提高将使税收收入弹性增大，因为新增收入将以更高的税率被征税。

应该指出，所有用来提高税收制度税收收入弹性的措施反过来也促进这种制度的累进性。这就意味着一种手段（提高事前税入弹性）能同时达到两个目标（经济稳定与收入再分配）。

第三节　增值税转型的经济效应

最初确定的增值税转型计划中，曾考虑东北试点两年后，即2006年7月1日后，在全国范围内实施增值税转型。然而，2006年、2007年我国经济过快增长，使国务院担心增值税会进一步刺激投资膨胀，不得不放弃原计划。《中华人民共和国增值税暂行条例》明确指出，自2009年1月1日起在全国范围内实施增值税转型改革。可以说，增值税转型改革的时间不仅提前，而且超出了大家的预期。在某种意义上，国务院提前在全国范围内推动增值税转型改革，是基于国际国内经济形势变化及我国经济周期性回落的压力，为提振经济而及时做出的决定。本节以增值税转型对企业经济行为的影响为微观基础，分析生产型增值税的诸多弊端以及增值税全面转型所产生的各种经济影响。

一、生产型增值税的各种弊端

生产型增值税是指在计算增值税时，不允许扣除任何外购固定资产的价款，其法定增值额既包括新创造价值，又包括当期计入成本费用的外购固定资产价款部分，其计税基数大体相当于国民生产总值。我国长期以来实行以生产型增值税为计税基础的税务制度，其存在的种种弊端正逐渐显现出来。随着经济发展和改革的深化，生产型增值税逐渐暴露出与我国经济不相适应的地方。特别是1997年东南亚金融风暴以来，我国经济形势出现了较大的转变，经济增长放缓、通货膨胀变为通货紧缩、东西部发展差距拉大、国内有效需求不足等成为困扰我国经济发展的阻碍因素。在此情况下，原有的生产型增值税本身所固有的缺陷也日益凸现，已不能适应社会主义经济发展的需要。

（一）税源过窄，税负不公平

在1994年我国新税制改革中，确定在货物的生产、批发、零售和加工修理修配业中实行增值税，交通运输业、建筑安装业、金融保险业、邮电通信业、文化体育业、娱乐业和服务业等仍实行营业税。采取这一方法固然能方便征管，节约征收费用，有利于组织财政收入，但重复课税造成的企业间税负失衡的问题也不容忽视。由于我国实行的是生产型增值税，固定资产投入不能抵扣税额，所以造成了重复征税和税负不公。又如，交通运输业的运费抵扣问题。增值税纳税人发生的运费只允许抵扣10%，但计算销项税额时适用税率为17%。运费是购货方进货成本的主要组成部分，由此造成抵扣不充分、税负失衡问题严重。从当前国际增值税发展趋势看，增值税税收制度越规范，征税范围越宽，覆盖率越大，就越能保证增值税机制的良好运转，最大限度地发挥作用；能逐步解决重复征税问题，实现公平税负，有利于提高增值税管理的效率。而我国现行税制范围窄，与发达国家相差甚远，直接导致增值税销售货物与营业税应税劳务抵扣链条的中断，削弱了增值税的环环相扣的制约作用，不利于公平竞争。

(二)不利于调整和优化产业结构

生产型增值税只能在购进的原材料、零部件方面消除传统流转税的缺陷，固定资产方面的重复征税问题依然存在。由于每一个企业购进的固定资产所含的税收不能抵扣，这部分已纳税收就进入成本，并作为价格的组成部分出售给下一环节的协作企业。而协作企业在利用购进的半成品或零部件进行进一步的加工或组装后，出售给下一个环节的企业时还要缴纳增值税。这一增值税的税基包含了前面所有环节已缴纳的固定资产税收的累积和本环节购进固定资产所含的部分税收（摊到所出售的产品的折旧所含的税收）。这就是"税上加税"的问题，且此问题会随着专业化程度的提高而加重。因此，生产型增值税抑制了企业的投资行为，对资本投资有着一定的抑制和扭曲作用。这是因为基础产业和高新技术产业资本有机构成较高，一般需要更多的机器设备投入。由于企业购进固定资产时支付的增值税得不到抵扣，等于要多付一笔"投资税"，所以企业技术创新的步伐和我国产业结构的调整进程受到了制约。进一步分析，我国地区间的产业特征明显，西部地区和东北地区大多是大力发展基础产业，生产型增值税造成基础产业企业的税负重于加工企业的税负，这就造成了不同地区之间的税负不平，不利于缩小地区间经济差距，也不利于开发大西部，与我国的产业政策背道而驰。

(三)出口退税不彻底，妨碍产品出口

对于出口的产品，虽然我国有出口退税的政策，然而由于对固定资产是重复征税的，所以退税后的出口产品价格当然包括一部分税收，出口产品也得不到全额退税。这就使得我国一贯以低价格为竞争优势的出口产品失去了国际竞争力。尤其是我国目前已经加入世界贸易组织(WTO)，大量的具有较强竞争实力的外国商品抢占了我国市场。这种情况下，如果我国继续实行生产型增值税，必然影响商品的竞争力。

二、增值税全面转型的经济效应分析

(一)增值税转型对企业经济行为的影响

首先,增值税转型改变了增值税对企业投资行为的激励。在生产型增值税下,企业承担了投资的增值税负担。在我国原有的增值税制度规定下,增值税转型后,国家少收的税额应该是未能转嫁给消费者而由企业自身负担的税额,我国增值税转型降低的是企业的税收负担。转型对企业投资行为的激励正是通过企业税收负担变化来传导的。由于这一激励效应,在企业的其他投资条件不变的条件下,企业会扩大固定资产投资规模。

其次,增值税转型也会对企业财务活动产生影响。企业财务活动具有众多目标,其中也包括了避税这一目标。增值税转型减少了企业的增值税负担,于是企业的利润就会相应地增加,企业应缴纳的企业所得税也就会随之增加,企业的税负结构因此也就发生了改变。企业会充分认识到增值税转型所带来的经济利益,使固定资产投资的进项税额得到最大限额的扣除,并结合所得税税率的变化趋势,选择固定资产投资时机及固定资产折旧年限与方法等,以实现企业实际税负最小化。

(二)增值税转型对产业结构的影响

实行增值税转型后东北地区企业结构的调整、产业技术等得到了明显提升。在2004年,东北三省国内生产总值达到15 133.9亿元,同比增长12.3%,增幅比全国平均水平高出2.8个百分点;大规模工业企业共完成增加值4 869.6亿元,比2003年增长19.7%,是连续多年来增长速度最快的一年;大规模工业企业实现利润总额1 328亿元,同比增长35.5%;招商引资效果显著,利用外资59.4亿美元,同比增长83.6%,高出全国平均水平70个百分点。从这些数据可以看出,增值税的转型促进了地区产业结构的优化以及经济的发展。同时,增值税由生产型转为消费型以后对改善西部投资环境,缩小地区间经济差异,支持西部大开发战略的实施等都有重要的作用。另外,在加工工业和劳动密集型行业,由于其固定资产的比重大,所以实行消费型增值税对它们更为有利。当外购固定资产时,其所含进项税额能一次性扣除,如果保持增值税17%的基本税率,传统行业的税负仍会有一定程度的减轻,在生产型增值税下税负相对较低的行业的税负优势也随之消失,对这些行业的技术改造、设备更新将起到很好的促进作用。而对基础产业和资本密集型企业来说,这种变化将促进基础产业和资本密集型企业的发展,有利于缓解原材料、基础产业的瓶颈效应,有利于技术进步和设备更新,有利于加快产业结构调整和基础产业的发展。

(三)增值税转型对消费和出口的影响

增值税转型通过减轻企业的税收负担,可以降低企业的生产成本,间接地对消费和出口产生积极影响。增值税转型避免了对企业固定资产投资的重复征税,既有利于降低企业的生产成本,又有利于提高企业投资效率。从消费品的供给价格和供给数量两个方面都对扩大消费起到促进作用。此外,增值税转型可以提高我国商品在国际竞争中的贸易地位,推动出口增加。对进口征税和对出口退税的增值税对贸易平衡一般没有影响,当然这里有一个重要前提,即国际贸易双方都实行消费型增值税税收制度,消费型增值税税收制度则遵循了终点退税原则,能够实现彻底退税。如果贸易中的一方实行消费型增值税税收制度,另一方实行生产型增值税税收制度,则情况就完全不同了。实行生产型增值税税收制度的一方,将会在国际贸易中处于劣势地位,因为生产型增值税不抵扣购进固定资产的进项税额,增加了企业的增值税负担,而在出口退税中,这部分增加的税负是无法退税的。从国际上的增值税实践来看,实行增值税税收制度的国家中,绝大多数都采用消费型增值税税收制度,生产型增值税税收制度只有我国等个别国家采用。因此,我国的增值税转型有利于改善出口商品在国际竞争中的劣势地位,推动出口增加。

(四)增值税转型对利用外资的影响

对于我国,不论是产业结构的调整、地区结构的优化,还是高科技的开发与技术的创新都需要大量的资金支持,在依靠国内资金发展经济的同时,必须引进外资才能保证我国经济的持续稳定发展。虽然我国利用外资的数额在不断增加,但人均利用外资的数额与其他国家相比仍有很大的差距。到2004年,我国人均利用外资只有146美元,发展中国家平均为176美元,发达国家则为500美元。此外,目前外资在我国GDP中所占比重远小于发达国家。实行消费型增值税税收制度后,扩大了固定资产进项税额的扣除范围,企业的税收负担减轻了,外资的进一步流入为我国经济大发展起到助推器的作用。

(五)增值税转型对社会投资的影响

增值税转型对宏观经济影响的一个重要方面是对社会投资的激励。这一影响是建立在增值税转型对企业投资行为激励这一微观基础上的。

第一,增值税转型将提高国民经济的投资总量。从总量上看,各种类型的增值税都有促进投资增加的作用。消费型增值税推进投资增长的作用最大,而且特别有利于促进固定资产的投资。生产型增值税促进投资增长的作用最小,而且仅有利于存货投资的增加。增值税转型形成对投资需求的拉动效应。

第二,增值税转型有利于投资结构优化。从对行业投资的刺激上看,消费型增值税特别有利于促进资本密集型行业投资的增长,生产型增值税仅仅有利于促进劳动密集型行业投资的增长。增值税转型中受益较大的是资本密集型的行业。因为资本密集程度越高,企业可以抵扣的增值税进项税额相对也较大,相对于原来采用的生产型增值税而言，企业减轻的税收负担就越多。基于这一分析可以得出，增值税转型有利于促进投资进入基础设施、公用事业及其他资本密集型行业和领域，从而改善我国的社会投资结构。另外，我国投资过热现象，在一定程度上归因于房地产投资增长过快，而更新改造投资的增长较为缓慢。在对生产设备投资抵扣增值税后，减轻了企业设备投资的成本，这非常有利于企业更新改造投资的扩大，并把投资从房地产等过热的领域吸引出来，这也有利于优化社会投资结构。

第三，增值税转型可以促进社会投资效率的提高。增值税转型促进企业生产、经营设备投资的增加，这能有效促进企业劳动生产效率和社会投资效率的提高。因为对生产设备投资可以作为进项抵扣增值税，企业进行设备投资和更新改造的成本将会大幅下降，这必然促进企业投资和技术设备的更新替换，从而有利于企业的技术进步、产品升级，进而促进企业生产效率的提高，最终对改善整个宏观经济运行的质量和提高社会投资效率起到积极的促进作用。

(六)增值税转型对促进企业技术创新以及宏观经济的影响

众所周知，本次增值税转型是由生产型增值税转为消费型增值税，而消费型增值税在支持企业技术创新、促进企业技术进步方面有重要作用。生产型增值税导致资本的有机构成高的企业税负重于有机构成低的企业。高新技术企业和基础产业资本有机构成较高，产品成本中固定资产所占的比重较大，原材料消耗比重小，因而能抵扣的税额比重小，企业税收负担重，影响企业投资的积极性和自主创新能力。另外，从我国的经济区域结构来看，中西部地区的企业多为原材料供应地，资本有机构成高，而沿海省份大多以加工工业为主，资本有机构成较低。两者税负不平衡扩大了中西部地区与沿海地区的差距，违背了我国发展高新技术企业和基础产业的初衷，阻碍了我国产业结构优化和调整的进程，不符合我国目前的产业政策发展方向。增值税转型后，将有利于促进企业科技进步和产业结构的优化。同时，转型将使我国经济和税收进一步国际化，对外资和先进技术更具有吸引力，最终达到提高我国企业整体技术创新能力的目的。因此，实施消费型增值税是促进我国企业技术创新的客观要求。

在当前宏观经济出现下滑信号的形势下，以增值税转型为契机刺激经济是非常及时的财政手段。目前，我国财政收入维持了较大存量和较快增量的良好势头。我国财政收入连续多年以年均超 50 亿元的速度递增，这是有利于增值税转型改革在全国推广的重要因素。财政收入快速增长完全能够抵消因税制改革带来的税收收入减少，用增长的部分收入换取一个能够提高企业竞争力、促进经济长期增长的税收制度是值得的，这是增值税转型改革在全国推广的重要因素。

(七)增值税转型对我国今后经济发展尤其是财政收入的影响

探讨实施增值税转型对我国今后经济发展的影响，首先应该对当前的宏观经济形势做一个准确的判断。在中央经济工作会议上，中央提出了"要把防止经济增长由偏快转向过热、防止价格由结构性上涨演变为明显通货膨胀"作为宏观调控的政策和任务。如果出台增值税转型改革方案，确实对过热的经济有"火上浇油"的作用。由于当前国内外经济形势发生了诸多变化，不确定因素增多，企业成本持续加大，出口困难，亏损增多，经济增速出现了减缓趋势。面对这一新的变化，中央及时提出了"一保一控"调控任务，即"把保持经济平稳较快发展、控制物价过快上涨作为宏观调控的首要任务"。要保持经济平稳快速发展，就必须激活企业创新力。因此，增值税转型改革正当其时，这有利于促进经济平稳较快发展，有利于发挥税收政策在"保发展"方面的积极作用。况且随着改革的深入，投资决策机制早已发生变化，计划经济所蕴含的投资膨胀机制已失去生存空间，各类市场投资主体在做决策时不仅要看是否拥有资金，更要考虑项目是否能取得经济效益。从实践来看，增值税转型在东北和中部地区试点，并没有引起投资过热。以黑龙江省为例，2004年全省固定资产投资比上年增长23.2%，比全国平均增速低3.4个百分点；2005年全省固定资产投资比上年增长24.4%，比全国平均增速低1.3个百分点。

增值税转型改革在全国推行，对财政收入影响不大。据有关资料显示，从2004年7月实行增值税转型以来，东北三省工业经济效益稳步增高，税收呈现恢复性增长，税收增幅不降反升。试点前各方估计一年会减少财政收入150亿元左右，而实际发生额是很有限的。2004年7月1日至2008年6月底近4年间，东北地区共发生抵退税额150多亿元，年均不足40亿元。就全国而言，2007年全国财政收入51 304亿元，比上年增收12 544亿元，增长32.4%。按增值税转型改革方案测算减收1 000多亿元，仅占2007年财政收入的2%左右和增收的8%左右。如考虑到加强征管和其他税种改革的增收因素，以及增值税转型改革对经济发展的促进作用，上述减收的影响，就更显得微不足道。在当前宏观经济出现下滑信号的形势下，减轻企业负担，进一步深化税改改革，在全国和全行业推广增值税转型的时机已经成熟。在我国财政收入连年大幅度增长的条件下，对于因增值税转型带来的收入的减少，财政是承受得了的。同时，增值税转型政策的实施使企业得到实惠，有了活力，扩大了生产，同时带动了相关产业链直至全社会企业的生产与消费，实现了良性循环，这样财税收入也必将厚积薄发，实现倍级式增长。

增值税转型无疑会刺激投资，由此带来经济总量的增长和税收（财政）收入的增加，从而使未来的财政新增收入也跟着增加，这就抵消了部分减收因素。因为固定资产投资可以作为进项抵扣增值税，对所购固定资产支付的税额可通过进项税额的抵扣得以补偿，相当于为企业注入一笔流动资金，从而刺激企业使用新设备、新技术、新工艺，增加有效需求，带动经济增长，因此企业会更加重视投资的长期效益。企业间的竞争会被引向技术竞争，从而改善整个宏观经济运行的质量，同时也会让投资正效应向整个社会扩散，让更多的人分享到经济增长带来的收益，从而间接地提高整个社会的消费率，使经济的微观效益和结构得到持续不断的改善。另外，消费型增值税在客观上解决了地区间税负不平衡的问题，有利于缩小中西部地区与东部地区的经济差距，这不仅与我国西部大开发和中部崛起的经济政策相吻合，而且有利于促进地区经济的平衡，从而促进国内企业经济规模的不断发展壮大，促进我国的增值税制度同发达国家的制度接轨，使我国经济和税收制度进一步国际化，对外资和先进技术更具有吸引力，最终达到提高我国企业整体技术创新能力的目的。

第三章　全面"营改增"实施与发展

第一节　"营改增"的背景

一、分税制格局的形成

目前的税制框架是在1994年税制改革时形成的，对其后的税制格局有深远的影响。在1994年税制改革方案的研究过程中，增值税和所得税是研究的重点。因为这两个税种收入占整个税收比重的90%以上。

(一)生产型增值税的确定

增值税的一个很重要的特征就是进销抵扣。其扣除范围的确定就成了它的探究重点。增值税的扣除范围决定了增值税的类型。增值税有生产型、收入型和消费型。生产型增值税进项扣除范围包括购进的原材料、燃料、动力等，对于购买的机器设备、基本建设所产生的税额是不能抵扣的。收入型增值税对于机器设备等固定资产的税额是可以扣除的，但是不能一次性全部抵扣，只有机器设备当年折旧的那部分价款所含的税可以抵扣。所谓消费型增值税，就是不管买什么东西，里面含的税额都是可以抵扣的。消费型增值税是一种最彻底的增值税，在欧洲实行增值税的国家中，全部采用的是消费型增值税。

但是，1994年的改革并未将增值税设置为消费型，而是将其定义为生产型，这是由当时的经济发展状态所决定的。1992年开始，我国经济投资量迅速增多，投资热度很高。到1993年，我国的通货膨胀速度比较快。在这种情况下，如果允许企业将购买的机器设备等进行税额扣除，无疑是进一步鼓励投资。为了稳定经济发展速度，形成良性投资环境，将增值税确定为生产型增值税，不允许对购买机器设备所产生的税额进行扣除。这样从一定程度上抑制了投资过热的现象。

(二)增值税与营业税并存

消费型增值税之所以是最为彻底的增值税，是因为在这样的税制下不管买什么东西，里面含的税额都是可以抵扣的。因此，1993年税务专家就提出了建议：将所有的商品和服务全部实行消费型增值税，同时废止当时对商品征收的产品税和对服务征收的营业税。

实际上，1994年的分税制改革中，并未废止营业税的征收。其主要原因是分税制改革的实施需要一个过渡。分税制改革的重点就是分税与分权。20世纪90年代初，我国正处于经济转型期，国有企业大多亏损，私有企业还未形成规模，所得税在税收收入中所占比重比较低。这时，流转税的税制设置就变得非常重要。中央为了能拥有更多且稳定的税收收入，确定的增值税分配为中央分75%，地方分25%。如果商品和服务都实行增值税，初步估算，地方政府的固定收入最多只有20%。这样一分，地方政府的财政能力将大大减弱，不利于地方发展。所以，在1994年分税制改革中，将商品部分实行增值税，对劳务部分保留营业税。这样一来，保留下来的营业税作为地方政府的固定收入，保证地方政府的财权。分税制改革把商品和劳务、服务一切两半，把增值税的适用范围限制在商品范围内，劳务部分保留营业税。

(三)增值税税率的确定

1994年的分税制改革时期，我国财政收入有限，国力不强，保证税收收入是改革的一个重要原则。当时的企业也处在一个变革时期，受到各方面的考验。为了能支持企业的发展，政府也不能加重企业的税收负担。因此，1994年的改革只改制度，在税收总量上保持原来的总体税负不变。但是总数不变，不一定意味着每个行业不变，不意味着每个企业不变。为了保证这个重要原则，需要对税率和抵扣范围进行测算。经过反复测算，最后将增值税一般纳税人的基本税率定为17%。17%的增值税基本税率对比其他国家而言，税收负担较高。保持原税负，要抵扣得多，税率就得高；抵扣得少，税率可以低。欧洲一般非福利国家，像英国、法国都是17%~20%。但是欧洲这些国家，实行的是消费型增值税，能抵扣的项目很多。我国采用生产型增值税，能抵扣的范围要小很多。

这样一个抵扣范围小而税率与欧洲基本相同的增值税税制还隐含了一个前提，就是"保持原税负"17%的税率是在当时税收征收率的水平上确定的。这样就为今后税制改革在规范税制、扩大扣除范围时保持税率不提高埋下了伏笔。换句话说，税务机关加强征收管理，提高征收率以后，可以用征收率提高产生的税收增量对冲扩大抵扣范围而形成的减收，从而不必提高税率。

1997年达到了分税制改革的预期目标。1994年税收的税收弹性小于1，1995年、1996年税收弹性达到了1，1997年以后大于1了。税收弹性大于1意味着每年税收的增长比经济增长速度更快。至此，税收占GDP的比重开始上升，分税制改革的预期目标实现了。

二、消费型增值税的确定

虽然1997年就达到了分税制改革的目标，但是到了2001年才确定了以增值税分配为主体的分税制。随着市场经济的发展，税制的规范和完善需要进一步强化。2003年，国家税务总局提出了对增值税的改革意见，"为了鼓励企业技术改造，购进先进设备，淘汰落后的设备，进一步提高劳动生产率，允许抵扣购买机器设备的税额"，也就是实行消费型增值税。但是消费型增值税在操作、推行的实践中仍然有很多问题。实行消费型增值税是否会减少税收收入？减少多少？会对财政收入有多大的影响？因此，2003年我国先从发改委实施振兴东北老工业基地的战略开始实行消费型增值税。由于担心税收收入减少得太多太快，只允许"增量抵扣"，也就是只有当前增加的增值税才能用购买机器的税额抵扣。然后扩大到中部6个省的26个城市，其抵扣范围就只限定在这26个城市的城区。其他市县和这26个城市的郊区都不能抵扣。再将范围扩大到西部大开发的企业。无论是"增量抵扣"还是区域限制型抵扣，这都是扭曲的消费型增值税。这样的制度，并未达到消费型增值税的要求。这样扭曲的消费型增值税"试点"了6年，于2009年1月1日起，所有的企业购买机器设备的税额都可以抵扣了，不再受税收增量和地区的限制。我国进入了全面消费型增值税时代。

三、"营改增"的背景

2009年，我国开始实施消费型增值税后，从税收制度上讲，遗留的最大问题就是营业税。营业税的制度，存在重复征税的现象，是一个不完善的税制。生产型增值税转消费型增值税，只影响缴纳增值税的企业，它与其他企业没有关系，而且只影响那些购买了机器设备的企业，影响面相对比较小。营业税改征增值税不一样，这个政策如果推出的话，对整个经济影响的范围，可以说不亚于1994年的税制改革。

（一）"营改增"的目的

1. 减轻负担

营业税的缺点之一是重复征税，税负重。重复征税不利于企业专业化生产，越是大而全的企业，税负越轻；越是专业化程度分工很细、水平很高的企业，税负越重。把某一个领域做得非常专业，做得科技含量非常高，但是如果是单独一个小领域的一个企业，那么重复征税之后税负重。营业税使服务业的税负重于制造业的税负，这个弊端是非常清楚的，所以营业税改征增值税，第一个改的原则就是减轻负担。

2. 消除重复征税

营业税的税制导向是不利于企业在市场上的专业化，不利于提高技术含量。因为企业需要追求大而全，越大而全，税收负担越轻；企业做得越小而精，税收负担反而越重。所以很多企业都把本来应该单独成立一个企业的服务业，并到制造业里面。这样在国民经济统计中，就把服务业变成制造业了，服务业就少了一块。所以我国实际上服务业的比重比统计的比重要大。这样的税制也影响了很多公司企业架构的设计。在制造业的企业内部，有很多包含了相当多成分的服务业。之所以包含在内，原因就在于税负低，如果将其独立经营，税负就高。

3. 解决服务出口问题

退税政策是产品出口以后，不但销售不征税，购进原材料和机器设备的税额还要退给企业。在营业税税制下的出口，不但购进的税不允许抵扣、不给退税，出口的这个服务还要征税。根据营业税的原则，国外买国内企业的服务，由于提供服务的地点在国内，所以要收营业税。虽然在一段时间内，通过免税的方式解决了部分对外服务征收营业税的问题，如翻译作品，外国委托国内翻译用计算机传给国外，免营业税；又如，远洋货轮境外运输，免营业税等，但是免税和出口退税的差距还是很大的。免税仅仅是免掉了最后一个销售环节的税，购进的税还由企业负担。出口退税，不但销售的税不征，而且购进的税全部退还。这两个政策力度差异是非常大的。

近年来，我国的战略发生了变化，要从制造业向服务业转化。为什么我国成功地成为世界制造大国？虽然原因众多，但是一个很重要的条件不容忽视，那就是我国的制造业出口退税政策在很大程度上支持了制造业出口。但是服务业为什么发展不起来？这与服务出口不退税，甚至相当多的服务出口还要征税有直接关系，是一个重要的因素。

(二)"营改增"试点的效果

1. "营改增"地区性试点的效果

对于营业税改征增值税，最早国家税务总局是不赞成按照地区来试点的。因为地区性试点对市场的影响很大。这在上海开始试点后半年内就显现了出来。有很大一部分苏州企业，本来是买苏州企业的服务，在上海实行"营改增"后就到上海去买上海的服务了。主要原因是，同样的服务，供应商不一样，所交的税额也不一样。在苏州购买服务的税额不能抵扣，要交税。但购买了上海的服务，就能抵扣税额。这样一来，苏州服务业的市场缩小了，苏州市的税收收入随之受创。

按行业进行试点，在全国范围内推行，这是对市场冲击最小的税改方式。这样的话，行业内部没有区分，在哪儿买服务都一样。但是全行业推行阻力很大，条件也不具备，因此在上海首先试点。

2011年1月1日上海试点正式推行。到了2月、3月，全国已经有10个地方正式地和非正式地要求试点。在上海的试点方案中明确表示"财政减收部分由上海市政府自己承担"，中央不给补贴，可见，营业税改征增值税对经济正面的推动作用，已经被地方政府看到，宁肯承担减收，也要进行税改推广，这方面的共识是非常强的。

2. "营改增"全行业推广的效果

对于扩大试点的问题，李克强总理在上海讲过，要力争在"十二五"期间完成。

全面营改增税收政策对现代服务业的影响及对策研究

但是"十二五"期间是对"营改增"行业范围的扩充还是整个营业税行业都完成改征增值税？这需要进一步商榷。可以肯定的是，按照当时试点的范围，"十二五"期间要完成全部营业税改征增值税的内容。营业税改征增值税非常复杂，如果10年之内把营业税改征增值税全部完成，就已经很快了。因为一个交营业税的企业改成交增值税，整个市场的定价要跟着调整。比如，一个广告公司，广告收入100万元现在交5万元的营业税，实际上广告公司收入95万元。如果改成交增值税，原来的合同要重新谈签。因为现在5万元营业税是含在100万元里的，叫价内税。改增值税后给委托方开的发票是增值税发票，增值税是价外税，价税是分离的。价是一个数，价外多少税，合起来是委托方要付的钱[企业提供应税服务采用价和税合并定价方法时，按价款＝含税价款÷（1＋税率）]。如果还是100万元，那么按6％的税率折算，价是94万元，增值税是6万元，这样委托方就获益。这是因为委托方同样支付100万元，但其中包含的6万元增值税委托方还可以抵扣。原来委托方付广告公司100万元，广告公司交了5万元的税，委托方没有任何其他的好处。现在虽然委托方还是付100万元，但是委托方凭增值税发票交税的时候可以少交6万元的税。对于广告公司来说，虽然收了100万元，但要交6万元的税，净收入是94万元，比原来净收入95万元减少了1万元，委托方比原来多得了6万元。这实际上等于政府在这项改革中让出5万元，减轻了企业的负担。那么这一块利在购买双方中应该怎么分配？这是一个需要谈判的事。因为广告公司改缴增值税以后多缴纳了1万元的税额，委托方可以抵扣6万元。所以营业税改征增值税以后，很多企业双方都要重新谈合同。这样不但影响进入"营改增"的服务企业，这些企业要考虑今后对外做生意应该怎么报价、怎么缴税，而且影响购买这样服务的企业，虽然这些企业没有进入改革范围，但是改革也影响了它们的利益。政府让这一块，想不想要，怎么分享？所以现在营业税改征增值税试点期间，除了营业税改革的企业本身，还包括与改革企业有业务往来的企业，都需要进行这种相关"营改增"的测算工作。要测算怎么根据税率扣除标准、怎么盈利，同时还要考虑，怎么能够跟对方谈。"营改增"以后的好处不仅是刚才说的减收那一块，还包括原来的购进是不能抵扣的，现在购进还可以抵扣一部分。企业要能够把交易对方算清楚，那就有可能分享到更多的利益，但如果算不清楚，就得不到或者分享得少一点。因此如果企业没有税务专业能力，就需要请有税务专业能力的人给其提供服务。

全行业推广，对于企业来说不只是以上两项非常现实的需求，而且还派生出很多其他方面的需求。比如，一个企业集团，内部有很多分支机构，分支机构有的是独立法人，有的是非独立法人，这个里面有一系列的机构之间的商务关系。比如，企业研发中心的建立就是一个值得深入探讨的问题。因为搞研发中心要雇人，要建房子，要买设备，还要交税，这不仅仅是投资设个研发中心那么简单。"营改增"带来了税收筹划的变化。在营业税税制下设立研发中心，本身研发中心要缴营业税，所有营业税重复征税的弊端都会存在。但如果把研发中心作为制药公司的内设机构，这样购买的机器设备的税额都可以抵扣。就像再增加一个车间一样，不仅买的机器设备可以抵扣，其他很多消耗（如用电等）都可以抵扣，否则都不能抵扣。所以这个制药企业的研发中心就纳入企业内部，未设独立法人。在增值税税制下，这个研发中心的设计需要重新考虑。一个企业，特别是一个大的企业集团，内部机构之间的商务联系是很复杂的，如果内部机构有一部分的业务活动进入了改革的范围，对这部分业务活动应该怎么来设计，它是独立还是不独立，怎么独立，资产如何重组，这一系列的问题就需要精心测算。因为这里面的差额是相当大的。所以，"营改增"这项改革不是一个小的政策调整，一个临时措施，而是一项长期要推进的改革，可能要面临很多问题，需要很多条件，但改革的方向是不会改变的。这样一项改革与相关企业的业务关系是紧密的。对投行、PE、VC来说，客户属于或不属于"营改增"范围与方案设计有关系，企业集团内部不同分支机构之间有属于改革范围的，也有不属于改革范围的，这些都会引起企业集团本身架构的重新设计问题。引进资本投进去，然后上市、退出，这一系列的利益的筹划问题，一定要算清楚。所以"营改增"对市场经济的影响是很大的，不只是影响直接的服务业和制造业，而且对于中介行业，包括对于提供金融服务的机构，如投行、PE、VC也有重要影响，都必须掌握这个改革的内涵。只有能够对这个改革、对服务的对象整体上有一个把握，能够把改革的影响准确地测算出来，把其中各方面的利弊得失分析清楚，才能拿出一个对企业最有利的方案。从这两个小例子不难看出，"营改增"对企业、对市场的影响是大而广泛的。

第二节 "营改增"的意义

自2016年5月1日起，我国全面实行"营改增"，营业税就此结束了其历史使命，流转税制度得到了进一步完善。这是继2009年增值税转型后的又一次增值税重大改革，是财税体制改革的又一次深化，也是当前实施结构性减税政策的重点工作内容。

一、"营改增"的积极意义

我国"十一五"规划中制定的各项指标，经评估，唯独两项没有完成计划，一个是节能减排，就是治理污染这部分；另一个是服务业发展，服务业没有完成指标，服务业应该增加的就业人数也就相应没有完成，这是历史发展的一个结果。所以在"十二五"规划中，现行税制遗留的"营改增"这个大问题，就需要解决。"十二五"规划要求发展服务业，增加服务业就业，包括增加技术含量。我国有很多科技开发企业都算作服务业，如研发和技术服务、文化创意服务等，征收营业税。所以，现在提出营业税改征增值税，就是要与国家的大形势连在一起。

(一)完善现行流转税制度

从税收理论的中性原则出发,税制安排不应对纳税人的经济选择或经济行为产生影响,不改变纳税人在消费、生产、储蓄和投资等方面的抉择。1994年分税制改革时,鉴于当时我国第三产业并不发达,且改革难度大,为了集中精力解决主要矛盾,并未实行全面的增值税制度,导致增值税与营业税在现行流转税制格局中"两税并行"。随着经济的发展,以生产性服务业为代表的新型产业开始兴起。这类产业兼具制造业和服务业的性质特点,难以确切地划分其产业归属。这种新型产业的蓬勃发展在我国现行流转税"两税并行"的体制下造成了税源确定的困难。不仅给纳税人一方在适用增值税还是营业税问题上留有不必要的选择空间,而且在国家与地方两套税务机关之间产生了由于征管范围模糊带来的摩擦。由此看来,"营改增"是一项完善我国制度建设的基础性改革措施。

(二)有效解决了双重征税的问题

"营改增"不是简单的税制简并。营业税和增值税对于市场活动的影响不同,税负也不同。增值税对增值额征收,而营业税则是对营业额全额计征。这样,就出现了双重征税的问题。"营改增"的实施,可以最大限度地减少重复征税。

(三)破解了混合销售、兼营造成的征管困境

人们可以把所有的课税对象看作一个光谱,分为两个极端:一个极端是纯货物;另一个极端是纯劳务。在货物和劳务这两个极端之间,存在着很多种商品和劳务,它们相互包含,即劳务中包含着货物,货物中也包含着劳务。在"营改增"以前,货物缴纳增值税,劳务缴纳营业税,但有的时候很难区分一个课税对象是货物还是劳务,这就给税收征管带来了困难。"营改增"实施后对全部课税对象都征收增值税,从而解决了混合销售、兼营给税收征管带来的困扰,可见它对税收征管具有积极意义。

(四)优化经济结构,促进第三产业发展

2007年美国"次贷危机"后,外需萎靡的国际环境给我国的经济增长带来了巨大挑战,经济转型和产业升级已经成为我国的不二选择。2009年,实行了15年的生产型增值税退出历史舞台,消费型增值税取而代之,这实际上是减少计税基数的减税措施,第一、第二产业无疑由此获得了新的发展机遇。在此背景下,为平衡三大产业的发展,优化经济结构,我国果断出台扶持第三产业发展的实质性税收优惠政策。考虑到增值税是我国现行税制体系中的第一大税种,"营改增"是一项颇具规模的减税措施。有数据显示,若是"营改增"全面推广,预计每年将实现结构性减税100亿元以上,推动GDP增长大约0.5%。这对第三产业企业来说,无疑是一次新的机遇。货物劳务税负整体下降,将扩大内需,为国民经济增长注入新的动力。

二、"营改增"面临的问题

任何改革都不可能是一帆风顺的,"营改增"也同样面临着不少问题与挑战。作为税制改革的重要组成部分,"营改增"涉及面较广,建筑业、房地产业、金融业、生活服务业这些新增试点行业中有近1000万户纳税人受到改革影响。涉税规模大,涉及营业税纳税额约1.9万亿元,占到了原营业税收入的八成左右。本次改革涉及的利益关系复杂,涉税对象包括但不限于个体工商户、私企、国企、跨国公司等,其中不乏行业巨头以及利税大户。除此之外,从中央和地方的关系来看,由于营业税一直是地方税收的主要收入来源,"营改增"必然导致部分利益的重新分配,附着在营业税之上的城市维护建设税和教育费附加也将一并转移到国税系统,地税收入势必出现萎缩。因此,如何协调好不同纳税人之间、纳税人与税务机关之间以及国税系统与地税系统之间的关系,是摆在"营改增"面前的一道难题。

(一)税收收入减少,地方更为显著

营业税改革,最大的问题是税收收入问题。营业税改征增值税,首先服务业要降低税负,服务业不降低税负,营业税改革就没有意义。同时,服务业营业税改征增值税以后,制造业也降低了税负,这是因为制造业扩大了扣除的范围。原制造业购买服务取得的营业税发票是不能抵扣的,改成增值税以后,购买服务时取得的是增值税发票,那么就可以抵扣。所以营业税改征增值税,不但降低了服务业企业的税负,也降低了制造业企业的税负。从这个意义上说,如果全面推行营业税改征增值税的话,我国所有企业将全面降低税负。

在税收收入减少的情况下,地方税收收入的减少更为明显。处理好中央与地方的关系,是我国治理现代化进程的关键问题。"营改增"之后,最为直接的结果就是中央财政收入增加,地方财政收入减少,中央和地方的财力对比出现变化。在本次改革之前,营业税一直都是地方财政收入的主要来源之一,以"营改增"试点开始的2012年为例,营业税占到了全国税收总额的15.6%,且营业税税源广泛、稳定可靠,以及税收成本相对较低等特点,使其成为地方税收最主要的税种。目前地方债问题形势严峻,风险暴露增多,加上经济增速下滑和基本建设投资减速,在这种情况下完全取消营业税,切断地方原本稳定可控的、能充分掌握主动权的收入渠道,将使地方财政更加吃紧,对于地方的经济形势稳定是一个严峻的考验。

为解决这一问题,在短期内可以实施一些过渡政策,如中央与地方的增值税分配比例由75%:25%改为50%:50%,中央财政对地方财政进行税收返还、对地方营业税缺口进行实质性补贴。但这只能作为过渡阶段的应急之策,不是长久之计。

（二）进项抵扣问题，影响改革效果

"营改增"面临的另一大挑战是进项抵扣问题。增值税自身特点决定了"营改增"改革最好一次性在全国的全部行业推开，那样税率设置比较简单，抵扣链条更完整。但是抵扣项如何安排关系着"营改增"的最终效果，如果抵扣幅度过大，则影响税额征收，税收收入难以保证；如果抵扣幅度过小，则会加重纳税人的负担，影响经济效率。如何拿捏好其中的分寸，平衡税收与纳税人之间的关系，具有很大的挑战性。

抵扣项基本上是指企业的各项成本。不同行业，其性质不同，成本不一致，例如，房地产业的主要成本包括土地购置费用、建筑安装成本、利息费用以及营销费用等，其中土地购置费用所占比重最大。因此，土地购置费用能否抵扣是房地产业"营改增"的关键所在。如果是从政府出让环节取得的土地，政府又无法开具增值税发票，那就造成了抵扣的困难。另外，如果之后出台的政策确定土地购置费用可以抵扣，已经购置土地并建设完成但尚未售罄的项目由于没有抵扣购置土地的进项税额，将在成本上处于劣势，难以与政策出台后可抵扣土地购置费用的项目相竞争。又如，建筑业的主要成本是人工成本和建筑材料，由于目前的建筑业用工市场尚不完善，建筑工人中包括大量农民工和临时工，劳务合同不规范或者没有订立劳动合同的情况屡见不鲜，即使可以抵扣也难以确定抵扣额，因此人工成本的抵扣存在困难，而砂石土料的供应商大多无法开具增值税专用发票。这部分成本只能在建筑企业和建筑投资方内部消化，可见"营改增"将对整个建筑业的造价体系造成巨大冲击。此外，以知识和人力资本为主的服务业企业的销项税额较多，但是在生产经营中并不需要大量采购地原材料或者不动产，其成本主要以人力成本为主，能够进项抵扣的税额相对较少，因此增值额较高，"营改增"之后的税率增加可能导致其税负加重。再如，生活服务业中的餐饮服务业由于大多从个体户手中采购原材料和低值易耗品，而目前个体户大多难以开具增值税专用发票，也面临着难以抵扣的问题。

李克强总理多次强调，"营改增"之后所有行业的税负只减不增，否则就有悖于消除重复征税，减轻企业负担，促进工业转型、服务业发展和商业模式创新的改革初衷。因此，为了确保不会出现税负越减越重的情况，在实际操作中，必须具体问题具体分析，不同行业区别对待，做到实事求是。

（三）纳税地点难以确定，地区间收入不均衡

"营改增"还有一个突出的问题是，提供服务的地方和购买服务的地方，在地方政府之间不是平衡的。一个地方对外提供的服务和购买其他地区的服务，这个量是不均等的。在营业税税制基础上，这个不均等并不影响相邻地方之间的收入。营业税改征增值税后，凡是购买外面服务多的地方，它的收入就要减少；对外提供服务多的地方，它的收入就要增加。所以营业税改征增值税，不仅是地方政府

自己收入减少，中央和地方的关系也要考虑，地区之间也会产生新的不平衡。所以从这个意义上说，因为每一级行政区都有服务业，所以每级政府的收入都会受到影响，包括中央政府，这个影响除了本地影响，还有相邻地区的影响。所以营业税改征增值税，对企业的影响是全面的，对政府收入的影响也是全面的，而且影响的效力、差异性很大。有的地方可能是获益的，有的地方可能吃亏。

按现行的营业税规定，建筑劳务的纳税地点有别于其他劳务，除承包跨省、自治区、直辖市的工程要向其机构所在地税务机关纳税外，纳税人提供建筑劳务，应当向建筑劳务发生地税务机关纳税，纳税人承包省内跨县（市）工程的营业税纳税地点，由省、自治区、直辖市人民政府所属税务机关确定。在营业税的征管中，以建筑劳务发生地为纳税地点，符合建筑作业流动性大、施工复杂的特性，也便于税收征管。但如果建筑业改征增值税，就会出现是在机构所在地纳税还是在工程所在地纳税的问题。这是一个两难的选择。

(四)纳税义务发生时间不规律

营业税纳税义务发生时间为纳税人提供应税劳务、转让无形资产或者销售不动产并收讫营业收入款项或者取得索取营业收入款项凭据的当天。一般来说，建筑业存在预付工程款、合同完成后一次性结算价款以及大型项目所采取的按工程进度支付款项、竣工后清算等结算方式，因此会产生大部分工程施工与营业收入不匹配、税额征收波动大的情况。有可能在工程前期投入多而收入少，长时间内只有进项，没有增值税销项，导致企业几乎无税可缴；而到结算时，由于工程集中结算，会产生大量的销项税额，而进项抵扣很少，出现集中缴纳增值税的情况，不利于税务机关的税收预测和税额的平稳入库。加上增值税税率远高于营业税税率，建筑企业在缴纳增值税时会有较大的资金压力。

(五)纳税审核与监管难度加大

以建筑行业为例，由于建筑行业施工地点流动性大，施工工艺复杂，产品同质性少等，税务机关一直难以对其成本收益做出准确核算。建筑业改征增值税后，由于增值税可用于抵扣，主管税务机关的审核压力会加大。建筑公司良莠不齐，存在大量的不具备施工资质或施工资质等级较低的单位等，且大部分没有固定的经营场所，账务核算普遍不规范，营业收入申报不真实。建筑业改征增值税后，如何将这些中小企业纳入增值税体系，以保证建筑业增值税的抵扣链条不断裂，成为税收征管面临的一道难题。另外，建筑业施工地点分散，而主管税务机关人力有限，不能逐一到工程所在地了解工程情况，且施工地税务机关和施工单位机构所在地税务机关的信息交流不及时，很容易造成外来施工企业拖欠甚至少缴税额的发生，造成增值税链条断裂。

(六)不同类型建筑业适用税率的确定问题

在国民经济分类中，建筑业可分为房屋建筑业、土木工程建筑业、建筑安业、建筑装饰和其他建筑业等行业。不同类型行业的成本结构以及利润率差别较大,存在多种施工承包方式,行业之间经营特点、成本费用和相关的税收规定的差异也较大,给确定税率和设定其他税制要素带来困难。不同类型行业改征增值税后税负差异较大,尤其是建筑装饰类企业。由于装饰类企业成本构成中人工比例较高,固定资产投资不大,税负会上升较大。要保持建筑业行业税负不变的改革原则,需在不影响财政收入的前提下,规定一个低税率。

"营改增"对于企业而言是机遇与挑战并存。税改可以克服重复征税的弊端,对于大部分企业可以降低税负,尤其对于小企业,提高了增值税一般纳税人认定标准后,众多小规模纳税人企业可以按照3%的征收率纳税,税负降低明显。从改革后的反馈来看,70%的企业实现了税负下降,交通运输企业税负增加明显。同时,"营改增"后,企业在增值税专用发票管理、纳税申报等方面的工作量会增加,增值税专用发票带来的行政及刑事风险也需要引起企业的高度关注。

对于"营改增"效应的评估应该全面而科学。时下将与"营改增"有关或所牵涉的诸种要素提升至整个经济社会发展的进程中仔细地加以审视,既非常必要,也十分迫切。

"营改增"全面推广之后,更多的效应会逐渐显现出来,我们期待看到"营改增"释放改革红利,但是也不能忽视可能出现的种种挑战。当前,我国的改革逐渐进入深水区和攻坚区,经济发展迈入新常态,"营改增"的全面推广可谓正当其时,对于推动供给侧结构性改革,促进产业结构优化升级,增强涉税企业的国际竞争力具有十分重要的意义。对于改革所带来的挑战,各级政府、财税部门及涉税企业和个人要携手面对,采取综合的应对措施,化挑战为机遇,切实做到为企业减轻税负,为经济发展助力。

第三节 "营改增"对经济的影响

"营改增"是我国新一轮改革的起点,此举促进税收制度更加精准、科学、简洁、合理,对于产业结构的全面优化影响深远,具有"牵一发而动全身"的重要意义。

一、"营改增"对经济的有利影响

(一)优化产业结构

"营改增"消除了重复征税的弊端,尤其是将服务业纳入改革范围,为其发展创造了更为宽松的税制环境。"营改增"以来,现代服务业几个行业中,所有(排除固定资产进项税额尚未完全认证抵扣的企业)应税服务业税负总体上均有不同程度的下降。2014年现代服务业累计申报纳税额与按原营业税率征收营业税相比,下降6%。其中,小规模纳税人"营改增"后税负普遍下降,平均下降0.86%;一般纳税人税负有升有降,总体下降,减税幅度为1.74%,平均税负降低1.7%。"营改增"减轻了现代服务业的税收负担,提高了其利润水平,有利于增强服务性企业的竞争力,加快服务业发展步伐,从而推动第三产业发展,促进第三产业比重和质量的提升,使产业结构优化升级。2013年以来,第三产业在三次产业结构中的比重逐年增加,2015年较上年增长比例高达6.3个百分点;第二、第三产业比重也逐年提高。

(二)深化产业分工

"营改增"在以下三个方面起到积极的推进作用。

1. 不重复征税的特性消除了多环节产业分工税制的障碍

在增值税和营业税并存的制度下,由于存在重复征税的问题,属于营业税征收范围的商品或服务进行销售时,纳税人不仅要为最终产品缴纳营业税,还要承担外购的生产成本中已经纳税的税负,这无形中增加了第二产业与第三产业之间产业分工的税收成本,制约了产业分工。消除重复征税,有利于降低企业税负,使市场有效地发挥调节作用,使生产经营活动不再扭曲。"营改增"后,纳税人外购生产成本所包含的增值税允许抵扣,降低了产业分工的税收成本,有力地推动了三个产业之间专业化分工程度的提升。

2. 增值税抵扣链条机制增加了企业的核心竞争力

在征收营业税的情况下,生产环节越多,该生产链条上企业被重复征税的次数就越多,企业整体税负就越重,因而营业税不利于产业链的分工与细化,同现代化大生产体系所要求的"迂回生产"相悖。改征增值税后,这一弊端得以消除,外购劳务、受让无形资产以及购买不动产可以抵扣,企业可以充分利用生产要素拓展自己有竞争优势的核心业务,生产链条将按效率原则重新予以构建,极大地增强企业的核心竞争力。

3. 延伸产业链,提高企业附加值

"营改增"具有比第一、第二产业更加直接和显著的积极效应,不仅能细化产业分工,还能降低整体税负。服务性企业可以根据自身的技术优势和经营模式创新的需要,将其中的部分服务环节发展成服务企业,这既缩短了决策链条、提高了管理效率,又对原来的服务业企业形成多元化的扩张和战略性的支撑。第三产业分工越细,企业的业务链条越长,就越能更合理地设计安排抵扣环节,争取有利条件降低整体税负,使其影响波及更多行业,从而在链条上凝聚更多的企业,进一步壮大了自身发展,从而增加企业的附加值,提高税收贡献度。

(三)提高社会生产效率

1. 促进经济增长

"营改增"推动生产性服务业发展,为第一、第二产业效率的提升奠定了坚实的基础。对于第一、第二产业的增值税,一般纳税人外购的应税服务所负担的税额允许抵扣,更有利于第三产业随着分工细化而实现规模拓展和质量的提升。同时,分工会加快生产和流通的专业化发展,推动技术进步和创新,提高经济增长的内生产力。

2. 促进企业自主研发

"营改增"后,投入技术研发中的自产和外购技术的产品或服务所包含的增值税税额均予以抵扣,极大地降低了技术研发及其应用的税收成本,消除了企业的后顾之忧,促进企业自主研发相关的技术,而不是通过高价购买国外的产品。

3. 促进社会就业

"营改增"降低了商品和劳务的整体税收负担,由于成本下降的幅度大于产品价格下降的幅度,提高了生产者的利润率,促使其扩大生产规模,而产品价格下降会刺激其消费需求增长,有利于增强消费者的消费能力。在消费和生产规模变化的共同作用下,商品和劳务供给进一步增加,社会总产出规模也会增大,而新的劳动力需求会带来新的就业增长。另外,"营改增"有力地推动了第三产业(主要是服务业)的发展壮大,而以服务业为主的第三产业属于劳动密集型的产业,能够吸纳更多的就业。

二、"营改增"的不利影响

"营改增"实施以来,在促进经济发展的同时,也对地方财政、国税征收管理等方面造成了一些不利的影响。

(一)地方财政负担增加

考虑到本次改革对地方财政的巨大影响,为实现税制的平稳过渡,减少改革的阻力,国务院对改征增值税后的税收收入问题做了明确规定,所有行业企业缴纳的增值税均纳入中央和地方共享范围,中央和地方实行"五五分成"。中央将收入通过税收返还方式给地方,这在最大限度上保证了地方政府的既得利益。然而我国现在正处在经济结构调整和产业升级的重要阶段,目前的发展趋势是第三产业在逐步兴起,服务业是其中最重要的组成部分。在减税政策和经济形势的双重作用下,服务业必将成为新的经济增长点,并由此带来一系列的相关税收增长。但这部分由经济发展带来的税收增长却无法使地方政府充分享有实惠,必然会对地方财政收入产生抑制作用。

(二)地方税收收入下降

营业税收入一直是地税收入的主体税种。"营改增"后,原属于地税收入的营业税完全由国税部门负责征收,导致地税收入总量明显减少。

(三)企业面临机遇和挑战

在调查中发现,"营改增"纳税人对改革方案和政策精神吃不透、弄不明,不能合理利用政策给其带来的机遇。这是"营改增"顺利推进的最大障碍。如果企业在此次税改中,找不准方向或盲目发展,将失去难得的机遇,甚至会被淘汰出局。但随着"营改增"措施的逐步深化,企业各行业内部的竞争会更加激烈,当前甚至在一些行业中出现恶意压低成本以排挤竞争对手等不正当竞争的行为。各企业如何充分挖掘自身优势和资源,利用政府政策和市场的有效运作,强化公司治理,在竞争中寻找共赢机会,是"营改增"后企业面临的新挑战。

(四)国税部门征收管理难度加大

随着纳税户数的增加及税源规模的增大,税收征管、纳税服务等工作量陡增。随着增值税征收范围全覆盖,增值税可抵扣范围面临着量大、面广、点散的复杂局面,给征管增加难度。如在对服务性消费抵扣中,如何区分"私人消费"就是一个国际性管理难题。发票管理依然是个难题,目前,"金税工程"已日臻成熟,切实解决了"假票虚开"问题,但"真票虚开"问题目前还没有彻底的解决办法。此外,地下经济、现金交易都将是增值税征管需要面对的难题。

第四节 "营改增"试点情况

营业税改征增值税试点开始于 2012 年 1 月 1 日,当时率先在上海市的交通运输业和部分现代服务业进行试点。自 2012 年 8 月 1 日起至 2012 年年底,国务院将"营改增"试点扩大至 10 个省市。2013 年 8 月 1 日,"营改增"已推广到全国试行,将广播影视服务业纳入试点范围。2014 年 1 月 1 日起,将铁路运输业和邮政服务业纳入试点,至此交通运输业已全部纳入"营改增"范围。2016 年 3 月 18 日召开的国务院常务会议决定,自 2016 年 5 月 1 日起,我国将全面推广"营改增",将建筑业、房地产业、金融业、生活服务业全部纳入"营改增"试点。所有营业税纳税人都改为缴纳增值税。

一、"营改增"地区性试点

营业税改征增值税这样一项对企业、对政府影响大,涉及面广的改革,方案难以制定,出台并不容易。

(一)首选上海试点

1. 首先选择在上海试点的主要原因

(1)上海国税与地税没有分家。1994 年分税制改革的一个直接的变化就是将税务局分成了国家税务局和地方税务局。在这次改革中，上海没有实行国税与地税分家的举措。主要原因：一是机构精简，能提高办事效率；二是纳税成本低，企业办税不需要同时跑两个地方，不需要接待两个税务局的检查，不用接受两个税务机关的培训；三是税务机关能保持政策的一贯性。

财政部及两个税务局在研究营业税改征增值税政策的实施这个问题时，讨论多，利益牵扯也多，达成共识很难。上海国税与地税未分家，就为实施前的讨论减少了障碍。

（2）上海急需发展第三产业。上海作为国际化大都市，产业结构急需转型。上海有名的制造业大户——宝钢不在上海扩大生产，而转向了湛江。上海受到各方面资源的制约，很难再大规模地发展制造业。所以，上海本身要发展服务业：一是服务业污染少；二是能发挥上海人口集中的优势。但是营业税不改，上海的服务业就发展不起来，这是一个必要条件。所以上海在2009年就开始研究如何发展服务业。经过调研和讨论达成了一个共识：如果上海要发展服务业，必须解决营业税改征增值税的问题。

2. 税收收入减少的应对

对于"营改增"后地方税收收入减少的问题，上海表示自己承担，不要中央政府补贴。试点证明，这样的决策是正确的。虽然"营改增"会造成短期的地方税收收入减少，但是服务行业发展的速度加快了。税基的增加速度非常快，政府的收入实际并未发生明显的减少。试点初期，上海给外地提供服务，可以开具增值税发票。外地企业购买上海企业的服务，税额可以抵扣。没有"营改增"试点的地方，提供同样的服务，只能开具普通发票，不能抵扣。那么对于一个企业来说，同样的服务，一个是增值税，另一个是营业税，显然要选缴纳增值税的企业购买服务。那么上海先改征了增值税，其他地方的企业购买上海企业服务的需求量就会上升，其他地方对服务业的投资就会被吸引到上海来。上海试点半年，新增试点企业1万户左右，可以说试点效果是非常好的。而其他地方企业购买上海企业的服务，对企业有好处，可以抵扣税额，但那个地方政府的收入就减少了。苏州是第一个深刻受到上海营业税改征增值税对当地经济和税收冲击的地区。

3. 上海试点的效果

在上海的率先试点情况反馈良好，各项措施的衔接到位，试点工作推进顺利，并且取得了好于预期的阶段性成效。在上海试点的范围内，小规模纳税人的税负明显下降，大部分一般纳税人税负略有下降，原增值税一般纳税人的税负因为进项税额抵扣范围的扩大而普遍降低。2012年上半年，上海市共有13.5万户企业经确认后纳入试点范围，其中小规模纳税人9万户，一般纳税人4.5万户。小规模纳税人申报缴纳应税服务增值税累计为7.2亿元，与按原营业税方法计算的营业税相比，减少税收4.9亿元，降幅为40%，其中除交通运输、物流辅助服务行业税负略有下降外，其他试点行业税负均大幅下降；一般纳税人申报缴纳应税服务增值税累计为77.3亿元，剔除即征即退企业后，按增值税申报的应纳增值税税额比按原营业税方法计算的营业税税额减少4.2亿元，其中3万余户企业税负下降，其余近1.5万户企业税负有所上升。也就是说，在上海市13.5万户试点企业中，89.1%的企业在改革后税负得到不同程度的下降。

(二)第一次扩大试点区域

上海试点的效果良好，成绩明显，对经济结构调整表现出了积极的作用。这些反馈促使国务院决定于2012年8月1日起至2012年年底，将交通运输业和部分现代服务业纳入"营改增"试点范围，由上海市分4批扩大至北京、天津、江苏、浙江、安徽、福建、湖北、广东8个省、直辖市和厦门、深圳2个计划单列市。2013年继续扩大试点地区，并选择部分行业在全国范围试点。

就2012年的经济形势来说，"稳增长"是国家的宏观调控目标，而且是首要目标。而"营改增"恰恰是"稳增长"的重要政策手段，新增试点的10个省市，其GDP总和超过全国的一半，通过在上海试点取得的积极效果可以预期，扩大试点势必对我国经济产生明显的拉动作用。上海是城市经济的典型，而省级区域的产业结构更加健全。从选择这10个省市试点来看，其凸显出设计意图。为"营改增"在2013年全面推进打下基础，也表明"营改增"推进速度将大幅加快。

二、"营改增"全国性试点

"营改增"是"十二五"时期我国结构性减税的重头戏。据测算，"营改增"全面铺开，每年税收净减少1 000亿元以上。而按照建立健全有利于科学发展的财税制度要求，"营改增"有利于完善税制，消除重复征税；有利于社会专业化分工，促进三次产业融合；有利于降低企业税收成本，增强企业发展能力；有利于优化投资、消费和出口结构，促进国民经济健康协调发展。据国家税务总局的测算报告显示，"营改增"全面推开后，将带动GDP增长0.5%左右，第三产业和生产性服务业增加值占比将分别提高0.3%和0.2%，高能耗行业增加值占比降低0.4%。

2013年8月1日，"营改增"范围已推广到全国试行，将广播影视服务业纳入试点范围。

2013年8月1日至2013年年底，全国各税务机关申报数据显示，减税效果是明显的。对于本地区的经济结构调整，小微企业的发展起到积极的作用。

三、进一步扩大试点行业范围

从2012年1月"营改增"试点以来，试点地区由点扩面再到全国，试点行业由"1+6"(交通运输业和6个现代服务业)陆续增加到"3+7"(交通运输业、邮政业、电信业和7个现代服务业)，减轻了货物和服务的重复征税，实现了服务业的加快发展和制造业的创新发展，促进了企业转型升级，增强了出口竞争力。2014年是

"营改增"试点的第三年。自 2014 年 1 月 1 日起,全国开展铁路运输和邮政业"营改增"试点;自 2014 年 6 月 1 日起,全国开展电信业"营改增"试点。铁路运输和邮政服务业是国民经济的重要组成,与很多行业发展都有密切关系,纳入"营改增"试点后,大部分企业的抵扣项目增加。"营改增"不仅会减轻交通运输业的总体税负,促进流通行业的发展,还能推动全国范围所涉及行业企业特别是小微企业的税收负担进一步减轻,从而进一步发挥其在结构性减税和促进产业转型升级方面的作用。至此,营业税税制中的交通运输业和邮电通信业两个税目涉及的所有业务都改征增值税,试点行业已覆盖交通运输、邮政、电信 3 个大行业,以及研发和技术服务、信息技术服务、文化创意服务、物流辅助服务、有形动产租赁服务、鉴证咨询服务、广播影视服务 7 个现代服务业。随着试点行业范围的逐步扩大,增值税抵扣链条日趋完整,重复征税问题得到进一步缓解。

根据税收征管数据,截至 2014 年年底,全国"营改增"试点纳税人共计 410 万户,比 2013 年年底的 270 万户增长 52%。2014 年全年有超过 95% 的试点纳税人因税制转换带来税负不同程度下降,减税 898 亿元;原增值税纳税人因进项税额抵扣增加,减税 1 020 亿元,合计减税 1 918 亿元,通过市场价格机制继续让产业链中生产、流通、服务等各个环节分享改革红利。

四、全面"营改增"的实施

截至上次扩大试点,尚未改革的行业包括建筑业、房地产业、金融业和生活服务业,据统计,上述行业涉及 800 余万户企业,年营业税税额约 1.6 万亿元。这些行业户数众多、业务形态丰富、利益调整复杂,特别是房地产业、金融业的增值税制度设计更是国际难题,税率、计税方法、抵扣方式、纳税地点等税制要素的科学设计以及过渡政策的合理安排,事关"营改增"试点的平稳推进。因此,改革方案设计需十分慎重,既要统筹好增值税的中性原则与税收对经济的调节作用,又要兼顾税制的统一性与各行业的特殊性,还要处理好"营改增"的减税与财政的可持续发展,凝聚各界对"营改增"的改革共识。

为此,经过两年的研讨,于 2016 年 5 月 1 日起,我国全面推行"营改增"。"营改增"试点在最后 4 个行业——房地产业、建筑业、金融业和生活服务业全面推开。"营改增"涉及将原征收营业税的近 1 600 万户企业纳税人、1 000 万自然人纳税人和超过 2 万亿元的营业税收入改征增值税。经过 4 年对 500 多万户企业的改革探索,终于全面铺开了。为实现所有行业税负只减不增的目标,财政部和国家税务总局在政策设计时妥善安排,对建筑业、房地产业、金融业和生活服务业 4 大行业原税收优惠政策原则上予以延续,对老合同和老项目实行政策平转,对特定行业制定过渡性优惠措施等。财税部门实时跟踪,针对试点中反映出的问题,及时分析,完善试点办法。财政部和国家税务总局先后下发 9 个政策性文件,国家税务总局先后下发 27 个有关征管操作的公告。

全面"营改增"开始到 2017 年 4 月 30 日，国家税务总局预计，全面推开"营改增"试点一周年将实现减税 6 800 亿元左右。此外，2012 年 1 月至 2017 年 2 月，"营改增"减税总规模累计已超过 1.2 万亿元。

除直接减税效应之外，我国"营改增"还带来了多重积极的效应：一是促进经济结构调整。"营改增"实施以来，在我国经济增速整体放缓的情况下，第三产业保持了相对较快的增长，2016 年第三产业 GDP 增长 7.8%，高出 GDP 平均增速 1.1 个百分点，占 GDP 的比重为 51.6%，同比提高 1.4 个百分点。二是激发了创新创业活力，"营改增"后，技术研发的中间投入均能纳入增值税抵扣范围，有利于增强企业创新的内生动力。2016 年，我国高技术制造业增加值同比增长 10.8%，比规模以上工业快 4.8 个百分点。同时，"营改增"激发了市场主体的创业热情。2016 年，我国新登记市场主体同比增长 11.6%，而服务业同比增长 24.7%，其中新纳入试点的四大行业新办企业户数月均增加 8 万多户，第三产业就业占全部就业人数的比重由 2012 年的 36.1% 上升至 43.5%。三是推动了财税体制改革。"营改增"作为具有重大牵引作用的改革举措，对我国整个财税体制改革都形成了强有力的推动。随着"营改增"的深入实施，我国直接税体系改革提速，地方税体系构建加快，税收征管体制改革稳步推进，预算管理体制也相应做出重大调整，与推进国家治理体系和治理能力现代化相匹配的财税体制改革驶入快车道。四是规范了市场运行秩序。"营改增"后，增值税抵扣机制覆盖面更广，出于抵扣的需要，下游企业纷纷向上游企业索取发票，既促进了市场运行机制和秩序的规范，又进一步营造了"褒扬诚信、惩戒失信"的社会诚信环境。

第四章 "营改增"对现代服务业的影响

第一节 现代服务业的划分及发展趋势

服务业是生产或提供各种服务的经济部门或企业的集合。服务业的发展对于增加就业岗位、改善产业结构、促进国民经济增长、提高人民生活水平、保持社会稳定发挥着十分重要的作用。加强对服务业经济理论的研究，是一项十分有意义的工作。服务业是一个动态的概念，其包含的内容和范围随着生产力的发展而不断拓宽。为了揭示服务业的内部结构和不同服务部门的经济性质，并制定正确的产业政策，需要对服务业进行恰当的范围划分。

一、现代服务业的内涵

最早于1985年，国家统计局就提出了产业分类，明确了第三产业包含除第一、第二产业以外的其他行业，将各种类型服务业都划入了第三产业。所以，长期以来，人们将服务业和第三产业等同使用。同时，服务业的概念尚未取得学界的共识，许多服务业研究者多从第三产业角度研究服务业，对这两个概念不加区分。

实际上，第三产业与服务业二者是有区别的。首先，界定的方法不同。第三产业的界定采用的是剩余法，即把第一、第二产业以外的所有经济活动统称为第三产业，而服务业的范围是以生产或提供服务来确定的。其次，划分思想的出发点不同。按三次产业划分，第三产业是供给分类，它与第一、第二产业间是单向依赖关系；服务业同农业、制造业的划分，则是以经济体系的需求分类为基础的，它同农业、制造业之间是相互依赖关系。最后，第三产业的经济结构含义主要是相对于国内经济的，服务业的经济结构含义则是面向国内和国际两个市场的。第三产业的内容包含服务业，但也有所不同，服务业应该是将第三产业中的国际服务组织和为第一产业服务的行业分离的那一部分。

现代服务业是相对于传统服务业而言的，通常是指在工业化高度发展阶段产生的，主要依托电子信息等高技术和现代管理理念，采用现代经营方式和组织形式发展起来的，代表国民经济发展方向的重要服务部门簇群。现代服务业的发展，本质上讲是科学技术进步、经济发展和社会分工不断细化的结果，是服务业内部结构高级化的重要标志。

现代服务业既具有与传统服务业相同的基本特性，如服务产品的无形性、生产与消费的同时性、不可储存性、异质性等，同时它也有不同于传统服务业的特殊属性，主要体现在以下几个方面。

(一)知识和技术密集型服务业的产生和发展成为现代服务经济的直接表征

现代服务业显著依赖于专门领域的专业性知识和技术，向社会和用户提供以知识为基础的中间产品或服务。现代服务业中有以新知识、新技术为基础的知识密集型服务业(如软件业、科学研究和技术服务业等)，也有集中使用新技术的传统服务业的升级(如金融服务业、新闻出版业等)。

(二)技术进步造就了现代服务业的高效发展

信息技术革命使信息技术投资不断增长，现代服务业日益成为密集使用信息技术成果的行业，使这些领域的劳动生产率显著高于制造业。根据美国经济分析局(BEA)和英国国民统计局(ONS)的统计和调查研究，20世纪80年代以来，英美两国的服务产业对信息技术的投资占整个信息技术投资的80%以上。1995年以后统计数据显示，美国服务业劳动生产率领先于制造业部门的劳动生产率增长。

(三)现代服务业具有附加值高的特征

现代服务业处于产业链中的利润高端，是提高经济效益的重要途径。在整个价值链中，咨询、创意、研发、设计、销售、物流、售后等服务活动中的价值含量日益增高。在欧美发达国家，汽车、计算机行业80%的利润来自服务过程，而制造过程只能获得20%的利润。所以，虽然最大的销售额来自产品，但是最高的利润却来自相关服务。

(四)基于信息化和现代化的经营理念发展

金融行业在20世纪90年代经过信息化的改造，完全转变到依赖于信息网络，而且信息化程度是各个行业中最高的，也是信息技术投入强度最大的一个行业。在所有的行业里面，金融行业是最典型的一个行业，完全从传统行业转变成一个现代的金融行业。

(五)现代服务业的公共服务职能越来越突出

现代服务业具有高需求弹性和低自然依赖性的特点，投入少、产值高、无污染，适应了经济社会和谐、可持续发展的需要；现代服务业本身还具有波动性小、增长持续性强等产业特性，可以减缓经济波动，有利于增强经济发展的稳定性；现代服务业既满足生产需要，又满足精神需求，加快发展信息服务、金融服务、文化娱乐和医疗保健等现代服务业，是构建和谐社会，实现可持续发展的重要途径。

二、现代服务业的划分

在现代服务业这个庞大的产业体系中，不断有新行业产生和壮大是它的一个基本特征。为了实现对现代服务业的科学认识和管理，有必要设计现代服务业的界定标准和统计范畴。

(一)现代服务业的界定标准

现代服务业与传统服务业的区别是相对的。这种相对性一方面表现在某些现代服务业是从传统服务业发展而来的，另一方面则表现为信息技术和专业知识在推动现代服务业发展的同时，也在不断地改变着传统服务业。基于本书所描述的"现代服务业内涵"，在设计这个界定标准时，可以采用最能代表现代服务业的几个特征：一是知识密集度高；二是采用现代管理理念、经营方式和组织形式；三是以现代信息技术为支撑；四是属于当前服务业发展的重点，未来经济的主导产业。

(二)现代服务业行业分类基本框架

现代服务业行业分类基本框架以我国三次产业分类标准为蓝本，既能满足对现代服务业分类的需要，又可以兼顾统计数据资源的共享。在此基础上，也适当地参考和借鉴了发达国家和地区现代服务业发展的实际情况，对分类标准的内容和结构进行了调整和修改。

从健全现代服务业体系角度看，主要从核心层、辅助层和配套层三个层面构建现代服务业体系。现代服务业生态系统大致分为三个圈层：第一层是核心层，主要是金融服务业、科学研究和技术服务业、商务服务业等功能的集聚；第二层是为第一层服务的辅助层，主要是信息服务业、物流业、房地产业等功能的集聚；第三层是为以上内容配套的功能集聚，如教育培训业、商务服务业、医疗保健业、文化体育娱乐业等功能。只有健全现代服务业生态体系，才能有效和高效地发挥系统整体效应。

(三)现代服务业的行业类别

根据现代服务业自身的性质，现代服务业可以大体分为四个类别：第一，基础性服务业类，这一类主要包括通信行业和信息行业；第二，生产性服务业类，这一类主要由金融行业、物流行业、电子商务行业、批发行业、农业支持行业和中介咨询行业构成；第三，消费性服务业类，这一类主要包括教育行业、医疗保健行业、住宿行业、餐饮行业、文化娱乐行业、旅游行业、房地产行业和商品零售行业等；第四，公共性服务业类，这一类主要由公共管理行业、基础教育行业、公共卫生医疗行业和公益性信息行业等构成。

(四)现代服务业的重要性

现代服务业的发展可以有效改变我国经济的发展形势，因此，发展现代服务业具有很大的必要性，主要体现在以下几个方面：首先，现代服务业是衡量我国经济发展程度的标准。在我国经济发展的初期，主要依赖制造业和重化工业来发展我国的经济，但是这种发展经济的模式产生了许多问题，如使得我国的环境遭到了巨大的污染，造成了人与自然不能和谐发展的问题，而现代服务业与我国传统的产业相比，具有污染小、成本低的特点，这就可以有效缓解我国传统产业造成的环境污染问题。一般来说，经济发展程度越高的国家，现代服务业的发展程度也越高。其次，现代服务业可以有效提高我国的就业率。我国是人口大国，面临着巨大的就业压力，现代服务业的发展可以有效带动信息技术行业、网络技术行业、电子商务行业、节能行业、家政服务行业和文化产业的不断发展，这就有效地增加了就业岗位，提高了就业率。

三、现代服务业的发展趋势

(一)产业结构服务业化，工业型经济向服务型经济转变

产业结构服务业化，在三次产业构成中服务业的产出和就业人数将会占据主导地位。产业活动服务化，在农业、制造业发展过程中，信息服务业、技术服务业和金融服务业等变得日益重要，生产活动中与服务相关的业务比重不断增加，包括信息管理、研究开发、融资理财、综合计划、市场推广、售后服务等。在整个价值链中与服务相关的各环节的价值含量也在增高，如出售商标、加盟品牌、输出管理、转让专利等。

(二)现代服务业成为吸纳就业最主要的渠道和未来经济的主导产业

随着经济的发展，在制造业或者说有形产品行业，人们的劳动生产率普遍提高，而这必然导致就业率下降，那么怎样解决结构性的就业转移问题？全世界无一例外都选择了服务业，现代服务业能够提供各种层次的岗位。现代服务业以其知识密集的特点，已广泛渗透在国民经济的各主要行业和领域，呈现产业融合的态势，有效促进了产业结构的优化、经济增长方式的转变，成为服务业新的经济增长点。

(三)现代服务业布局呈现集中分布的态势，现代服务业集群发展成为一种世界潮流和趋势

经济全球化和信息化背景下，现代服务业在全球主要城市分布态势日益明显，尤其集中在世界城市。以金融服务业为核心，以现代服务业为主导的全球产业结构，使得一些国际大都市的内涵发生质的变化，更新了它们在生产、服务、市场和创新领域的形态，尤其是企业兼并和收购的国际化与大规模的资金国际融通，使得这些城市以趋向决策和管理为中心内容。

(四)服务的市场和提供服务的主体呈现全球化的趋势

国际服务市场需求的高增长性、新型服务产品的高附加价值性以及服务产业对资本、信息、技术等关键生产要素控制的重要性，使服务业成为21世纪世界经济发展竞争的战略制高点。服务业跨国投资，在经济全球化趋势下将不断增强，

全球国际直接投资总量将快速增长。

(五)现代服务业的发展将推动城市的社会变革和体制创新

社会变革和体制创新一直都是我国转型时期的经济成长的重要动力。现代服务业的很多部门都是从政府和大企业垄断中分离出来的，它的发展从技术上说有利于专业化和实现低成本的弹性生产。从制度上看，它和区域市场体制完善之间能够相互促进，越多产业活动得以从政府和大企业的控制下分离，对政府和大企业的垄断行为的制约就越大，市场化程度就越高，体制变革的力量就越强大和稳定。所以现代服务业的发展往往成为城市经济市场化程度的一个重要指标，现代服务业发展良好的城市不仅具有技术优势，而且具有体制优势，这种优势积累的差异是形成城市职能等级的重要原因。

第二节 "营改增"对现代服务业的影响

"营改增"政策的实质是营业税改征增值税，这一新税收政策的实施可以有效解决我国原有的税收问题，如我国原有的营业税存在的重复征用问题。与此同时，新的税收政策的实施还可以有效地推动我国以现代服务业为主的第三产业的发展，促进我国经济的不断发展，对我国现代企业的发展带来了积极的影响。

一、"营改增"政策概述

(一)"营改增"的内涵

"营改增"政策是我国社会经济发展战略的重要方针，是促进我国经济发展的重要举措，这一政策的实质就是营业税改征增值税。我国主要通过以下两个步骤来扩大"营改增"政策的实施范围：第一步，由于"营改增"政策在我国已经全面实施，这个政策本身还存在一些问题，如果在政策实行的初级阶段就大范围推广可能会带来一些不必要的麻烦，因此，需要先在我国建立试点政策落实基地，在试点单位进行试运行，发现"营改增"政策中存在的问题并及时解决，当这个政策发展得比较完善时再进行大范围的使用；第二步，在"营改增"政策实施时，我国原有的税收政策并没有废除，因此，在新政策实施的试点单位，当地政府必须把我国原有的税收政策与新的税收政策有机地结合起来，使两者进行磨合。

(二)"营改增"的意义

我国现代企业在经济发展环节中呈现分工专业化、高产值及低能耗等特点，在这样的经济发展背景下，我国毫不犹豫地提出了新的税收政策——"营改增"政策，这一新政策在我国的经济结构调整中发挥着至关重要的作用，是我国实现国家经济宏观调控的重要手段之一。"营改增"政策的实施有以下几方面的实际意义：

第一，在我国的交通运输业及许多现代服务业中实施这一新的税收政策可以有效地实现结构性减税，减少纳税人的负担。与此同时，在这一新的税收政策不断优化、完善的过程中，我国的税收环境也会得到显著的改善。第二，新的税收政策的实施还可以帮助小额纳税人减少税负，实现对小微企业发展的支持，从而实现我国经济结构的调整，进而实现我国现代服务业税收的全面改革。第三，新税收政策的实施还推动了我国社会分工的不断深入，使我国改革开放的经济发展战略不断践行。

二、"营改增"对现代服务业的影响

（一）"营改增"达到了减税的目的，税收筹划空间增大

营业税改征增值税后，将纳税企业分为小规模纳税人和一般纳税人。

1. 小规模纳税人

原服务业企业作为营业税纳税人，其适用税率为3%或5%。现代服务业所涉及营业税税率大多为5%。营业税改征增值税后，小规模纳税人适用的征收率为3%，采用简易计税方法计税。从税率变化上可以直接得出税率下降、税负减少的结论。

2. 一般纳税人

增值税一般纳税人采用的是进项抵扣的计税方式。现代服务业的适用税率为11%（交通运输）、17%（有形动产租赁）、6%（其他现代服务业）。从税率上看，"营改增"后一般纳税人的税率提高，但由于增值税一般纳税人可以进项抵扣，所以税率是否提高取决于"进项抵扣效应"的大小。根据数据测算，交通运输业、物流辅助服务及有形动产租赁服务因为涉及大量的固定资产的购入，且固定资产更新速度较快，所以"进项抵扣效应"明显，减税效果好。在所有现代服务业中，鉴证咨询业主要为人力成本的付出，其抵扣内容非常少，所以"进项抵扣效应"较小，减税效果相对较弱。

原来营业税是在经济业务完成后计算缴纳的，应缴营业税＝营业额×税率，企业承担全部的营业税。营业税改征增值税后，企业有了税负转嫁的机会，有了更多税收筹划的空间。

（二）"营改增"促进了服务业和制造业的融合，实现收入增长

"营改增"除了结构性减税这一目标以外，也成功破解了现代服务业发展的税制难题。

税改后，服务业一般纳税人企业位于整个商品劳务流通链条的中间环节，成为制造产业链中的一部分。与上游和下游制造企业产生了联系。现代服务业一般纳税人从上游制造企业购买的设备、材料等物资，可以作为本企业的进项进行抵扣增值税。与征收营业税比较，其实是降低了购货成本。这为现代服务业在经营

过程中选择更优质的产品，提高自身服务质量，扩大经营规模提供了先决条件。现代服务业一般纳税人将自己的服务提供给下游制造企业，可以开具增值税专用发票。下游制造企业可以进行进项抵扣，同样减少了外购服务的成本。这样一来，转变了制造业企业曾经"自给自足"的生产经营方式，鼓励将服务进行外包。现代服务业企业的服务供给和需求都发生了增加，现代服务业企业的营业收入显著提高。

(三)"营改增"增加了现代服务业劳动力需求

"营改增"后，现代服务业企业购入设备和原材料价格的下降，会使社会产生收入效应。同时，人力成本不作为进项抵扣，且人力成本相对于其他生产要素价格的提高，会产生替代效应。在"营改增"后，现代服务业是否会增加劳动力需求，取决于收入效应和替代效应的相对大小。

现代服务业属于劳动密集型企业，吸收就业的能力很强。为了扩大经营规模，提高产品质量，现代服务业会增加雇佣人数，为市场提供更多的劳动力需求。

同时，根据近年来对试点企业的样本分析调查发现，在样本中，71%的企业增员、29%的企业雇用员工数没有发生改变。

(四)"营改增"增加了现代服务业的资本密集度，有利于提高企业生产效率

"营改增"不仅能提高现代服务业企业劳动力投入，也提高了企业的资本密集程度。根据有关数据显示，现代服务业企业进入商品流通链条后，服务供给和需求都会大幅增长，更新、购买设备的成本降低。企业在提供服务中更为倾向使用优质、先进的设备，以增加市场竞争能力。现代服务业企业的资本密集度增长幅度超过了劳动力增长幅度。现代服务业企业设备、原材料和劳动力人数的增加，资本密集度的提高，最终呈现为企业生产效率的提高、营业收入的增加。

第五章 "营改增"对邮电通信业的影响和对策

邮政通信业从2014年1月1日起被纳入"营改增"试点范围，主要包括邮政普遍服务、邮政特殊服务及其他邮政服务。同年6月1日起，电信业被纳入"营改增"范畴。营业税的"邮电通信业"税目就此终止。

在中华人民共和国境内提供电信业服务的单位和个人为增值税纳税人，应当按照《财政部国家税务总局关于将铁路运输和邮政业纳入营业税改征增值税试点的通知》(财税〔2013〕106号)的规定缴纳增值税，不再缴纳营业税。

第一节 "营改增"对邮政企业的影响及对策

一、政策解读

邮政企业，是指中国邮政集团公司所属提供邮政服务的企业。为明确营业税改征增值税后邮政企业总分机构缴纳增值税问题，国家税务总局制定了《邮政企业增值税征收管理暂行办法》，自2014年1月1日起施行。

邮政企业(以下称总机构)"营改增"后适用税率为11%，包括邮政普遍服务、邮政特殊服务和其他邮政服务。邮政普遍服务是指函件、包裹等邮件寄递，以及邮票发行和邮政汇兑等业务活动。邮政特殊服务包括义务兵平常信函、机要通信、盲人读物、革命烈属遗物等寄递业务活动。其他邮政服务包括邮册等邮品销售、邮政代理等业务活动。

邮政企业应当汇总计算总机构及其所属邮政企业(以下称分支机构)提供邮政服务的增值税应纳税额，抵减分支机构提供邮政服务已缴纳(包括预缴和查补，下同)的增值税税额后，向主管税务机关申报纳税。

(一)总机构汇总的应纳税额

1. 销项税额的确定

总机构汇总的销项税额，是指总机构及其分支机构提供邮政服务的销售额。其销项税额应当用销售额和增值税适用税率进行计算。

2. 代办速递物流业务的收入确定

邮政企业为中国邮政速递物流股份有限公司及其所属机构代办速递物流类业

务,从寄件人取得的收入,由总机构并入汇总的销售额计算缴纳增值税。分支机构收取的上述费用不预缴税额。

3. 进项税额的确定

总机构汇总的进项税额,是指总机构及其分支机构提供邮政服务而购进货物、接受加工修理修配劳务和应税服务,支付或者负担的增值税税额。总机构及其分支机构取得的与邮政服务相关的固定资产、专利技术、非专利技术、商誉、商标、著作权、有形动产租赁的进项税额,由总机构汇总缴纳增值税时抵扣。总机构及其分支机构用于邮政服务以外的进项税额不得汇总。

总机构及其分支机构用于提供邮政服务的进项税额与不得汇总的进项税额无法准确划分的,按照提供邮政服务的销售额占全部销售额的比例计算应当汇总的进项税额。

(二)分支机构预缴税额及其征收管理

1. 预缴税额

分支机构提供邮政服务,按照销售额和预征率计算应预缴的税额,按月向主管税务机关进行申报纳税。预缴时不能进行进项抵扣。

应预缴税额=(销售额+预定款)×预征率

销售额为分支机构对外(包括向邮政服务接收方和分支机构的其他邮政企业)提供邮政服务取得的收入,销售额不包括免税项目的销售额;预定款为分支机构向邮政服务接收方收取的预定款项,预定款不包括免税项目的预定款。

分支机构的预征率由省、自治区、直辖市或者计划单列市级国家税务局及财政部门确定。

2. 预缴税额的征收管理

分支机构按月将提供邮政服务的销售额、预定款、进项税额和已缴纳增值税税额汇集汇总,填写《邮政企业分支机构增值税汇总纳税信息传递单》,报送主管税务机关签章确认后,于次月10日前传递给总机构。

3. 纳税申报

分支机构发生除邮政服务以外的增值税应税行为,就地申报纳税。

(三)总机构申报纳税与征收管理

1. 计算与申报

总机构应当依据《邮政企业分支机构增值税汇总纳税信息传递单》,汇总计算当期提供邮政服务的应纳税额,抵减分支机构提供邮政服务当期已缴纳的增值税税额后,向主管税务机关申报纳税。抵减不完的,可以结转下期继续抵减。

总机构当期汇总应纳税额=当期汇总销项税额-当期汇总的允许抵扣的进项税额

总机构当期应补(退)税额＝总机构当期汇总应纳税额－分支机构当期已缴纳税额

总机构汇总的允许抵扣的进项税额，应当在季度终了后的第一个申报期内申报抵扣。

2. 征收管理

总机构的纳税期限为一个季度。总机构应当在开具增值税专用发票的次月申报期结束前向主管税务机关报税。

(四)邮政企业的征收管理

邮政企业总机构及其分支机构，一律由税务机关认定为增值税一般纳税人。在取得增值税抵扣凭证时，应当按照相关规定到主管税务机关办理认证或者申请稽核比对。

邮政企业为中国邮政独资物流股份有限公司及其所属机构代办速递物流类业务，寄件人索取增值税专用发票的，邮政企业应向寄件人开具增值税专用发票。

总机构和分支机构所在地主管税务机关应定期或不定期对其纳税情况进行检查。分支机构提供的邮政服务申报不实的，由其主管税务机关按照适用税率全额补征增值税。

二、"营改增"对邮政企业的影响

(一)"营改增"对邮政企业税负和企业利润产生的影响

"营改增"作为我国重要的税收政策改革，对全行业产生了深远的影响。特别是2016年"营改增"政策全面铺开，也给已经于2014年进行试点改革的邮政业带来了新的影响。首先，"营改增"会对邮政行业的税收负担产生重要的影响，邮政行业在"营改增"试点之前只是征收营业税，适用税率档次较低，为3％。虽然不可以进行税前进项税额扣除，但是由于本身适用的税率档次就低，因此其本身的税收负担一直不高。但是在营业税改征增值税之后，邮政行业适用的税率变为11％。虽然可以进行增值税的税前进项税额扣除，但是由于需要扣除的进项税额较少，所以企业税收负担也增加了。其次，对于增值税而言，我国实质上规定了一般纳税人和小规模纳税人两种纳税人身份。小规模纳税人可以适用更低的税率。但是"营改增"之后，我国对邮政行业的基本规定使其只能被认定为一般纳税人，因此无法适用简易的税收。全面"营改增"后，抵扣链条打通，抵扣范围更宽，进项抵扣少的问题得到了解决。

(二)"营改增"对邮政企业的会计核算方式产生的影响

税制改革最直接的被影响者就是企业财务会计核算方式。"营改增"全面铺开之后，对邮政行业的会计核算方式也产生了一定的影响。首先，邮政企业按照规定都成为一般纳税人。一般纳税人必须纳入"金税工程"的管理范畴。在这种情况下，一般纳税人的税收遵从成本普遍上升。企业为了改变之前的税收缴款方式，必然要花费更高的人员培训成本、设备采购成本等。同时，由于增值税的征收对于会计核算的要求更高，邮政企业必须完善内部财务管理核算制度，保障税收管理制度的有效实施。其次，由于增值税属于价外税，所以可以在缴纳企业所得税之前进行扣除。同时企业在购买原材料、固定资产时产生的支出中包含的增值税的进项税额也可以在缴纳增值税时进行扣除。在这种情况下，"营改增"之后邮政企业需要加强对增值税发票的管理，而这也意味着会计核算制度的全面变革。除此之外，在全面推行"营改增"之后，可以抵扣的增值税发票种类增多，同时电子发票的普及也给会计核算带来一定的冲击。

(三)"营改增"对邮政企业的业务设计模式产生的影响

在营业税改征增值税之前，邮政企业征收的营业税属于价内税。税额和价款没有进行分离处理。在"营改增"之后，邮政企业征收的增值税属于价外税。税额和价款需进行分离处理。在这种情况下，有必要对邮政企业的业务设计模式进行调整来适应营业税改征增值税的改革。首先，"营改增"可以促进邮政企业的专业化分工。专业化分工必然导致企业内部业务设计模式的改变。其次，由于价格是不含税的，所以上下游对接时企业的报价也产生了变化，最终邮政企业的业务设计模式也会发生变化。

三、邮政企业应对"营改增"的举措

(一)邮政企业应强化发票管理，完善税收抵扣链条

为了应对邮政企业"营改增"，邮政企业应当不断完善其税收抵扣链条。通过不断降低企业的税收负担，来最终实现提升企业利润水平的目的。要想完善税收抵扣链条，首先，完善企业的发票管理制度。对增值税专用发票进行全面管理和控制，通过完善增值税进项税额的管理来降低税收负担。其次，对邮政企业购买的原材料、固定资产等进行严格核查。同等情况下多考虑可以拿到增值税进项税额发票的供应商，以便最终降低企业税收负担。除此之外，邮政企业可以关注与之相关的税收优惠政策，通过合理使用税收优惠政策，降低企业税收负担，提高企业税后利润。同时，应强化涉税风险意识。

(二)提高邮政企业会计核算水平，降低财务管理成本

随着邮政行业的不断发展，其必须不断规范自身的财务会计核算体系。而"营改增"的全面实行，实质上是企业提升内部管理的重要契机。在"营改增"的过程中，邮政企业应当加强对企业财务核算的认识，努力提升企业的财务会计核算水平，不断降低企业的财务管理成本。同时，严格把控所面临的税收风险。首先，邮政企业应当在现有内部控制制度的基础上进行补充完善，设立一套符合当前国家税收政策制度的内部控制制度和财务管理制度。其次，随着"金税工程"的全国

性开展，企业的财务税务信息联网化也为企业降低了税收遵从成本。在这种情况下，企业有必要优化内部财务会计核算制度。通过提前部署升级来提升财务会计核算的准确性和有效性。推广财会信息化处理，以降低邮政企业所面临的财务管理成本和人工成本。除此之外，邮政企业也需要把握宏观政策变动和"营改增"政策变动过程中出现的补丁性文件，通过对新发文件的正确理解和把握，及时与税务机关进行磋商，控制邮政企业所面临的税收风险。

（三）开发多样化邮政企业业务，设计不同类型的业务模块

"营改增"对于邮政企业的税收负担产生了一定影响，因此也会影响到企业产品的定价。在这种情况下，邮政企业如何在上下游企业中进行让利或者获利，便成为非常重要的问题。邮政企业有必要通过开发多样化邮政企业业务，设计不同类型业务模块，来明确税额缴纳方和承担方，最终实现降低企业税收负担或者平衡邮政企业在价值链中的位置与关系。首先，邮政企业需要认真考量当前现有业务，对属于不同征税项目的业务进行拆分或者规划。防止因为业务种类混杂、成本不清而税率陡增，从而造成税收负担，或者因企业未进行明确划分，致使税务机关不认可企业自行使用的税率，所以税收风险上升。其次，多样化的邮政企业业务设计可以明确邮政企业在价值链中的位置，明确含税价和不含税价，也可以减少企业在采购和销售过程中因表意不明和理解偏差造成的纠纷。

全面"营改增"，对于邮政企业税负、会计核算和业务设计等都产生了一定影响，有必要通过多项举措完善内部控制、财务核算和业务设计，促进邮政行业不断发展。

第二节 "营改增"对电信企业的影响及对策

一、政策解读

2014年6月1日，电信企业被正式纳入了"营改增"试点范围。国家税务总局制定了《电信企业增值税征收管理暂行办法》，作为电信企业"营改增"的征管规范。

电信业是指利用有线、无线的电磁系统或者光电系统等各种通信网络资源，提供语音通话服务，传送、发射、接收或者应用图像、短信等电子数据和信息的业务活动。电信业服务纳入《财政部国家税务总局关于将铁路运输和邮政业纳入营业税改征增值税试点的通知》（财税〔2013〕106号）规定的应税服务范围，包括基础电信服务和增值电信服务。总机构发生除邮政服务以外的增值税应税行为，按照增值税条例、试点实施办法及相关规定就地申报纳税。

基础电信服务，是指利用固网、移动网、卫星、互联网，提供语音通话服务的业务活动，以及出租或者出售带宽、波长等网络元素的业务活动。基础电信服务"营改增"后适用税率为11%。

增值电信服务，是指利用固网、移动网、卫星、互联网、有线电视网络，提供短信和彩信服务、电子数据和信息传输及应用服务、互联网接入服务等业务活动。卫星电视信号落地转接服务，按照增值电信服务计算缴纳增值税。增值电信服务"营改增"后适用税率为6%。

(一)汇总纳税的电信企业范围

经省、自治区、直辖市或者计划单列市财政厅(局)和国家税务局批准，可以汇总申报缴纳增值税的电信企业，适用《电信企业增值税征收管理暂行办法》。电信企业，是指中国电信集团公司、中国移动通信集团公司、中国联合网络通信集团有限公司所属提供电信服务的企业。

(二)电信企业汇总纳税的经营业务

各省、自治区、直辖市或者计划单列市电信企业(以下简称总机构)应当汇总计算总机构及其所属电信企业(以下简称分支机构)提供电信服务及其他应税服务的增值税应纳税额，抵减分支机构提供电信服务及其他应税服务已缴纳(包括预缴和查补)的增值税税额后，向主管税务机关申报纳税。

总机构发生除电信服务及其他应税服务以外的增值税应税行为，按照增值税条例及相关规定就地申报纳税。

(三)总机构汇总的应纳税额

1. 销项税额

总机构汇总的销项税额，按照总机构及其分支机构提供电信服务及其他应税服务的销售额乘以增值税适用税率进行计算。

2. 进项税额

总机构汇总的进项税额，是指总机构及其分支机构提供电信服务及其他应税服务而购进货物、接受加工修理修配劳务和应税服务，支付或者负担的增值税税额。总机构及其分支机构取得的与电信服务及其他应税服务相关的固定资产、专利技术、非专利技术、商誉、商标、著作权、有形动产租赁的进项税额，由总机构汇总缴纳增值税时抵扣。

总机构及其分支机构用于电信服务及其他应税服务以外的进项税额不得汇总。

总机构及其分支机构用于提供电信服务及其他应税服务的进项税额与不得汇总的进项税额无法准确划分的，按照电信服务及其他应税服务的销售额占当期销售额综合的比例计算用于电信服务及其他应税服务的进项税额。

（四）分支机构预缴税额及其征收管理

1. 预缴税额

分支机构提供电信服务及其他应税服务，按照销售额和预征率计算应预缴的税额，并按月向主管税务机关申报缴纳。预缴时不得进行进项抵扣。

$$应预缴税额＝（销售额＋预收款）×预征率$$

销售额为分支机构对外（包括向电信服务及其他应税服务接收方和本总机构、分支机构外的其他电信企业）提供电信服务及其他应税服务取得的收入；预收款为分支机构以销售电信充值卡（储值卡）、预存话费等方式收取的预售性质的款项。销售额不包括免税项目的销售额；预收款不包括免税项目的预收款项。

分支机构的预征率由省、自治区、直辖市或者计划单列市国家税务局及同级财政部门确定。

2. 预缴税额的征收管理

分支机构应按月将提供电信服务及其他应税服务的销售额、预收款、进项税额和已缴纳的增值税税额归集汇总，填写《电信企业分支机构增值税汇总纳税信息传递单》，报送主管税务机关签章确认后，于次月10日前传递给总机构。汇总的销售额包括免税项目的销售额。汇总的进项税额包括用于免税项目的进项税额。

3. 纳税申报

分支机构发生除电信服务及其他应税服务以外的增值税应税行为，按照增值税条例及相关规定就地申报纳税。

（五）总机构申报纳税与征收管理

1. 纳税申报

总机构应当依据《电信企业分支机构增值税汇总纳税信息传递单》，汇总计算当期提供电信服务及其他应税服务的应纳税额，抵减分支机构提供的电信服务及其他应税服务当期已缴纳的增值税税额后，向主管税务机关申报纳税。抵减不完的，可以结转下期继续抵减。

总机构当期汇总应纳税额＝当期汇总销项税额－当期汇总的允许抵扣的进项税额

总机构当期应补（退）税额＝总机构当期汇总应纳税额－分支机构当期已缴纳税额

总机构汇总的允许抵扣的进项税额，应当在季度终了后的第一个申报期内申报抵扣。

2. 征收管理

总机构的纳税期限为一个季度。总机构应当在开具增值税专用发票的次月申报期结束前向主管税务机关报税。

总机构"一窗式"比对内容中，不含分支机构就地申报纳税的专用发票销项金额和税额。

(六)电信企业征收管理

1. 一般纳税人资格

总机构及其分支机构,一律由主管税务机关认定为一般纳税人。

2. 扣税凭证的认证和稽查比对

总机构及其分支机构取得的增值税扣税凭证,应当按照有关规定到主管税务机关办理认证或者申请稽核比对。

3. 手机短信公益特服号服务发票开具

电信企业通过手机短信公益特服号为公益机构接受捐款提供服务,如果捐款人索取增值税专用发票的,应按照捐款人支付的全部价款和价外费用,扣除支付给公益性机构捐款后的余额开具增值税专用发票。

4. 发票管理

电信企业普通发票的使用暂由各省、自治区、直辖市和计划单列市国家税务局确定。各自治区分支机构可以使用上级分支机构统一领取的增值税专用发票和普通发票;各直辖市、计划单列市分支机构可以使用总机构同一辖区的增值税专用发票和普通发票。

5. 税务检查

总机构和分支机构所在地主管税务机关应定期或不定期对其纳税情况进行检查。分支机构提供电信服务及其他应税申报不实的,由其主管税务机关按适用税率全额补征增值税。

二、"营改增"对电信业的影响

从增值税的计税原理来看,增值税销项税的承担者成为最终的消费者。由于历史原因,我国邮电通信企业营业税税率较低。然而国内电信企业资费的制定受政府管制等因素的影响,通信企业在价格上不能随意进行调整。因此实行"营改增"后,其增加的税就无法通过提高价格来将税负转嫁给消费者,而只能由通信企业自行承担。同时由于行业特点等因素,"营改增"对通信企业而言在业绩、运营、管理等方面影响巨大。

(一)通信企业收入下降,利润下滑

实行"营改增"后,如果电信企业不能通过提高价格来减轻税负,将直接影响到企业的利润。以基础电信服务为例,税率是11%,那么其现有的收入由于价税分离就会有11%的部分转变为销项税,将直接影响到企业的收入。同时,实施"营改增"后,企业必须获得增值税的专用发票才能抵扣。因此,其确认的成本费用及资产价值就会有所下降,但由于行业的特点,电信企业成本费用中可抵扣项目占比少,存在大量的不可抵扣项目。可抵扣的成本费用项目中,能取得专用发票的

更少。目前全国各省份的电信运营商预测其可抵扣成本费用占全部成本费用的中位数是30%，全部资本开支可抵扣项金额也仅有52%。

由此看出，相比生产型企业，电信企业成本费用中可抵扣的进项税额低，成本费用下降幅度远低于收入下降幅度，导致利润下降，税负上升。

(二)对营销管理模式和客户服务产生冲击

1. 资费套餐模式可能会增加税负

电信企业主要以套餐形式向用户提供资费收费。套餐中往往包含话音基础业务和短信、彩信、SP等增值业务。"营改增"后将会存在差异化税率情况，不同业务适用税率不同。高税率与低税率业务的组合套餐形式，其产品适用税率不同。但是根据《增值税暂行条例实施细则2016》的规定，这种套餐产品应适用最高税率计税。这就要求通信企业电信运营商在产品设计时要针对不同税率业务单独设计提供服务。但这将不利于用户选择和产品的捆绑销售。

2. 传统的促销行为会增加成本

由于市场竞争激烈，电信企业在营销推广过程中大量存在赠送手机、有价卡、话费，积分兑换商品服务以及外购商品等促销行为，按照增值税征收规定："销售代销货物，无偿提供应税服务，无偿赠送外购货物，需视同应税服务确认销项税额。"因此，这样的营销手段增加了运营商的成本，势必导致运营商调整促销方式或降低促销力度。

3. 充值卡销售模式受到冲击

在客户服务方面要求与客户签订协议时，需在合同商务条款中明确价款和缴税金额。资费标准需明示是否含税价，是否价税分离并进行发票和账单的展示。在客户发票提供方式上，营业税模式下可印制定额发票，这有利于充值卡销售。增值税模式下没有定额发票形式，只能采取机打发票。客户只能到营业厅获取机打发票。手机充值卡销售模式将受到巨大的冲击。

4. 销售折扣受到发票管理的影响

折扣处理方面，营业税模式下折扣折让在收入确认时抵扣，可不反映在客户发票上。增值税模式下需将给予客户的折扣开在同一张发票上，并且在发票上显示所有折扣信息。这对计费系统、营销优惠模式产生了巨大的冲击。在营业税模式下运营商收入的确认与发票开具无关。客户通过缴费卡充值即可取得定额发票，而增值税模式下对专用发票和普通发票的管理和开具都将非常严格。这些变化终将给客户服务造成很大影响。

(三)电信企业管理模式的改变

实施"营改增"模式，对电信企业经营模式、业务结构以及管理方式等方面形成了巨大的冲击。企业不仅管理成本增加，管理理念及方式都会有所改变。一方面，在增值税模式下，实行汇总纳税模式，集中采购、集中结算等使得企业在确认了收入的情况下，能够有效解决集团公司存在的增值税留抵较多的问题，从而有利于集团公司的整体税负的均衡。同时，集团公司与子公司、分公司之间的征管及计算难度也会随之加大。另一方面，实施"营改增"后，企业在结算开票和发票管理方面难度加大，工作量增加。与此同时，"营改增"对企业现行的管理构架、业务结构以及运营方式等产生了冲击，促使企业进行计费系统和会计核算系统的改造。这也增加了电信企业的管理成本。

三、电信企业应对"营改增"的举措

增值税与营业税相比差异很大，特别是电信业执行的是差异化税率，这就给"营改增"带来了更人的难度，处理不好就很容易引发未来的税务风险。电信业需要结合公司现有的产品业务、管理流程、营销方案等，根据增值税管理要求及与当地税务机关的沟通情况，逐一优化，既要确保"营改增"平稳衔接，又要深入研究，不断创新，转变传统的模式和方式，比如以优化信息系统来减弱税负影响，调整企业经营管理模式，在时间、空间、主体上均衡考虑投资。通过"营改增"支撑和推进管理集中化、运营专业化、机制市场化、组织扁平化、流程标准化，建立适应增值税管理要求的、新型的企业运营管理模式，建立起管理改善和管理创新的长效机制。

（一）优化采购管理流程，串联上下游供应商

"营改增"后企业税负的高低是考验一家公司管理水平的一项重要标准，在"营改增"前的抽样调查数据中，电信运营商的成本支付中大概有40%的成本是可以抵扣的。但实际真正能抵扣的只有30%，还有10%不能抵扣的原因在于企业没有取得合规的抵扣凭据。这也是"营改增"后，短期内电信运营商税负增加、利润下降的一个重要因素。因此企业的采购部门、各项支出的归口管理部门以及各项支出的实际使用部门应认真研究，提高自己所负责支出部分的实际抵扣率。

1. 建立统一的供应商管理规范

电信业需要使用采购、合同、ERP和合作伙伴等各类系统，在"营改增"前各个系统分别进行供应商管理，各系统间信息不同步，管理相对分散，不利于增值税管理模式下对供应商税务资质的监控。因此，各电信企业可由采购部门牵头，建立供应商信息数据库，对供应商的纳税资质、银行账号、开户行所在地、税务登记号、组织机构代码以及经营范围、适用的税率等级等信息进行详细的确认，统一口径，这样既能起到保证供应商之间信息数据的一致性，还可以规范相关的业务人员按照法律规定实施采购行为。

2. 细化采购环节

增值税采用增值税专用发票抵扣制度，电信企业必须考虑可抵扣进项税的大小。

有采购需求的时候，应该提前将该采购业务涉及的项目、资金以及类型进行明确。这样可以为选择上游企业提供信息。在采购实施阶段要提前审核供应商的纳税人资质，要求供应商为一般纳税人，要求供应商提供附有增值税明细的报价。同时，重视采购合同。合同中明确与增值税专用发票相关的条款、增值税应税范围内的采购事项、是否可以取得增值税专用发票，以及如何对合同金额进行价税分离。对于采购订单，订单题头中明确订单采购物资的适用税率以及能否进行税额抵扣操作，采购订单应显性地展示采购物资的不含税总价及税金总价。

(二) 跟进政策要求，适时修订业务流程

当前的电信业市场趋于饱和，而且在整个市场上出现了旧业务增长乏力、新业务市场开拓不顺畅的情况。企业内部已逐渐明确要有提高管理效益的意识。而"营改增"后税负的增加，更是一剂强有力的催化剂，进一步督促电信企业内部精细化运营。这就需要企业各部门通力合作，从市场部和信息技术部入手，优化和升级公司的业务营销模式，改善现有的管理模式，并依靠先进的IT技术支撑系统，实现内部业务合作的交流协作，全面提升市场竞争和运营能力。

同时，"营改增"的实施也将对公司客户带来一定影响。对此，电信运营商要高度重视，在不违背国家税收法规的前提下，既要将"营改增"对客户的影响降到最低，又要抓住"营改增"的机遇，为客户提供更优质的服务。

1. 优化工作组织

实施"营改增"后，应该积极推进企业业务的融合，对融合业务进行准确区分。结合"营改增"后市场工作的要求，运营商的市场部工作组可整合成营销、服务和集客三个项目。在这三个项目下，调配全国各省公司的人员力量，形成营销工作组、服务工作组、集客工作组，这三个工作组分别对本省在"营改增"进程中的政策应对、指导意见、业务培训手册等工作开展指导工作。各省之间要加强联动协同合作，重视收入数据的真实性，提高收入质量。

2. 梳理营销活动

电信企业对需要进行业务融合的计费规则及系统进行调整、改造，明确融合业务中的不同税率项目的所有信息。企业所涉及的相关账单、发票等需要分别列示出不同税率项目的金额和税率等信息。电信企业的营销活动大致分为终端营销、积分营销、大众市场营销和集客营销四大类。对套餐资费、营销活动、客户服务等方面的税务认定、发票开具进行研究，统筹安排营销资源配置政策，严格控制非终端类实物营销赠送。

3. 重视方案设计

电信运营商要重视营销方案、产品组合方案的设计，及时优化业务发展模式，减少不同税率业务的融合套餐，优化手机补贴和话费补贴等营销模式，切实降低实物营销赠送，从源头上最大限度地降低差异化税率和视同销售的风险，有效降

低公司的税负。

4. 强化供应商管理

进行供应商梳理，统一企业供应商管理规范，增加增值税管理的相关要求，实现各系统中供应商信息的同步统一。在保证潜在供应商充分竞争的情况下，要求供应商为一般纳税人。对于只有小规模纳税人或一般纳税人较少的行业，不要求潜在供应商必须为一般纳税人。按照不含税费价格比价，属于增值税业务的供应商需向企业提供增值税专用发票。

5. 强化代理渠道和合作伙伴管理

国内通信企业典型运营商业务代理商主体大多是个体工商户、代理人，属于法人连锁企业的并不多。由于众多代理商的经营规模小，所提供的佣金、代理费发票等大都是通过税务机关代开的，企业支付给代理商的渠道补贴所取得的发票种类繁多，名目混杂。实施"营改增"后，这些小规模代理商所提供的从税务机关开具的专用发票只能根据3%来进行征收，或者根本无法取得增值税的专用发票进行抵扣，渠道补贴中的费用也不在范围内，不能抵扣进项税额。因此，加强渠道和合作伙伴管理，着重对代理商资质进行梳理，在代理商中尽量选择具备一般纳税人资格的对象，对具备不同资质的代理商则采用不同的补贴形式，合理降低无资质纳税合作商或小规模纳税人的交易价格。

6. 加强财务管理和会计核算

营业税模式下营业税的税收计算、申报、发票管理工作相对比较简单，"营改增"后对企业财务管理提出了更高的要求，但同时也为企业财务人员在企业税收筹划方面提供了更大的空间。所以电信运营商基层分公司应加强财务管理团队的建设，配备必要的专兼职税务管理和核算人员，加强对税务政策的研究，并加强与税务机关的沟通，建立良好的税企关系。

第六章 "营改增"对金融保险业的影响及对策

金融保险业作为现代服务业的重要组成部分,也是未来发展的战略性支柱产业。2016年3月23日,财政部、国家税务总局发布了《关于全面推开营业税改征增值税试点的通知》(财税〔2016〕36号),宣布自2016年5月1日起,在全国范围内全面推开营业税改征增值税试点,并发布了一系列配套规定(下称"细则")。

金融保险业由于其子行业业务种类众多,核算复杂,被认为是最后一批"营改增"行业中的一大难点。

第一节 "营改增"对金融业的整体影响及对策

一、政策解读

金融服务是指经营金融保险的业务活动,包括贷款服务、直接收费金融服务、保险服务和金融商品转让。

(一)金融业增值税纳税人

金融业增值税纳税人是指在中华人民共和国境内提供金融服务的单位和个人。提供金融服务的年应征增值税销售额超过500万元(含)的纳税人为一般纳税人,未超过规定标准的纳税人为小规模纳税人。

(二)金融业增值税税率

金融业增值税一般纳税人适用税率为6%;小规模纳税人提供金融服务以及特定金融机构中的一般纳税人提供的可选择简易计税方法的金融服务征收率为3%(财政部和国家税务总局另有规定的除外)。金融业"营改增"之后,增值税一般纳税人实际税率上升了0.66%。由于"营改增"之后,金融企业可以将外购不动产、设备及服务中所含的增值税进项税额从销项税额中抵扣,因此,如果企业能取得相应的合法有效的抵扣凭证,一般纳税人税负不会上升;而对于小规模纳税人,税率则由5%下降为3%,降幅明显。

(三)金融业增值税征税范围

金融业增值税征税范围主要为金融服务。在《关于全面推开营业税改征增值试点的通知》（财税〔2016〕36号）中所称的金融服务，是指经营金融保险的业务活动，主要包括贷款服务、直接收费金融服务、保险服务和金融商品转让四类。

1. 贷款服务

贷款服务是指将资金贷给他人使用，并且通过这种方式取得利息收入的业务活动。银行业的贷款服务包括各种占用和拆借资金的利息收入，具体可以细分为金融产品持有期间（含到期）的利息收入（保本收益、报酬、资金占用费、补偿金）、信用卡透支利息收入、融资融券收取的利息收入、买入返售金融商品利息收入，以及融资性售后回租、罚息、转贷等业务所取得的利息以及利息性质的收入，这些均按照贷款服务来缴纳增值税。

2. 直接收费金融服务

直接收费金融服务是指为货币资金融通以及其他金融业务提供相关服务并且收取费用的业务活动。其中包括提供货币兑换、电子银行、财务担保、账户管理、信用卡、信用证、资金结算、资金清算、基金管理、资产管理、信托管理、金融交易场所管理、金融支付等一系列服务。

3. 保险服务

保险服务是指投保人根据合同约定，支付保险人一定费用，而保险人对于合同里约定的可能发生的事故发生后造成被投保人的财产发生的损失承担一定赔偿保险金责任，或者当被保险人死亡、达到合同约定的特殊条件、伤残或疾病等特殊合同情况时承担支付保险金责任的商业保险行为。保险服务包括人身保险服务和财产保险服务。

4. 金融商品转让

金融商品转让是指转让外汇、有价证券、非货物期货和其他金融商品所有权的业务活动。其他金融商品转让包括基金、信托、理财产品等各类资产管理产品和各种金融衍生品的转让。

（四）金融业抵扣范围

"营改增"试点以后，金融业纳税人为经营活动购买的货物、服务、无形资产和不动产，除有特殊规定外，只要取得合法有效扣税凭证，均允许抵扣。金融业可抵扣范围很广，主要有信息系统软硬件及维护费，网络传输费用，外包的呼叫中心服务费用，广告、宣传费用，安保、押运费用，不动产的购置、租赁、修缮、装潢费用，各类办公用品、水电费等运营支出，购买交通运输车辆等费用。

（五）金融业优惠政策

金融业"营改增"原则上延续了原有的优惠政策，如符合条件的利息收入、金融商品转让及信用担保收入免税等。

二、"营改增"对金融业的影响

(一) 金融业信息系统及业务流程面临调整和再造

金融业"营改增"的实施，使金融业由之前征收营业税转为征收增值税。营业税是按照营业额计算得出，而增值税是价外税，实行"价税分离"，按照增值额计算得出。两种税的计税原理不同，要求金融业对业务管理信息系统进行调整，以适应增值税"价税分离"的业务需求。因此，信息系统改造或增值税专用系统的搭建成为本轮"营改增"的一项核心任务。信息系统改造是一项牵一发而动全身的工作，尤其是对那些存在多业务系统并行提供服务的金融机构，系统的兼容性风险会加大。

此外，增值税税法边界和应税范围与原营业税存在差异，对其业务类型的认定提出新的挑战。这就要求金融企业完成内部业务梳理，准确判定业务的税法适用原则。

(二) 金融产品业务复杂，应税项目和税基难以确定

我国的金融业呈现出金融机构类别多、数量庞大、产品业务复杂等特点。近年来，金融创新的速度不断加快，各种新的金融产品和服务不断涌现。如何确定增值税应税项目和税基是进行"营改增"的基础和前提。比如，在平安集团经营的寿险业务中，传统的业务主要是直接提供保险服务，随着金融创新的不断发展，变额保险业务所占的比重越来越大。如何准确划分这两种不同的金融服务、保险产品的收入金额和进项税额，是必须解决的问题。此外，该公司推出的集投资与保险于一体的投资连接险业务，也面临着如何确定进项税额和销项税额的难题。在商业银行的理财、贷款、结算等业务中，也面临类似问题：一方面，无法取得销项税额发票；另一方面，也难以确定进项税额，这将导致增值税应纳税额无法确定。

(三) 金融业"营改增"可能导致税权重新划分

金融业"营改增"将会对税权划分产生重要影响。营业税属于地方税，由地方税务局征收，构成了地方财政收入的主要来源；而增值税属于中央和地方共享税，由国家税务局征收，中央与地方的分配比例为3:1。自1994年我国分税制改革以来，增值税及营业税税额增长迅速，已分别成为我国第一和第三大税种。2005—2012年，我国金融业所缴纳的营业税占全国营业税收入的比重从13%上升至18%。根据《中国税务年鉴(2014)》的统计数据，金融业所缴纳的营业税占地方政府税收总收入的比重达到6.57%。由此可见，金融业缴纳的营业税在总体营业税中的比重是不可忽视的一部分，如果不对中央和地方的税权进行调整，此次金融业"营改增"，将使原来100%由地方享有的金融业营业税中的75%交由国家财政，这样势必会对地方财政收入产生不可忽视的影响，导致地方财政收入下降，在一

定程度上阻碍地方经济的发展。金融业"营改增"的实施,必将要求中央与地方的税权进行划分调整。

(四)金融业"营改增"相关政策细则有待完善

金融业"营改增"试点方案中存在以下不足:首先,未能实现完全抵扣,全部消除重复征税。比如,本次"营改增"相关政策对商业银行收入中的主要部分——利息收入仍按照毛利息征税,而贷款服务中的相关利息、费用、佣金等不得作为进项给予扣除,造成银行业前端抵扣不畅,后端抵扣链条中断,违背了增值税税收的中性原则。其次,进项抵扣比例不足。金融业与其他生产制造行业不同,存在"轻资产、高人力"的特点。主要成本由工资薪金、房屋租金、业务信息费、交通食宿等项目构成,而这些成本中大多不能获得进项抵扣,其他成本如所购固定资产的折旧和无形资产的摊销、水电费、租金和物业管理费、审计费、经营租赁费、监管费、业务费用等,虽然能获得进项抵扣,但是占总成本的比例不到20%,导致进项抵扣严重不足。最后,随着国家"一带一路"倡议的提出以及企业"走出去"的不断加深,企业对境外金融服务的需求不断增加,这些战略和经济活动需要我国金融企业跨境金融服务拥有配套的税收政策及扶持措施。然而目前我国在境外金融服务方面尚未参考国际上惯用的免税税收政策。

三、金融业应对"营改增"的建议

(一)对信息系统进行升级改造

"营改增"的实施,必然要求金融企业对原有核心信息系统进行升级改造,以满足收入、成本支出核算和税务的相关要求。具体而言,金融企业应根据增值税的计征原理并结合现有业务流程需求以及国家颁布的相关落地方案,制定出信息系统升级改造的相关方案,并从不同信息系统改造方案中进行综合评价分析,选择最优方案。

现行供选择的核心信息系统升级改造主要有两种模式:一是按照增值税"价税分离"的特点采取"价税分离"模式,对核心信息系统进行核算体系和计税模式的彻底改造,从而满足发票管理和税费缴纳的要求;二是外挂式税务处理模式,即并不对核心信息系统进行彻底改造,而只是对原有核心信息系统在增值税处理方面的不足进行弥补,以满足"营改增"后业务、税务方面的要求。由于对核心信息系统升级改造具有很大的复杂性和较高的成本,因此,更多的金融企业可以采取外挂式税务处理模式来满足"营改增"的需求。

(二)明确增值税应税项目和税基

为了保证我国金融业"营改增"的顺利实施,金融企业应当针对自身业务的特点,对税基和应税项目进行深入研究、充分论证,确保增值税应税项目和税基的合理化。具体而言,针对金融业覆盖范围广、业务繁多的特点,可以对金融业各项业务进行细化,从而确定与之相对应的税基和应税项目。以银行业为例,银行业的业务包括传统的直接收费并提供金融服务的一般业务、收取存贷款价差的经营业务,以及不断涌现的中间业务和表外业务。众多的业务类别使得统一应税项目和税基变得非常困难,而对这些业务进行细分成为较为理想的方案。比如,对于一般业务,可以对进项税额直接进行抵扣,如银行购买设备缴纳的增值税税额。而其他业务,比如银行的存贷款业务,由于无法获得相应的购销发票,因此直接抵扣是不可行的。对于这种情况,可以借鉴国外的方案,如基本的免费法或低税率法,在一定程度上降低金融行业的整体税负水平。

(三)明确税收收入的划分和归属

营业税是地方税收体系的主体以及地方收入的主要来源,随着金融业"营改增"的实施,它受到了重要影响。如果"营改增"之后仍然延续增值税中央与地方3∶1的分配比例,将会导致地方政府预算收入的大幅缩减,阻碍地方经济建设和发展。因此,金融业"营改增"在实现金融业减负的同时,还应平衡好税收收入的划分。首先,重构中央与地方的关系,重新划分事权、支出责任,发挥中央和地方的积极性,建立现代财政制度,完善国家治理的基础;其次,通过提高地方分税比例以及资源税、环境税、房产税等地方主体税收的征管数额来重构地方税收体系,增加地方政府财政收入;最后,通过加大财政转移支付力度来增加地方政府财政收入,弥补因金融业"营改增"而给地方税收所带来的减少。

(四)不断完善金融业"营改增"相关细则

金融业"营改增"的实施,延长了增值税抵扣链条,一定程度上避免了金融业重复征税,完善了我国的增值税体系。针对当前政策不完善的现状,一方面,国家应当完善相关政策,减并税率档次,将目前尚未能抵扣的部分进项税额纳入抵扣范围,减少重复征税,保证增值税的税收中性;另一方面,结合我国在境外金融服务方面尚未参考国际上惯用的免税税收政策的现状,希望在后续改革中,既能充分考虑跨境金融服务的政策安排,也能够有更多的关于金融业的创新税收服务手段,如"互联网+"金融税收服务等手段,使金融业税务服务与国家战略有机结合,形成良性政策支撑平台。此外,随着"营改增"的全面实施,国家应当推进增值税立法,制定完整的消费型增值税法律制度。

第二节 "营改增"对我国银行税收负担的影响

一、国外金融业税制概况

在国外,针对银行业征收增值税,使用较多的增值税征收方式是对核心金融服务免税,而对辅助金融服务设定高起征点进行征税。这种方法不仅能够提高银行业增值税征收的有效性，还能够起到增加政府财政收入，维持银行业经营的作用。

主要发达国家的金融税制一般有两种：一种是以美国为代表的国家，以所得税（或者利润税、资本利得税）为主体（美国实行的是超额累进税率）；另一种则是以欧盟和OECD（经济合作与发展组织）国家为代表的国家，对其金融机构征收增值税。OECD国家对金融业服务业进行分类，对主要业务（直接收费金融服务）按标准征收增值税，对辅助业务（如中介服务等）免征收增值税。2013年，欧盟国家金融增值税平均标准税率为21.3%，OECD国家金融增值税平均标准税率为18.9%。

亚太地区国家的金融税制大多数实行增值税，但名称有所不同，有的国家叫增值税（如中国），有的国家则叫消费税，有的国家还叫货物或劳务税。但征收方法大都相同，为基本免税法，而且税率结构多为单一型。也有国家实行的是标准税率和多挡优惠税率，税率较低。

二、"营改增"对我国银行税收负担的影响

（一）"营改增"对银行的影响

新的法规对贷款服务收入征收6%的增值税，与此相对应的利息收入并不能为下一环节的抵扣产生进项税额，也就是说，银行可以不需要考虑利息收入就开发票。此外，法规中还规定借款方发生的、与贷款服务相关的手续费和佣金也不得抵扣。

上述规定让利息支出所产生的进项税额成为一般纳税人的一项成本，导致我国的项目融资成本可能会增加，而且法规中未提及这一限制的期限。此外，与银行贷款业务相关的手续费和佣金也不得抵扣进项税额，但与贷款业务无关的银行收费可以做进项税额抵扣。

目前，"营改增"延续了营业税的部分免征和不征税的相关政策，主要是对存款利息不征税和银行间同业拆借的免征政策。但在这个免税政策中还存在一个问题：境外银行的总部与境内的分行或者是子公司之间所进行的资金往来能否被认定为银行往来业务？如果能，那么对银行来说可谓是一件好事，因为能够免征增值税。广义上说，总公司与分行或者子公司均同属于一家银行。

为了保证抵扣链条的完整性，还有一些其他的特殊规定适用于银行业，包括：

（1）农户小额贷款，符合条件的担保机构的收入、国家助学贷款、国债、地方政府债、个人住房抵押贷款，以及由中国人民银行对一般金融机构的贷款。

（2）被撤销金融机构以货物、不动产、无形资产、有价证券、票据等财产清偿债务。

（二）"营改增"后商业银行税负的影响测算

目前，我国银行业的"营改增"具体改革方案已经出台，实施细则也已全面落

地，征收办法即为一般征税法模式，具体规则可表示为：

当期应纳增值税税额＝当期销项税额－当期进项税额

其中，当期销项税额＝当期营业收入×适用增值税税率，而当期进项税额＝当期营业支出×适用增值税税率（或抵扣率，并假设抵扣率和利息收入增值税税率相一致），确保增值税抵扣链条的完整性。

鉴于银行业务有一定的复杂性，所以在测算过程中，对银行业的收入和支出做了简化处理。简化如下：

当期销项税额＝利息与手续费及佣金收入之和×适用增值税税率

当期进项税额＝业务及管理费×适用增值税税率

当期应纳增值税税额＝当期销项税额－当期进项税额

1. 简化银行收支的处理方式

根据规定，银行业的增值税销项税基主要由银行的利息收入和手续费及佣金构成。银行业的利息收入来源多且复杂，包括各种贷款业务所带来的利息收入以及同业类业务。对于各类贷款业务，因银行提供金融服务，获得的利息收入应当征税；但是根据税法规定，对同业类业务，免征增值税；而在利息支出方面，利息费用所产生的进项税额不可抵扣。手续费及佣金中与贷款业务相关的手续费也不允许抵扣，但与贷款业务无关的银行收费，如信用证咨询服务费，可以做进项税额抵扣，但如果对所有业务分开逐笔确认，成本既高且不实际，难以操作，且从各家银行的年报上可以看出，手续费及佣金支出也仅占手续费及佣金收入的较小比例，为4.3%~8.0%，而且与贷款业务相关的手续费占有一定比例，因此剔除后所能够产生的进项税额有限，与业务及管理费用所产生的进项税额相比可以暂时忽略，影响不大。因此，采用简化处理的方式，直接以利息的净收入和手续费及佣金净收入作为基数来缴纳销项税额。

2. 假定销项税基主要来自利息净收入、手续费及佣金净收入

16家上市银行的利息净收入、手续费及佣金净收入之和占总营业收入的95%以上；公允价值变动净收益、投资净收益、其他业务净收益、汇兑净收益等几项收入之和仅占总营业收入的3%左右。

3. 以业务及管理费用作为销项税基

根据"营改增"的规定，利息支出是不允许税前扣除的，而且客户从银行获得的利息收入不需要缴纳增值税，所以利息支出就不再单独计算抵扣的进项税额，直接以利息的净收入代替。手续费及佣金支出则暂时忽略。剩下的主要支出项目是业务及管理费，这一部分包含了银行外购的商品或服务。在"营改增"后，基本在上游企业中已缴纳了增值税。银行作为下游企业，就有必要对这些外购商品和服务中所含的进项税额进行抵扣。

例如，2015年上市银行的对外公布数据计算分析结果见表6-1。

全面营改增税收政策对现代服务业的影响及对策研究

表 6-1　2015 年上市银行的对外公布数据计算分析结果　　　百万元

项目	利息收入	手续费、佣金收入	销项税额	业务管理费	应缴增值税及附加	营业税及附加	流转税变化
中国银行	328 650	92 410	421 060	134 213	35 655	67 370	−63 268
建设银行	457 752	113 530	571 282	149 455	18 577	91 405	−89 268
农业银行	436 140	82 549	518 689	178 443	22 181	82 990	−80 439
工商银行	507 867	143 391	651 258	177 823	22 104	104 201	−101 658
交通银行	144 172	35 027	179 199	58 011	7 211	28 672	−27 842
招商银行	136 729	53 419	190 148	25 834	3 211	30 424	−30 054
中信银行	104 433	35 674	140 107	38 151	4 743	22 417	−21 872
平安银行	66 099	26 445	92 544	30 112	4 235	14 807	−14 320
民生银行	94 268	51 205	145 473	46 759	5 812	23 276	−22 607
光大银行	66 459	26 301	92 760	24 895	3 094	14 842	−14 486

(三) "营改增" 对银行税负的影响结论

根据测算数据结果显示，营业税改征增值税，征税对象和税率的变化对大银行税负的降低还是存在一定影响的。根据相应的计算方法，对部分城市银行的税负进行测算的结果显示，税负上升。

根据初步计算的结果表明，金融企业"营改增"对银行业总体上来说税负还是有一定下降的，对一些小银行短期内产生了税负增加的压力。

虽然部分银行有税负上升的情况，但是"营改增"也间接起到了一个对银行进行筛选的作用。现在我国的银行可谓遍地开花，基本上每一座稍微大一点的城市都有自己的城市银行，但部分城市银行在"营改增"之后出现税负上升的情况，从而增加了银行的竞争压力，起到提高银行业准入门槛和经营水平的作用。

三、"营改增"对银行经营的影响

(一) 影响银行中间业务的发展

在当前的经济环境下，竞争激烈的现状逼迫银行进行业务的调整，改变以前对利息收入过度依赖的情况，不断拓展一些中间业务，这有助于其改变单一的收入结构，增强风险抵抗能力，朝着更加健康的方向发展。这样做也是借鉴了一些发达国家的模式。在发达国家，银行业的中间业务收入占其业务总收入的比例超过 50%。如果不区别对待利息收入和中间业务收入的征税税率及征税办法，税务负担还是会转移到贷款方，会回到银行以利差收入为主的结构模式，挫伤其改革创新的热情，不利于银行开发中间业务。

(二) 影响银行的管理能力及水平

实施"营改增"后,对税务管理及业务流程控制方面的要求更高了,增值税相对于营业税面临的问题也更复杂。商业银行也应当重新规范税改后的具体税务操作以及做好风险控制。在业务流程管理方面,要求也比以前更高,因为增值税专用发票的开具及管理不能再用以前的模式。在增值税专用发票的管理方面,要杜绝虚开增值税发票等违法行为的发生,在具体业务流程上要严格把控发票的开具、抵扣等。同时,在抵扣的环节上,银行要对购货取得的可抵扣发票进行严格的认证,做到合理抵扣,不漏掉也不虚增可抵扣发票。在"营改增"的转轨过程中,要格外重视会计和税务问题的处理,由于增值税的会计核算及处理比营业税烦琐,所以增大了银行财会部门的操作难度。

(三) 影响银行的利润空间

与营业税的税基相比,现行增值税的税基主要有三个方面的差异,这将导致银行业税负增加:一是对公司债、直投利息收入征税;二是对同业拆借业务中的境外拆借、存放资管项目等业务征税;三是对自结息90天内发生的应收未收利息征税。此外,由于"营改增"后税率由5%提高到6%,带来应税的贷款利息收入、手续费及佣金收入等在相对营业税税制下提高了0.66个百分点。

"营改增"后,银行业税率较以前上升1%,但是由于税基难以确定,免税范围有限,银行业整体税负很难降低,而且有可能上升,进一步挤压了利润空间。另外,征收增值税涉及增值税专用发票。"营改增"后,为了能更好地管理增值税专用发票,银行的信息系统也需要做出相应的升级调整;在系统设置中要添加新的环节以应对增值税这种价外税带来的变化。由此给银行带来了额外的成本支出。同时,各银行的营业网点也需要增加增值税税控和开票设备,这也增加了购置成本和管理维修费用。

"营改增"将银行业务分为三大类:存贷款业务、直接收费金融业务和金融商品交易业务。除直接收费金融业务外,其他两项业务都不允许抵扣进项税额,叠加收入核算方式的改变对银行业务收入和利润产生较大影响。

在存贷款业务方面,税率比征收营业税时更高,而且进项税额抵扣又有限制,如贷收利息支出不能进项抵扣,这样贷款利息所征收的税就较征收营业税时期有所上升。税基比征收营业税时扩大了。"营改增"后应税的范围相应扩大,把以前没有的项目也纳入增值税范畴,如银行和其他金融机构之间的买入返售业务、线下拆借业务等。价税分离后,报表所反映的收入额减少。"营改增"后银行取得的贷款利息不能直接入账,必须做相应的价税分离,贷款收入反映在报表上的金额就降低了。对逾期贷款的处理挤压占用资金,比如规定金融企业发放贷款后,自结息日起9天内发生的应收未收利息按现行规定缴纳增值税,自结息日起90天后发生的应收未收利息暂不缴纳增值税,待实际收到利息时按规定缴纳增值税。这种规定会影响银行的利润,因为一旦逾期90天以上未收回,容易形成坏账、呆账,可还是要按合同缴税,这时银行就要垫缴。由于缴纳的增值税不纳入损益核算,在核销呆账贷款时,对已垫资缴纳的税额,税法未明确规定可以抵扣,贷款计息和税金的计提又由系统自动产生。这样一来,银行的资金被不断挤占,增加税务负担,降低了抵御风险和盈利能力。

在直接收费的金融服务方面,这类业务入账收入较营业税税制下的收入要少,银行提供的一些金融服务又不可以抵扣,所以会影响利润的增加。

在金融产品交易业务方面,它的入账收入也较营业税税制下要少,也不允许抵扣进项税,实际上税务负担加重了。

三、商业银行应对"营改增"的举措

银行业之所以要进行营业税向增值税的改革,很大一部分原因是想提高银行业在国际上的竞争力,在注重公平原则的同时兼顾效率。

总的来说,银行业"营改增"理论上减税效果是明显的,但在短期内,银行间的差异较大。

目前,我国银行业正处于转型的攻坚阶段,面临多重压力,困难重重。2015年,我国商业银行净利润增长速度已明显放缓到2.43%的水平。如果把"营改增"的因素考虑进去进行静态测算,银行业的盈利状况就更不容乐观。这样一来,带来的影响将是空前的,如果银行业不能盈利,自身业务的转型升级难以顺利进行,服务实体经济的能力和效率将大打折扣,对财政收入的贡献能力将下降。

我国银行业中长期的税改方向是在借鉴国际成熟经验的基础上,不断优化和完善增值税税制设计。当今世界,除了少数不征收增值税的国家和地区外,银行业均在增值税征收范围之内。对银行业征收增值税的国家中以欧盟和OECD成员国为代表,这些国家的税制设计中有三个明显的特点:一是对核心金融业务免税;二是对直接收费项目征税;三是对出口金融业务实行零税率。主要差别表现在对进项税额的抵扣上,有的采用固定比例抵扣法,有的采用直接分配法。综合这些模式,可以得出我国金融税制改革的未来方向也应该是对出口金融业务实行零税率和对银行核心金融业务实行免税优惠,同时结合我国当前的国情,银行收益主要依赖于存贷利差,为了避免给财政的收支平衡带来过多压力,不宜在短期内推行这一政策,但是把它作为我国税制长期改革的方向是可以考虑的。

出台相应的优惠政策,逐步消除改革过程中可能带来的负面影响。短期性的政策设计对特殊领域要重点关注,特别是试点方案可能对银行经营带来较大负面冲击的领域,也要密切关注新税基下与利息有关的业务,还有与利息收入类似的业务、债券投资、出口及与农业相关的金融业务等。综合多方面的因素,在未来的三年内应对银行业的利息收入实施更为优惠的税率,如3%~4%较为合理,降低与农业有关的金融服务的税率或者给予免税优惠,继续保持对银行账户债券投资利息收入免征优惠政策,还应逐步试点一些与国家对外开放战略相关的结算类、融资类出口金融服务的优惠政策,例如,对那些面向"一带一路"的国家和地区提供出口金融服务的商业银行,支持国家发展战略,实施零税率的政策。总体来看,这些政策是在考虑了国家财政收支平衡的基础上提出的,有助于促进银行业转型升级,在现行增值税税率方案的基础上可以实现。

　　银行自身可以从以下几个方面考虑:一是学习政策法规,注意政策变化,同时加强沟通,不论是监管机构还是同行业的其他金融机构,尤其要注意可能对税负和利润变化产生影响的因素,以便及时做出调整。二是加强进项管理,提高进项税额抵扣比例,对能够抵扣的成本支出,应当取得增值税专用发票,用于抵扣。在现有的框架下实现"应抵尽抵",将相关经营成本和业务成本抵扣率控制在较高水平,减少"应抵未抵"增值税对成本的影响。三是做好成本支出筹划,银行在进行营运采购时不可避免地会面对成本对比问题:一般纳税人提供的产品价格高,但也可获得较高的进项税额;小规模纳税人提供的产品可能价格稍低,但可抵扣进项税额也较小。在这种情况下,银行应当以税后净利润为导向,综合考量不同身份纳税人产品价格临界点的问题。四是促进业务结构创新和转型,"营改增"规定银行存贷款业务和金融商品交易业务不能抵扣进项税额,直接收费金融服务则可以抵扣进项税额,政策明显向直接收费金融服务倾斜,指明了政府对银行改革方向的期望。只有提升中间业务收入比重,降低银行利润对传统业务,尤其是对存贷款利差的依赖,加强银行业创新,促进银行业的转型发展,才能从根本上实现结构性减轻税负。五是做好其他方面的工作,比如注意系统的更新、对接,优化发票的管理;加强金融产品的创新,为客户提供更加个性化的服务,满足不同层次客户的需求;加强监督检查,防范风险,保障银行资金安全。

第三节 "营改增"对我国保险业的影响

一、营业税税制下我国的保险业

(一)原营业税基本情况

　　根据我国营业税税制的解读,保险业营业税的计算公式为:

应纳营业税税额=保险业营业税税基×保险业营业税税率

其中,保险业营业税税基为应纳税的保费收入减去免税业务的保费收入以及可扣除项目。保险业营业税税率为5%。

　　财产险业务、意外险业务、一年期以下的寿险和健康险业务,与保险业务有关的其他服务如企业年金受托业务、保单质押贷款业务,收入全额按照5%的税率计算缴纳营业税。储金业务每月按照储金平均余额乘以中国人民银行公布的一年期存款利率折算的月利率计算缴纳。

投资业务中的金融商品买卖业务,将不同品种金融商品买卖出现的正负差在同一个纳税期内相抵,以盈亏相抵后的余额为营业额按照5%的税率缴纳营业税。

在分保业务中,境内分出公司除将境内标的物向境外分保,可就其自留保费缴纳营业税外,其须按保费收入全额缴纳营业税。另外,财产险公司在办理分保业务时,虽然分出了保费,但是营业税仍按照原保费全额计算缴纳。

一年期及以上的寿险、健康险保费收入免征营业税。天津、上海、深圳等地的国际航运保险业务、为出口货物提供的保险产品、农牧保险和相关技术培训业务免税。

(二)营业税税制下保险业的问题

保险业实行营业税税制的优势在于,征收模式简单易理解,便于税收的执行与监管;应纳税额计算方法简单,纳税人和征税人的成本较低;政府可以直接通过税基和税率的大小调整来对寿险公司、财险公司的营业税税负进行增减,以便调整保险公司与财政收入的关系,对于国家的经济调控性较强。此外,营业税税种是地方税种,对保险业实行营业税税制有利于地方经济的进一步发展。

从整个保险业来看,保险业的营业税税制存在着严重的问题。

1. 营业税税基不合理

从税法规定来看,我国保险业营业税课税基础为保费收入,也规定了一定的税前扣除,即对分保业务、储金业务或再保险业务和应收未收保费的扣除,但范围相当有限。保费收入里仍然有很大一部分并不应当纳入其征税基础。例如,与保费收入相关成本,这些成本包括购入商品或服务价格中已经含有的税收。所以税基本身就含税,以含税的税基为征税对象就会造成所谓的重复征税。再者,保费收入并不是保险公司的实际收入,在未来会以赔付、生存金、死亡金、年金等形式返还至被保险者或受益者。如此看来,对总保费收入而不是"净保费收入"征收营业税,带来了保险公司的税收负担不合理的问题。

2. 保险业税负过重

正因为营业税将总保费收入作为课税基础,缺乏科学合理的税前扣除,所以保险业承担了相较于其他服务行业更高的税负。营业税是保险业每年缴纳数额最大的税种,据相关统计,保险公司缴纳的营业税税额大于其利润的80%。在我国保险业逐渐趋于国际化和全球金融一体化的背景下,过重的营业税税负严重阻碍了保险业的健康发展。虽然营业税属于价内税,可以通过税负转嫁的方式提高产品价格,但是我国的金融产品发挥着公共产品的作用,尤其是保险产品,其价格的制定因素复杂且较多,不能够将税负很容易地转移出去。这样会造成保险公司较重的流转税负担,尤其是对保险公司造成了很高的税负,不利于行业的发展。

二、"营改增"对保险公司的影响

根据有关规定,保险公司应缴纳增值税的金融服务包括贷款服务、直接收费金融服务、保险服务和金融商品转让。较之营业税税目,在保留贷款、金融商品转让、保险服务的同时,将原来的其他业务统一归入直接收费金融服务。

自2016年5月1日起,上述业务按照6%的税率缴纳增值税。但一年期及以上的人寿保险、养老年金保险、健康保险以及为出口货物提供的保险服务延续了营业税的免税规定。投资业务中的金融商品买卖业务,沿用了营业税差额征税的规定。

总体来看,"营改增"对保险公司主要业务缴纳增值税的政策做出了规定,但一些具体业务的细节尚未明确。

增值税较营业税的优势就是可以避免重复征税,体现"量能负税"的原则,有利于行业的细分化和专业化发展,从而有利于提高生产效率,因此对保险业具有积极意义。同时,由于增值税在计税方法、发票管理、申报资料等环节与营业税有很大不同,其对保险业的税务管理和业务流程将产生很大影响。税收的变化在一定程度上影响着行业利润。

(一)对税务管理的影响

增值税的自身特点导致其对纳税人税务管理的水平要求很高。一是对各类业务税务核算的准确性要求很高。根据有关规定,一般纳税人会计核算不健全,或者不能提供准确税务资料的,企业将不能抵扣进项税额,也不得使用增值税专用发票。企业须准确核算各类应税服务,否则将导致高适用税率或者无法享受免税、减税。如增值税扣税凭证不符合要求,其进项税额将不能从销项税额中抵扣。可见,增值税扣税凭证的取得和管理,将直接影响增值税税负。二是因税务管理不善导致的法律风险增大。增值税是"以票控税"的典型税种,国家通过"金税工程"系统利用覆盖全国税务机关的计算机网络对增值税专用发票和企业增值税纳税状况进行严密监控,虚开、错开、遗失增值税发票不仅会影响公司成本,还会增加税务风险,甚至承担刑事责任。从以往来看,个别保险公司存在虚列费用套取资金、与中介公司联手"倒票"等行为,如在增值税环境下继续进行这些行为,将受到严厉的处罚。三是对税务筹划水平的要求更高。国家层面的"减税"重在整体,侧重于中小企业,具体到各个企业是有增有减的。而保险业刚刚开始接触增值税,如何尽快提升税务筹划能力,最大限度地享受政策红利就显得非常重要。

(二)对业务流程的影响

"营改增"后,保险业受影响的业务环节众多,梳理起来难度较大。第一,由于增值税是价外税,且税率与营业税相比有变化,必然影响保险产品费率厘定环节以及保险合同中涉税条款设计;第二,由于增值税是"链条式"抵扣,与在营业税环境下不同，保险公司在采购货物和服务时必须考虑供应商的增值税纳税身份并将进项税额与销项税额做配比；第三，增值税的会计处理与营业税不同，必须重新制定处理方法并确保准确核算；第四，增值税对保险公司的预算、绩效考核、现金流管理、客户服务等业务流程均构成影响。

(三) 对利润的影响

税收政策的变化通常都会影响相关企业的利润。虽然增值税被设计成价外税，但实际上还是会影响价格，进而影响利润。"营改增"后，保险企业的成本和收入受国家经济政策、上下游单位的市场供需情况、价格策略以及保险业的议价能力等多种因素影响，增减变化很难确定。

1. 对保险产品定价的影响

保费是指投保人购买保险产品的价格。保费是由三个因素计算确定，包括保险金额、保险费率和保险期限。其计算公式为三个因素的乘积，即保费＝保险金额×保险费率×保险期限。因此，保费的大小与保险金额以及保险费率呈正向变动。保险费率的大小是决定保费的关键。保险费率即保险价格，是指保险公司按单位保险金额向投保人收取保险费的标准。保险费率由纯费率和附加费率组成。

2. 对保险中介合同定价的影响

保险公司手续费的计算公式为保费收入乘以手续费比例，"营改增"后保费收入下降，若保持手续费比例不变，手续费会随保费收入的降低而减少，意味着中介机构或者中介人的手续费收入会减少。这时，如果要保证中介机构或者中介人的手续费收入水平不变，那么保险公司和中介机构需要重新谈判中介合同价格。当前，对于保险公司需要支付给中介机构的手续费是否能抵扣，按何种方式、何种比例抵扣尚不确定。如果手续费能够抵扣，中介机构的纳税人身份也是保险公司选择销售渠道的重要因素。在销售渠道能力相同的情况下，中介机构是一般纳税人对于保险公司更为有利。

3. 对资产和劳务合同定价的影响

"营改增"后，保险公司在签订采购合同时，需要考虑两个方面：首先，供应商的报价是否含税。若供应商的报价含税，则保险公司的采购成本低于报价，增值税不由保险公司承担；若供应商的报价不含税，则保险公司的采购成本等于报价，增值税由保险公司承担。其次，供应商能否开具增值税专用发票予以抵扣进项税额。相同的含税报价下，一般纳税人比小规模纳税人或者个人抵扣的进项税额多，对保险公司更为有利。

4. 对理赔方式的影响

增值税计税方法分为简易计税法和一般计税法两种。简易计税法与现行营业税计算方法基本一致，计算简单、方便，但其缺点是切断了增值税的抵扣链条。一是监管部门能否突破增值税凭票抵扣的限制，同意保险公司的赔付成本按账面进行进项税额抵扣。由于赔付成本为保险公司的主要成本,而大多是无法取得发票的,若作为主要成本的赔付成本不能抵扣,则保险业按"一般计税法"实行,"营改增"的税负将会大幅提高,并且失去增值税只对增值额征税的本义。二是发票管理上能否实现集中管理、集中开票、集中认证。由于增值税专用发票是进项税额抵扣的唯一合法凭证,现行税法规定对增值税发票管理要求非常严格,如取得的进项发票需逐一网上认证,对丢失空白增值税专用发票的纳税人可采取罚款、停购等,从客观上看增值税专用发票存在着集中管理、集中开票、集中论证的要求。

从总体来上看,"营改增"导致保险业的名义税率提高1个百分点,考虑价税分离后实际税率仅提高0.66%,即[6%/(1+6%)-5%],而且成本端也可做价税分离并可抵扣,因此行业的整体利润受影响并不大。具体来看,假设外界影响因素不变且保险业不提价,寿险公司方面,由于只有一年期以下产品纳税且规模很小,因此对承保利润影响非常小,而资金运用收益由于税率略有提高而对利润总额产生一定的负面影响;财产险公司方面,价税分离后的收入比营业税情况下的净收入略低,而购置不动产、房租、广告支出、办公设备更新维护等运营成本由于价税分离也会适当降低,故利润变化也不会太大。

三、保险公司应对"营改增"的举措

根据相关规定,保险业将以月度为纳税期限。"营改增"后应在以下几个方面加以完善。

(一)保险公司应切实加强税务管理

一是全面梳理增值税税务核算流程。保险业应切实加强进项税额发票凭证的管理,逐步完善增值税发票的内控管理制度和管理流程,细化开票审核、认证、保管存档等关键节点,如各分支机构进项税额的归集程序、不同征收方式情况下相应的可抵扣进项税额的确定、当进项税额做转出处理时划分比例的计算等。二是准确识别税务风险。保险业应结合自身行业特征,明确税务风险点,并制定风险防范与应对措施,降低增值税引发的税务风险,尤其要重视对于增值税进项税额抵扣凭证、专用发票等的管理,着力防范涉税行政和刑事法律风险,避免行业出现因增值税管理问题而受到刑事处理的情形。各公司要针对所有部门开展"营改增"相关税收政策的培训,确保形成上下共识。三是合法开展增值税纳税筹划。保险业应根据自身情况善加谋划,在控制住税务风险的同时,实现利润最大化和税负的降低。增值税纳税筹划应以利润最大化为导向,避免仅以能否获得进项税额抵扣为采购目标的错误认识。如选择供应商时,应综合考量进项税额抵扣与价格因素,实现总体成本最低。在其他条件相同时,寿险公司通常销项税额少,如果选择一般纳税人采购,大部分进项税额在应税与免税业务中分摊后会转入成本,使成本提高,因此应首选价格更低的小规模纳税人,而保险公司应尽量选择一般

纳税人。又如，有条件的公司可以将部分非核心服务进行外包，专注做核心领域并最大限度地实现进项增值税抵扣。

(二)保险公司应妥善规划业务流程

保险业应对增值税环境下的会计核算、系统运行、业务操作等方面进行认真梳理和改造。一是修改会计核算办法、设置新的会计科目，确定不同业务的财务处理方法。须注意，会计核算不是单纯的财务问题，尤其是在混合销售、兼营等情况下，企业如不按照要求分别核算，也将增加税负。二是对财务信息系统进行调整，厘清客户、渠道、供应商的税务状况，实现业务系统与金税系统的对接。三是对合同涉税条款进行修订，在保险单等业务合同中明确价款是否含税等。

(三)监管部门应关注"营改增"对行业趋势的引导

一是组织结构的变化。增值税的"链条式"抵扣使保险公司可以在不增加税负的情况下整合资源。保险公司可能会将销售队伍分拆剥离，成立专门的代理公司，成立专门的服务机构等。这种整合有利于提高我国保险业核心竞争力，有利于提升对消费者的服务水平。专业中介公司由于进项税额少，如果被确定为小规模纳税人将极为有利。因此部分中介公司可能会申报设立若干分支机构或分立机构以适应小规模纳税人的要求。二是违规形式的变化。由于虚开增值税发票的后果极为严重，这使得保险公司的违规成本提升。但个别中介公司出于生存需要和侥幸心理，可能会继续进行违法行为，导致行业内出现一些此类案件。监管部门应认真研究，使监管行为适应市场的变化，避免出现行业涉刑案件，损害行业形象。三是积极引导行业"营改增"政策的完善。随着增值税新政对保险市场影响的逐渐显现以及保险市场自身的发展，相关税收政策也会不断完善，保险监管部门应积极与税务机关建立沟通协调机制，使其不断了解保险业的新业务和新产品，了解保险市场的变化，从而制定和完善适合保险业发展的税收政策，为保险业健康发展创造良好的外部环境。

第七章 "营改增"对现代物流业的影响及对策

第一节 现代物流业发展现状和对经济发展的作用

现代物流业作为推动现代经济发展的"加速器",已经从最初简单的物的流通发展成运输、储存、包装、装卸、加工、配送和信息处理等综合活动,并进行一体化管理,以达到降低流通成本、提高生产效率、增加企业利润的目的。物流活动伴随着经济社会的发展、科学技术的进步,其内涵也是不断扩大的。它已经成为构建现代产业体系的基础产业和国民经济的重要组成部分,它的发展水平是衡量一个国家或地区现代化程度和经济发展程度的重要标志之一。

一、现代物流业的发展现状

现代物流业是融合运输、仓储、货代、信息等产业的复合型服务业。我国先后出台了《中华人民共和国国民经济和社会发展第十二个五年规划纲要》《服务业发展"十二五"规划》等一系列政策文件,奠定了现代物流业发展的战略地位,使其作为现代经济的重要组成部分得以迅速发展。

(一)交通运输是现代物流企业发展的基础

现有交通运输方式主要包括公路、铁路、航运、航空和管道运输五种。根据国家统计局公布的统计数据,我国物流交通运输总体规模持续扩大,运输平稳增长,公路在货物运输总量方面发挥着重要的作用,而在货物运输周转量方面航运发挥着绝对的优势,呈现出良好的发展态势,为现代物流企业打下良好的发展基础。

(二)混业经营是现代物流企业发展的常态

传统的物流企业主要开展运输服务,附带从事装卸、搬运等物流服务。现代物流区别于传统物流,主要体现在其强调系统整体优化,对物流系统内运输、包装、装卸、流通、加工、配送和存贮等各个子系统进行优化整合。现代物流企业不只拘泥于运输,转而向仓储、配送等现代服务业混业拓展。以仓储物流为例,得益于近年来电商业务的迅猛发展及第三方物流业的快速扩张,仓储物流的定制

全面营改增税收政策对现代服务业的影响及对策研究

及租赁市场前景广阔。2013年,全国仓储业投入420亿元,年增长率32.7%,远高于物流行业平均10%的增长比例。

(三)智能化是现代物流企业发展的趋势

现代物流业涉及大量的运筹决策,如物流网络的设计与运行、运输工具的选择和调度、运输路径的制定与排程、运输货物的拼装与组合、仓储库存的测算与优化、配送策略的方式与选择,这些都需要管理者做出决策。智能化,作为"中国智造"的重头戏,它的产生与发展有效地帮助管理者依靠自身的经验,更借助于现代物流知识、信息技术、计算机网络及智能控制技术,发挥高效便捷的辅助效果。

二、现代物流业对经济发展的作用

(一)现代物流业是国民经济的重要组成部分

现代物流业是国民经济的重要组成部分,也是衡量一个国家现代化水平与综合国力的重要标志之一。从社会循环再生产角度看,物流业又是中介产业,连接着生产商与供应商、生产者与消费者、城市市场与农村市场、国内市场与国际市场。现代物流业渗透到国民经济的所有领域以及社会生活的每一个角落,是综合性服务产业,其发展水平直接制约着国民经济的整体发展状况与运行质量。2008年,我国GDP只有30.07万亿元,社会物流总额达89.89万亿元,平均每1个单位的GDP需要3个单位的物流量来支撑。长期以来,我国重生产、轻流通的问题一直存在,导致社会物流费用占GDP的比率一直居高不下。而现代物流业是资源、人力以外的"第三大利润源泉",因此振兴物流业,降低物流成本,对于提高我国经济运行总体质量和效益具有非常关键的作用。

近几年,我国物流业得到了迅速发展,各级地方政府高度重视现代物流业的发展对国民经济的促进作用。张家口市明确提出要构建"4+3"现代产业体系,其中一个重要的内容就是积极培育现代物流业。

(二)现代物流业对经济发展具有强大的推动作用

物流业不是单纯的一个产业,它涉及运输业、仓储业、货运代理业、信息业,是一个复合型的服务业。它一头连着生产,一头连着消费,既是生产的晴雨表,又是消费的晴雨表。因为物流业跟每个产业活动都有联系,同时又和每个人的生活都有联系。可以看到,现代物流业几乎涵盖了第三产业的所有领域和部门,物流业已经由过去的末端行业逐步上升为引导生产、促进消费的先导行业,也是最能够反映经济运行效率的重要产业之一。因此,发展现代物流业有利于调整产业结构,促进产业优化升级,能够带动与此相关的诸多行业的发展,因而对经济的发展具有强大的推动作用。

(三)现代物流业有助于提升城市功能，提高居民生活水平

经济的发展以城市为中心，城市不仅体现了社会的发展，还体现了经济的发展。而经济的发展离不开人流、商流、物流、信息流和资金流。城市就通过这些向外辐射。而物流系统是城市系统中一个非常重要的子系统。物流系统质量与效率的高低，决定着这个城市经济水平、竞争能力的高低。如果说城市之间的交通系统就像血管一样把各个器官连接起来的话，那么城市之间的物流系统就是血管里流动的血液，只有血液流通顺畅，城市才有活力，城市的经济才能搞活。

现代物流业的发展离不开基础设施的完善、信息技术的进步、居民素质的提高和相应软件服务的改善。发展现代物流业需要建设物流园区，完善城市交通网络，加强城市基础设施的建设，优化环境，这一系列活动的完成，都是对城市功能的提升。物流系统能够对生产、生活起到保障作用，是中心城市综合实力的具体体现。而城市居民生活素质的提高要求有与之相适应的高效物流体系。大力发展现代物流业不仅有助于提升城市功能、增强城市竞争力，还有助于改善居民生活水平，提高居民生活素质。

第二节 "营改增"对现代物流业的影响

随着市场经济的发展，物流产业从过去生产和消费环节的辅助配套产业，改头换面一跃成为贯穿整个生产消费环节的先导产业。现代物流业是一个综合性产业，它在生产和消费环节的基础上，大力发展现代运输业，依托信息技术，发挥更简洁、高效、融合的特点。国家为了大力发展现代物流业，在2011年推出了"国八条"后，又相继出台了"国九条"。我国物流业在经济高速发展、全球化加深、电子商务蓬勃兴起的背景下迎来了自己的黄金发展期。为解放发展束缚，进一步营造良好的发展环境，2011年，经国务院批准，财政部、国家税务总局联合下发营业税改征增值税试点方案。2012年1月1日起，"营改增"在上海交通运输业和部分现代服务业首先进行试点。到2013年，财政部和国家税务总局联合出台了《关于在全国开展交通运输业和部分现代服务业营业税改征增值税试点税收政策的通知》（财税〔2013〕37号）和《关于将铁路运输和邮政业纳入营业税改征增值税试点的通知》（财税〔2013〕106号），明确了交通运输行业和部分现代服务行业在全国范围内开展营业税改征增值税的税制改革，并将铁路运输服务和邮政服务也纳入税改范围。这两份文件的出台意味着"营改增"在物流行业的全面开展，自此无论是企业纳税环节的税金，还是经营环节的现金，抑或是决策环节的资金均会受到来自税改的影响。

全面营改增税收政策对现代服务业的影响及对策研究

一、对纳税的直接影响

"营改增"前，现代物流企业涉及的营业税税目有交通运输（含陆路运输、水路运输、航空运输、管道运输、装卸搬运）、仓储业、一般租赁和代理业。"营改增"后，现代物流企业涉及的增值税税目有交通运输服务、物流辅助服务（含港口码头服务、代理报关服务、货物运输代理服务、装卸搬运服务和仓储服务）、有形动产租赁服务及国际运输服务。"营改增"前，营业税税率为3%～5%。"营改增"后，与现代物流企业相关的税率主要有四挡，分别为交通运输服务11%、物流辅助服务6%、有形动产租赁服务17%和国际运输服务零税率（表7-1）。

表7-1 相关税率 %

应税项目	营业税	增值税
交通运输服务	3	11
物流辅助服务	3～5	6
有形动产租赁服务	5	17
国际运输服务	3	0

（一）税负明显增加，可抵扣的进项税额太少

物流企业"营改增"后总体税负提高，且不同服务项目的税率增长幅度也不一样。从事装卸、搬运等"物流辅助服务"，其税率由3%提高到6%；仓储、货物代理等"物流辅助服务"，其税率由5%提高到6%；交通运输服务税率增幅最大，由3%提高到11%。

对物流企业而言，固定资产投入占资产总额的比例较高。作为第三方物流企业或是专门提供某种物流服务的企业，不论是为了运输购买的车辆、船舶、飞机，还是仓库、包装流水线设备、叉车、吊车等都需要投入大量资金。而大部分相对成熟的物流企业在"营改增"执行前购置的固定资产已经有了一定的使用年限，未来一段时间也不可能再大量购置资产，因此不能享受进项税额抵扣的政策。

（二）占企业成本比重很大的主要成本难以取得增值税发票

大部分物流企业从事跨地区运输从途经地加油或者修理的，可能因为种种原因的限制无法取得增值税专用发票。物流企业的主要成本除了燃油费和修理费外，还包括人工成本、路桥费、房屋租金、保险费等，这些主要成本均不在抵扣范围。基于这些因素，物流企业税负加重。

在物流业"营改增"试点一年后，统计数据显示，67%的试点企业实际缴纳的增值税增加了一定的比例，平均增加税负额5万元。按营业税体制计算，57%的企业税负额增加超过了5万元，24%的企业税负额增加超过了10万元，个别大型物流企业集团税负额增加超过了100万元。

(三)口径不统一，税率不一致

物流业是由运输、储存、装卸、搬运、包装、流通加工、配送、信息处理等多个物流资源有机结合而成的。这些物流资源通过市场发展的需要又形成了各种产业，如运输业、仓储业、装卸业、包装业、加工配送业、物流信息业等。形成产业后，在现行营业税税制中划分不同的税目，适用不同的税率。其中，运输、装卸、搬运属于交通运输业，适用税率为3%；仓储、配送、代理等属于服务业，适用税率为5%。物流业各环节税目口径不统一、税率不一致、发票多种多样，这使得其不能实现一体化运作。对物流业来说，"营改增"的税目设置依旧为两类：一类是"交通运输服务"，适用税率11%，另一类是"物流辅助服务"，适用税率6%。在实际经营中，各项物流业务相互交叉、相互联系，很难具体明确地划分"交通运输服务"和"物流辅助服务"，这对现代物流业进一步发展壮大不能起到积极作用。

(四)实际操作过程中存在增值税发票征管的问题

物流企业与传统缴纳增值税的企业不同，其涉及多个环节、多种业务形式，使用的票据名目繁多，在经营模式和客户方面也存在很多的差异，如货物运输代理服务、代理报关服务、仓储服务和装卸搬运服务等开票金额小，频率高，数量大。现实中如中国外运长航集团有限公司下属华东公司，每月开具发票约2.5万份，取得发票数额则超过10万份。由于物流企业从发票申购到最后核销装订的过程中，工作量很大，所以企业的人力成本大幅增加。

二、对企业现金流的影响

现金流是以货币计量来反映企业某一时期现金流入与现金流出的数量。企业在经营活动中产生现金的收入与支出均会影响企业的现金流量。在现代企业管理制度中，企业现金流量在很大程度上决定着企业的生存与发展，是企业财务决策的重要影响因素。从理论上看，增值税是价外税，不体现在利润表中，不影响公司的损益，但企业缴纳的增值税又实实在在是公司的一项税收支出负担，影响企业的现金流量，左右企业的财务决策。

(一)"营改增"对企业现金流的直接影响

"营改增"之前，当期缴纳的营业税＝营业额×营业税税率。"营改增"以后，当期缴纳的增值税＝当期销项税额－当期进项税额。对比"营改增"前后，不难发现"营改增"对现代物流企业现金流的直接影响表现在企业现金流入和流出两个方面。

1. 企业现金流入

进项税额的抵扣将引起现金流入的增加。由于当期进项税额可以抵扣销项税额，表现为当期现金流出的减少，也意味着现金流入的增加。对企业而言，当期进项税额越多，企业当期需要缴纳的增值税也就越少。换言之，如果当期企业在材料采购、固定资产购置等方面的进项税额抵扣金额越高，对企业当期现金流入的正面影响也就越大。

2. 企业现金流出

在企业现金流出方面，销项税额的缴纳引起现金流出增减不定。在不考虑现代物流企业发生税负转嫁的前提条件下，假设企业的收入（含税收入）不变，税改前，企业缴纳营业税＝收入×营业税税率。"营改增"以后，企业缴纳销项税额＝收入×增值税税率/(1＋增值税税率)。对比表7-2可以得出，"营改增"有助于减少国际运输服务的现金流出，但是会增加其余现代物流业的现金流出。究其原因，国际运输服务享受出口零税率优惠，而其余业务较之前的税负均有所增加，其中物流辅助服务增加幅度最小，有形动产租赁增加幅度最大。

表7-2 营业税与增值税比较

应税项目	营业税/%		增值税/%		比较
交通运输服务	3	收入×3	11	收入×9.91	增
物流辅助服务	5	收入×5	6	收入×5.67	增
有形动产租赁	5	收入×5	17	收入×14.53	增
国际运输服务	3	收入×3	0	0	减

（二）"营改增"对企业现金流的间接影响

"营改增"对企业现金流的影响除了来自税收环节的直接影响以外，经营环节的间接影响也不容小觑。"营改增"后以流转税为计税基础的城市维护建设税及教育费附加随之变动，进一步扩大了税改对现金流的影响。另外，税改影响纳税环节的现金流，引起企业当期的现金流入、流出及现金库存量的变化，进而左右企业经营、投资和融资等环节的财务决策。而这些财务决策又会反作用于企业的现金流，引起企业现金流的间接变动。

三、对企业财务决策的影响

"营改增"是关系国家结构性减税、产业升级调整的重大财税改革。这一改革的出台将通过企业对政策的解读而影响。其包括投资、筹资和经营等环节在内的财务决策。

（一）"营改增"对企业投资决策的影响

目前我国实行消费型增值税，这意味着企业在购置固定资产和无形资产时，可以取得增值税专用发票，并享受一次性的全部抵扣。这有利于促使企业加速投资，有利于企业生产线、软件的更新换代。有研究表明，"营改增"后物流企业的税负之所以较之前有所增加，正是因为企业无法取得足够的发票，其进项税额抵扣不足，因而无法享受"营改增"结构性减税的好处。我国物流企业发展体量很大，但发展质量有待提高，未来现代物流企业只有拥有便捷的交通，运用智能化的软件，提供更快速、更优质的产品服务才能更好地应对市场竞争。"营改增"的适时推出可以鼓励现代物流企业更好地打造自身，加快投资发展物流软硬件设施，实现转型升级。

(二)"营改增"对企业筹资决策的影响

由于实行"营改增"，现代物流企业投资热情增加，企业的融资需求更加旺盛。同时，基于现有大部分的研究表明"营改增"将引起现代物流企业税负的增加，尤其是交通运输服务和有形租赁服务，税负的增加较为明显。企业可使用的资金更为紧缺。因此无论是从资金需求的角度还是从资金实力的角度，"营改增"对现代物流企业的筹资行为有一定的影响。所以，"营改增"后现代物流企业需要科学制定投资方案，合理筹划融资渠道，优化降低融资成本。

(三)"营改增"对企业经营决策的影响

"营改增"后，现代物流企业较之原有的经营环境更为复杂。"营改增"之前，企业只需要核算当期的营业收入，按期缴纳营业税。"营改增"之后，企业不光要核算依据自身收入开出的销项税额发票，更要做好进项税额发票的核算与统计工作。物流企业经营各环节，从油品的采购到人工的支付，从交通工具的购置到设备的维修，从运费的确认到仓储收入的实现，都离不开增值税，无疑对物流企业提出了更高的要求。企业应充分利用"营改增"政策，统筹考虑企业经营，做出科学的财务决策，谋求企业价值最大化。

第三节 现代物流业"营改增"后的应对建议

一、税收政策建议

(一)适当增加进项税额抵扣项目

为了达到结构性减税的目的，提高现代物流业竞争能力，应适当增加增值税进项税额抵扣项目。除燃油费和修理费以外，如路桥费、房屋租金、保险费等在物流企业中占较大比重的成本支出，应纳入进项税额抵扣范围。对物流企业来说，这一部分成本支出在实务中无法取得增值税专用发票，但是这部分成本又相对稳定，这种情况可以采用行业平均值来测算应抵扣的数值。这样，既照顾到物流企业的经营特点和运营范围，也考虑了不易取得增值税专用发票的实际情况。

(二)对存量固定资产采取过渡性抵扣政策

对于已经购置的固定资产可以采取超税负返还过渡性抵扣政策，或者允许每年计提的折旧额中包含的进项税额核定为可抵扣进项税额。给予物流企业政策调整期的优惠政策促进其稳定发展。

(三)将货物运输服务纳入物流辅助服务

为了物流业务各环节税率的统一,促进物流业的进一步发展,应将"货物运输服务"从"交通运输服务"中剔除,并纳入"物流辅助服务"中,适用6%的税率,这不仅解决了税率统一的问题,还降低了货物运输服务的税负。

(四)设计使用物流业专用发票

为适应物流企业经营特点和业务需要,针对发票金额小、频率高、用量大的特点,建议设计使用物流企业增值税专用发票,货物运输服务和物流辅助服务使用统一的物流业增值税专用发票,以适应物流业一体化的模式。

对于物流企业来说,税负的上升只是短期现象,从未来发展趋势看,税负平衡是一定的。"营改增"的过程中只要措施得当,就能使税负平衡。

二、财务决策建议

从表面上看,"营改增"的推出只影响企业的税负,实际上企业的财务也会随之变化。现代物流企业与其被动地接受变化,不如积极主动地规划财务决策去迎接"营改增"的挑战。

财务决策中常见的方法包括相关损益分析法、差别损益分析法、投资回收期等。而在这些方法中,确认与计量方案的相关损益是财务决策开展的关键所在。所谓相关损益,是指与特定决策方案相互关联,能对财务决策产生重大影响的必须予以充分考虑的相关收入或相关成本。换言之,若该方案存在就会发生这项收入或成本,而若该方案不存在,就不会发生这项收入或成本,那么它就是相关损益。

(一)自有运输与外包运输的选择

假设一家民营现代物流企业,年均销售收入1.5亿元,公司名下有自营的商船和车队、自建的仓储物流码头、固定的供应商和稳定的客户群,是一家典型的集运输、仓储和贸易于一身的现代物流企业。

公司主要从事大宗商品商贸流通,在采购环节,考虑到运输成本,航运为其最主要的交通运输方式。公司的年均贸易量150万吨。公司现有一条1万吨的商船,一年可解决25万吨的运输量,剩下的运输量需要依靠外包船只运输得以解决。公司目前正在考虑是否购置商船,解决不足的运量。方案一:自有船只运输;方案二:外包船只运输。"营改增"后,现代物流企业两个方案的财务决策,更倾向于费用更低的外包运输(表7-3)。

表 7-3　自有运输与外包运输　　　　　　　　　　　　　　万元

项目	自有运输	外包运输
燃料费用	296.58（进项税额：43.09）	
人工费用	212.46	
财务费用（含税）	354.67	
维修费用（含税）	46.5（进项税额 2.63）	
运输费用（含税）		750（进项税额：74.32）
费用合计（含税）	910.21	750
可抵扣进项税额	45.72	74.32
实际费用（不含税）	864.49	675.68

方案一：相关成本包括燃料费用、人工费用、财务费用和维修费用。由于船只的购置费用属于沉淀成本，折旧费用不属于现金流出，这里均不做考虑。含税的相关费用合计为 910.21 万元。其中燃料费用和维修费用分别抵扣 17% 和 6% 的进项税额，可抵扣进项税额合计为 45.72 万元，实际费用为 864.49 万元。利息费用所占比重最大。由于轮船的购置费用当中有一部分为银行贷款，故将此贷款利息也计入相关成本。目前利息费用和人工费用尚未出台政策允许抵扣，加重了自有轮船运输的成本负担。

方案二：相关成本构成相对简单，只需要支付外包的运输费用。含税的相关费用为 750 万元，由于支付运费中包含 11% 的增值税，可抵扣进项税额为 74.32 万元，实际费用是 675.68 万元。

通过对比可知，方案二费用低，可以抵扣的进项税额多，因而更利于企业经营。考虑两个方案的成本对比，加之目前航运业不够景气，并不存在无法外包运输的风险。企业目前的经营打算就是充分安排自有船只的运力，其余全部依靠外包运输解决。

(二) 物流辅助服务的选择

物流辅助服务有智能控制系统和人工劳力两种选择。在"营改增"后，选择哪种服务形式，需要做分析决策。

公司欲购入一款智能控制系统，该系统包括智能卡及相关的软件技术，可以有效地提高企业仓库管理的效率。该智能控制系统的购置费用为 58.5 万元（含进项税额 8.5 万元）。经过测算，可有效减少企业 1 500 人工工时/年，以 15 元/人工工时计算，节约人工费 2.25 万元/年。方案一：安装智能控制系统；方案二：利用人工劳力。对比方案一和方案二，做出财务决策（表 7-4）。

全面营改增税收政策对现代服务业的影响及对策研究

表 7-4 财务决策   万元

项目	智能控制系统	使用人工
购置费用(含税)	58.5(进项税额：8.5)	
人工费用		2.25/年
可抵扣进项税额	8.5	
实际成本(不含税)	50	2.25/年

方案一：按照安装智能控制系统，智能控制系统的购买为一次性投资，投产当年实际成本50万元。相关收入为22.5万元/年，判断是否可行。投资回收期计算仅为2.2年，意味着两年多就能收回全部的成本。本次决策中，暂时不考虑该系统后续的软件升级、维护成本。经过采用智能控制系统可以有效提高工作效率，规划最优路径，减少错误的发生，还能避免用工荒的出现，避免公司不必要的损失。

方案二：使用人工的方案，没有大规模一次性投入。但人工费用支出为2.25万元/年。

虽然投资当年方案一的实际支出要比方案二高出许多，但此为典型的长期投资决策，不可以仅考虑投资当年，而忽略以后年份。

企业目前已打算购买智能控制系统，对现有仓储系统进行升级改造，更好地发展现代物流产业。"营改增"的实施使得企业购置智能控制系统的进项税额能够有效抵扣，这无疑给了企业更大的购置动力。

(三)混业经营与业务分拆的财务决策

根据相关规定，纳税人兼有不同税率或者征收率的销售货物、提供加工修理修配劳务或者应税服务的，就称为混业经营。对此，应核算适用不同税率或征收率的销售额，未分别核算销售额的，从高适用税率。现代物流企业由于业务类型多样，适用多种增值税税率，属于典型的混业经营。方案一：以一个公司的名义混业经营；方案二：分拆成若干公司经营。"营改增"以后，混业经营和分拆公司哪个经营模式更优，分别核算两个备选方案的纳税义务与风险，从而判断税改对于企业经营业务的影响及选择(表7-5)。

表 7-5 两种方案比较   万元

项目	混业经营	分拆经营
含税收入	销售及运输100(销项税额：14.53)	销售98(销项税额：14.24)
		运输2(销项税额：0.20)
销项税额	14.53	14.44
实际收入	85.47	85.56

假设公司发生如下业务：销售一批商品收入98万元并提供运输服务2万元(含

税收入)。

方案一：未分别或无法分别核算销售额，则必须从高适用税率，经过测算，含税收入为 100 万元，销项税额为 14.53 万元，实际收入为 85.47 万元。

方案二：含税收入为 100 万元，分别核算销售及运输环节的销项税额为 14.24 万元和 0.20 万元，合计缴纳销项税额为 14.44 万元，实际收入为 85.56 万元。

根据核算，方案二的增值税可以合理避税 0.09 万元，略优于方案一。

实践中，案例公司为了避免"从高适用税率"的风险，应将销售运输的业务单独分拆出来。运输业务虽然单独分拆出来，但是分拆不分家。

"营改增"除了在宏观层面有利于实现国家战略结构性减税和产业升级调整，也对企业这一微观市场主体的现金流及其财务决策产生调整的导向与空间。现代物流企业应充分利用"营改增"对企业纳税及现金流的影响，通过科学的财务决策方法，选择合适的方案，增加企业价值，提升企业的竞争优势，带动产业链条的完善与可持续发展。

第八章 "营改增"对技术服务的影响及对策

第一节 技术服务概述

技术服务是技术市场的主要经营方式和范围。它是指拥有技术的一方为另一方解决某一特定技术问题所提供的各种服务,比如进行非常规性的计算、设计、测量、分析、安装、调试等。提供技术信息、改进工艺流程、技术诊断等服务也属于技术服务范畴。技术服务的作用是充分利用社会智力资源,解决科研和生产建设中的技术难题,促进科学技术进步和生产发展,从而促进社会经济的发展。

一、技术服务的内容

技术服务主要包括七个方面的内容。

(一)信息服务

技术服务组织应与有代表性的用户建立长期、稳定的联系,及时取得用户对产品的各种意见和要求,指导用户正确使用和保养产品。

(二)安装调试服务

安装调试服务是根据客户要求在现场或安装地点进行产品的安装调试工作。

(三)维修服务

维修服务一般分为定期维修与不定期维修两类。定期维修是指按产品维修计划和服务项目所规定的维修类别进行的服务工作;不定期维修是指产品在运输和使用过程中由于偶然事故而需要提供的维修服务。

(四)供应服务

供应服务是向用户提供产品的有关配件备品和易损件。

(五)检测服务

检测服务是为使产品能按设计规定有效运转所进行的测试、检查、监控工作,以及所需要的专用仪器、仪表装置。由于检测服务的工作量日益繁重,各种专用仪器、仪表也日益增多,检测服务趋向于建立各种综合性或专业性的测试中心。

(六)技术文献服务

技术文献服务是向用户提供产品说明书、使用说明书、维修手册以及易损件、备件设计资料等有关技术文件。

(七)培训服务

培训服务是指为用户培训操作和维修人员。培训内容主要是讲解产品工作原理,帮助用户掌握操作技术和维护保养常识等,有时还可在产品的模拟器或实物上进行实际的操作训练。

二、技术服务的特点

技术服务具有两个特点:

(1)提供技术服务的被委托方为科研机构、大专院校、企事业单位的专业科技人员或专业技术人员,他们掌握专业科技知识和专门技艺,可同时或先后为多家委托方提供技术服务。

(2)技术服务确立的是一种特殊的知识型劳务关系,受托方提供的是一种可重复性的智力劳务,不具有科技开发、技术专利所要求的保密性,受托方为委托方解决特定技术问题,收取一定报酬。

第二节 "营改增"对研发技术服务的影响及对策

一、"营改增"后研发技术服务现状分析

(一)"营改增"后研发技术服务业税负现状

数据显示,截至2013年年底共有272.5万户试点纳税人纳入"营改增"试点,其中交通运输业54.87万户,现代服务业217.77万户,共计减税1 402亿元,包括试点纳税人因税制转换减税600亿元,非试点纳税人因增加抵扣减税802亿元。其中,以中小企业为主的小规模纳税人减税力度最大,其征税方式与以前一样,税率由5%下调到3%,平均减税幅度达到40%。并且行业内的大型企业,由于其上下游公司开票都较为规范,业务量也较大,能够实现整个产业链的环环抵扣。不过,在实际试点的过程中,一些作为增值税一般纳税人的中小型企业难以获得进项税额发票,或者上游供应商规模较小,无法自行开具增值税发票,只能找税务局代开发票,可抵扣的税率仅为3%。故"营改增"之后,这类企业税基未变,但实际使用的税率调高,税负出现暂时性上升。

从2013年国家统计局统计的不同行业对应增值税税负的数据(表8-1)也可看出,科学研究技术服务行业的增值税税负高于其他行业,自然科学研究和试验发

展行业的税负明显高于"营改增"后交通运输和其他现代服务行业的税负,以4.34%的增值税税负居于榜首。

表 8-1 2013 年不同行业增值税税负表

行业名称	增值税税负/%
农、林、牧、副、渔	0.42
制造业	2.53
电力、热力、燃气及水生产和供应	3.59
批发零售	0.95
道路运输	1.82
水上运输	1.55
航空运输	1.28
管道运输	1.99
装卸搬运和运输代理	0.52
仓储	2.19
软件和信息技术服务	1.46
货币金融服务	1.61
租赁	0.62
商务服务	1.62
自然科学研究和试验	4.34
工程技术研究和试验	2.98
医学研究和试验	3.33
社会人文科学研究	1.42
农业科学研究和试验	1.54
专业技术服务	2.35
科技推广和应用服务	1.91

资料来源:《2013 年全国统计年鉴》。

(二)"营改增"对研发技术服务税负的影响

从理论上讲,"营改增"对纳税人税负的影响可以分为两种效应:一是"税率高/低变动效应";二是"进项税额抵扣的减税效应"。最终税负的增减,取决于两种效应的叠加产生的效果。

"营改增"后，增值税税率高于原营业税税率的情况下，当税率变动效应大于进项税额抵扣效应时，纳税人税负会增加；当税率变动效应等于进项税额抵扣效应时，纳税人税负不变；当税率变动效应小于进项税额抵扣效应时，纳税人税负会降低。增值税税率低于营业税税率的情况下，税率变动效应使得税负降低，如果再有进项税额抵扣效应的重叠作用，税负会进一步降低。

二、"营改增"对研发技术服务业的影响

(一)"营改增"对研发技术服务业税收负担的影响

研发技术服务税负模型分析中，只考虑营业税、增值税、城市维护建设税(7%)、教育费附加(3%)、地方教育费附加(2%)和企业所得税(25%)。

1. 小规模纳税人的税收负担

假设研发和技术服务业的销售额为 A，营业成本为 B。

(1)改革前，适用5%的营业税税率。

应缴纳的营业税 $=5\% \times A$

城市维护建设税、教育费附加及地方教育费附加 $=5\%A \times (7\%+3\%+2\%)=0.006A$

所得税 $=(A-0.05A-0.006A-B) \times 0.25=0.236A-0.25B$

整体税负 $=0.05A+0.006A+0.236A-0.25B=0.292A-0.25B$

(2)改革后，小规模纳税人适用3%的增值税征收率，无进项税额抵扣，且增值税的计税依据是不含税销售额。

应缴纳的增值税 $=0.03A/(1+3\%)=0.029A$

城市维护建设税、教育费附加及地方教育费附加 $=0.03A/(1+3\%) \times (7\%+3\%+2\%)=0.00348A$

所得税 $=(\text{不含税收入}-\text{营业税税金及附加}-\text{营业成本}) \times 25\%=[A/(1+3\%)-0.03A/(1+3\%) \times (7\%+3\%+2\%)-B] \times 0.25=0.242A-0.25B$

整体税负 $=0.274A-0.25B$

通过比较不难看出，"营改增"降低了小规模纳税企业的税收负担和压力。

2. 一般纳税人的税收负担

假设研发技术服务的销售额为 A，营业成本为 B，进销存成本为 C，进项税率为 X，进项税额则为 $Y=CX/(1+X)$。

(1)改革前仍适用5%的营业税税率。

应缴纳的营业税 $=0.05A$

城市维护建设税、教育费附加及地方教育费附加 $=0.05A \times (7\%+3\%+2\%)=0.006A$

全面营改增税收政策对现代服务业的影响及对策研究

所得税 $=(A-0.05A-0.006A-B)\times 0.25=0.236A-0.25B$

整体税负 $=0.05A+0.006A+0.236A-0.25B=0.292A-0.25B$

(2)改革后,一般纳税人适用6%的增值税征收率,增值税应纳税额为销项税额与进项税额之差,对应的销项税额为 $0.06A/(1+6\%)=0.0566A$

增值税 $=0.06A/(1+6\%)-Y=0.0566A-Y$

城市维护建设税、教育费附加及地方教育费附加 $=[0.06A/(1+6\%)-Y]\times(7\%+3\%+2\%)=0.0068A-0.12Y$

所得税 $=\{A/(1+6\%)-[0.06A/(1+6\%)-Y]\times(7\%+3\%+2\%)-(B-Y)\}\times 0.25=0.234A+0.28Y-0.25B$

整体税负 $=0.297A-0.84Y-0.25B$

要使得"营改增"前后总税负相同,即取 $0.292A-0.25B=0.297A-0.84Y-0.25B$,抵扣率 $Y/A=0.006$。

通常一般纳税人都有外购项目,其进项税额可以抵扣,包括外购的机器设备、材料、水电费等所含的进项税额。因此,"营改增"后,纳税人的税收负担是增加还是减少、净效应如何,关键在于其外购项目的进项税额占其当期销售额比重的大小,即抵扣率 $=Y/A$。当其比重达到一定水平时,企业的税收负担将与原来持平,超过这个水平税负开始下降,且比重越高,税收负担越轻。

假设某研发企业只提供研发和技术服务业务,2013年实行"营改增"政策,全部缴纳增值税,年收入500万元,期间费用100万元(不含可抵扣税费类支出),营业成本(含可抵扣税费类的成本)就"营改增"前后的小规模纳税人、一般纳税人分别低于(取抵扣率0.5%)、等于(取抵扣率0.66%)及高于(取抵扣率0.8%)临界点。进行税负分析,得出的净利率分别为25.8%、28.38%、27.2%、27.35%、27.47%。"营改增"后小规模纳税人的盈利能力明显改善,大于"营改增"后一般纳税人的盈利能力,且大于"营改增"前的盈利能力,而进项税额抵扣率越高的一般纳税人,盈利能力越强。

另外,由于 $Y=CX/(1+X)$,抵扣率平衡点 $Y/A=0.6\%$,可得 $C/A=0.6\%\times(1+1/X)$。相比于销项税额适用税率的单一性,可抵扣的进项税额适用税率较多,不同的税目适用不同的税率 X,包括17%、11%、6%、7%、3%、2%等。

当进项税额适用税率 $X=17\%$ 时,即假设该企业只取得购进设备、材料等实物的进项税额发票,则进项税额 $=0.17C/(1+17\%)$,增值税税额 $=0.06A/(1+6\%)-0.17C/(1+17\%)$。达到税负平衡点时,则 $0.17C/(1+17\%)-0.006A$,即 $C/A=4.54\%$,说明进项税额占其销售额的比重达到4.13%时,其改革前后的税收负担持平,超过这个比重时,税负开始出现下降,且比重越高,税负越轻。

3. 结论

小规模纳税人税负普遍降低。对于小规模纳税人一律采用简易计税方法,研发技术服务业相对于原来营业税征收的5%的税率降低到现在增值税税率的3%。

"营改增"降低了研发技术服务业小规模纳税人的缴税负担。

一般纳税人的税负取决于抵扣进项税额。对一般纳税人来说，研发技术服务相关企业适用的增值税税率的6%虽然超过之前营业税税率的5%，表面上会引起企业税负不减反增，但实际"营改增"后企业可以抵扣进项税额，所以税负的增减取决于可抵扣进项税额的大小。如果企业的进项税额低于增值税与营业税的差额或不存在可抵扣进项税额，则会导致企业增值税所缴税额大于按营业税缴纳税额。

(二)"营改增"后增值税专用发票无法及时获取

"营改增"后，与研发技术服务相关企业的相关发票种类变化较大，发票的管理也发生了相应的变化。原来缴纳营业税的企业在增值税税制下，由于存在进项税额和销项税额的区别，所以在原有基础上增加了对增值税专用发票的管理。

增值税小规模纳税人无法抵扣进项税额，只采用普通发票，与营业税状态下的情况基本相同。因此专项发票对相关企业的税负没有影响。对一般纳税人而言，将纳税人开具的专用发票上所载明的销项税额，抵扣其获得的合法进项发票上载明的进项税额和其他合法的抵扣凭证所记载的税金即应纳税额。纳税人的纳税义务随同专用发票的开具而产生。对于研发技术服务业来说，人工成本、房屋租赁成本、管理费用等不能抵扣的支出占企业总成本的份额较大，其他部分可抵扣进项税额是比较少的，因此及时获得可以抵扣的进项税额的增值税专用发票，对于企业税负变化产生关键性作用。但是可抵扣进项税额的大小主要取决于供应商开具发票的能力。所以，在研发技术服务企业日常经营活动中，仍然存在一部分情况是无法及时获取增值税专用发票的，为此企业的税收负担发生了不必要的增加。另外，销货方担心不能及时回款，故意推迟开票时间等情况也是普遍存在的。

(三)外购固定资产进项税额抵扣不稳定

利润反映了企业的盈利能力，影响利润的因素有许多，如营业收入、营业成本、营业税金及附加、管理成本等。"营改增"后对研发技术服务业产生较大影响的因素是外购固定资产。此类企业具有固定资产更新周期长的特点。因此外购固定资产使相关企业在经营能力相似的情况下，不同年度的利润会有较大波动。一般纳税人在固定资产购入年份，取得增值税进项税额可以一次性抵扣，不仅可以减少研发技术服务相关企业的应纳增值税税额，也可以减少教育费附加、城市维护建设税等附加税的税额，使企业利润大幅增长。然而之后长时间内不会再有大规模购入固定资产的需求，企业将会缺少大额的进项税额抵扣。虽然进项税额的抵扣减少了固定资产的原值，可以在使用期内减少折旧费用使利润小幅增加，但是与固定资产购入当年相比仍有较大差距。

对于研发技术服务的小规模纳税人，外购固定资产无法形成进项税额抵扣，因此不造成影响。

(四)会计核算难度加大

研发技术服务相关企业在"营改增"前,缴纳营业税的会计核算比较简单。在科目设置方面,"应交税费"的会计科目下只需设置一个二级科目"应交营业税"。但实施税制改革后,各企业增值税的会计核算方法较为复杂,"应交税费"会计科目下需设置多个二级科目,如"应交增值税""未交增值税""增值税检查调整"等,同时还设有多个三级科目,给财务人员的工作增加了负担。

在会计处理方面,"营改增"前研发技术服务相关企业成本为价税合计数。改革之后由于增值税属于价外税范畴,因此需要做价税分离。企业成本的改变影响了对利润的核算,并使企业所得税的缴纳也发生了变化,为企业财务报表的编制增加了难度。"营改增"带来的一系列改变,增加了企业的会计核算难度,使企业财会人员需进行相应的培训,才能适应账务处理的变化。

(五)管理成本有所增加

研发技术服务业在"营改增"后,企业会计核算难度加大。为适应增值税的相关要求,企业需要在原有基础上对会计核算方法、财务管理方案进行适当的调整与修改,需要对相关会计核算人员、业务人员进行培训,建立相应的增值税专用发票管理制度,并适当对企业内部的管理模式进行相应的调整。这一系列的改变使企业的管理成本显著增加,对企业利润造成重大影响。

三、研发技术服务业"营改增"对策

(一)税收政策的完善

从企业盈利角度看,"营改增"后所有研发技术服务企业均会从该项改革中受益。企业的净利率、毛利率均会有所提高。但从企业税收负担角度来看,企业的减税效应与企业的规模、上下游企业等方面有密切关系。小规模纳税人能切实受益,而一般纳税人则需要具体分析税率变动效应和进项税额抵扣效应。

为了能达到"营改增"的初衷,让企业切实受益,还需要不断完善税收政策。

1. 将免税优惠改为即征即退的增值税优惠政策

现行的增值税免税优惠政策会导致服务购买方无法抵扣进项税额,存在企业放弃免税优惠而开具增值税专用发票以争取更多服务购买方,提高销售额的现象。若改为即征即退的税收优惠政策,则服务购买方可以抵扣进项税额,研发技术服务企业也获得了税收优惠,避免了重复征税。

2. 给予进项税额较少的企业更多的税收优惠

由于新旧税制转换导致企业税负升高,可以考虑对研发技术服务企业给予财政补贴,特别是针对固定成本、人力成本较高,较少购买仪器耗材或改革前已经购买但不能抵扣,难以产生进项税额的企业。此外,还应该制定保障符合条件的高新技术企业销售、研发费用加计扣除的所得税优惠政策，研发技术服务企业才能从改革中真正受益。

(二)合理选择纳税人身份

在税法限制转换范围内，企业应合理地对纳税人身份进行税务筹划。单纯从进项税额抵扣的角度来看，对于进项税额较少的研发和技术服务相关企业，更适宜选择小规模纳税人的身份以达到减少税负的目的。但是由于不能开具增值税专用发票，对企业的营业额也会造成一定影响。对于可抵扣进项税额较多、实际税率低于3%的研发和技术服务相关企业，由于小规模纳税人无法抵扣进项税额，因此选择一般纳税人的身份更为合适。但此时需考虑相比于小规模纳税人所增加的财务核算成本。同时企业需要拥有较为完整的会计核算制度。因此企业不仅应考虑纳税身份对税后现金流的影响，还需综合考虑公司实力、法律政策、会计成本与收益对销售额的影响等问题，以获得最大的减税收益。

(三)及时获取增值税专用发票

研发技术服务相关企业选择申报一般纳税人身份后，应该着力于加强企业的内部管理，及时获取增值税专用发票。首先，企业应该为自己选择理想的采购员，快速有效判断出最合适的供应商，从而进行有效的内部控制；其次，应尽量选择相同质量条件下的一般纳税人进行业务往来，或者要求小规模纳税人到相关税务机关代开增值税专用发票，规避难以获取增值税专用发票的风险；再次，尽量避免与销货方之间产生经济纠纷，保持良好的商业信用，获得销货方的信任，以此避免因赊销而造成的发票延时获取；最后，在专项发票购销的周转过程中建立一套完善的管理制度，防止发票流转时间过长或丢失。

(四)合理安排固定资产的购入

"营改增"后，为避免外购固定资产所带来的公司利润大幅波动，各研发技术服务相关企业应对内部的大型固定资产购入时间进行合理的统筹规划，尽量使每年的固定资产购入总金额保持在一个平稳的状态。除此之外，研发技术服务业中技术转让服务、技术咨询服务等行业固定资产占总资产比例较低，对企业利润影响较小。研发服务、工程勘察勘探服务等行业固定资产占比会略高，对科研器械、勘察仪器等固定资产的要求较高，技术更新较快。合理减少固定资产的折旧年限，对设备进行更新优化，既可以提高设备品质，在竞争中处于有利位置，又可以在现行增值税政策下，实现大额进项税额的抵扣，达到增加利润的目的。

(五)加强对会计人员的培训与再教育

"营改增"使研发技术服务业的会计处理方式发生了巨大的变化，因此要加强对企业会计人员的培训与再教育，提升相关人员的专业技术能力与职业素养。首先，应该树立正确的企业继续教育理念，制定出系统完善的实施方案和管理制度；其次，研发技术服务相关企业应动员内部工作人员使其充分认识到继续教育的重要性，更新专业知识；最后，应该针对企业内部会计人员的不同职称、职务、学历等方面分层次、分类别地制订培训计划，对出纳等记账人员着重培训会计处理方面的知识，对企业高层财务领导者则要在管理方面进行再教育，使其充分了解"营改增"后对财务指标分析的影响。

（六）制定合理税管政策，降低管理成本

研发技术服务相关企业应制定合理的增值税管理制度和流程，在规范纳税的同时规避风险，降低管理成本。具体来说，企业可以分层级对管理层、采购人员、基层会计人员进行增值税相关知识培训，或合理购入适应增值税管理的相应软件，尽量减少改革初期增值税所涉及的管理成本。虽然短期内成本依旧有所增加，但是长期看来收益将会大于成本。

总之，我国营业税改征增值税工作在研发技术服务业方面还存在部分问题，包括小部分企业税负不减反增、增值税专用发票无法及时获取、外购固定资产进项税额抵扣不稳定、管理成本增加等。找到降低税负的对策是各企业需要考虑的，而税制改革对整体宏观环境的影响也应该引起相关税务部门和财政部门的重视。从本书分析可知，面对"营改增"带来的不利影响，各企业应正确申报自己的纳税人身份，避免增值税专用发票获取难的问题，进行合理的纳税统筹，制定合理的税管政策，充分发挥"营改增"的优势。

第三节 "营改增"对信息技术服务的影响及对策

信息技术服务是第一批纳入"营改增"范畴的行业，属于现代服务业，具有"三高一低"的特点，即人力成本高、房租高、网络运营维护成本高、物资消耗成本低。

一、"营改增"对信息技术服务的影响

像其他试点行业一样，"营改增"对信息技术服务企业带来的影响将不仅仅是税率的简单变化，它对企业整体的税负水平、财务管理、发票管理、客户管理、供应链管理、合同管理、现金流量管理等方面都将产生重大影响。

（一）"营改增"政策对信息技术服务企业税负的影响

1. 信息技术服务小规模纳税人税收负担的影响

"营改增"政策对信息技术服务业的小规模纳税人按照简易办法征税，即应纳税额＝应税营业额/(1＋3％)×3％，不允许抵扣进项税额。实际负担率＝3％/(1＋3％)＝2.91％，比较"营改增"实施之前的税率5％，流转税负下降了41.8％［(5％－2.91％)/5％］。举例说明，某信息技术服务企业为小规模纳税人，其信息技术服务合同金额为103万元，其税负对比情况见表8-2。

表 8-2 "营改增"对信息技术服务小规模纳税人的影响　　　　　　万元

项目	"营改增"前	"营改增"后
应纳税额	103×5％＝5.15	103/(1＋3％)×3％＝3

通过数据分析得知，信息技术服务小规模纳税人"营改增"政策的实施使得企业税率降低，进而降低了企业的税收负担。由于信息技术服务业小规模纳税人相对利润较低，流转税负的变化对其利润的影响较大，特别是当前处于后金融时期，小规模企业生存艰难，"营改增"政策有利于减轻小规模信息技术服务企业的税收负担，为企业生存发展保驾护航。

2. 信息技术服务一般纳税人税收负担的影响

对于信息技术服务一般纳税人，增值税税率为6％。单看税率，从营业税的5％上升到6％，提高了1个百分点。但实行增值税后，对于信息技术服务业的一般纳税人而言，其外购的材料、设备、上游企业的服务所承担的进项税额允许从销项税额中抵扣，从而避免了信息技术服务企业与其上游企业间的重复征税，在抵扣链条不断完善的趋势下，流转税税负降低的幅度还会进一步增大。在实务操作中，企业能否在合理合法的条件下尽可能多地获取增值税专用发票，是决定企业税负下降幅度的关键。

3. "营改增"对城市维护建设税及教育费附加的影响

根据原税法的规定，信息技术服务企业需要缴纳的城市维护建设税及教育费附加是以增值税、消费税、营业税的税额为计税依据，即应纳城市维护建设税＝(实际缴纳的增值税＋消费税＋营业税)×适用税率(7％、5％或1％)；应纳教育费附加＝(实际缴纳的增值税＋消费税＋营业税)×适用税率(3％)。实行"营改增"政策后，实际缴纳的流转税减少必然会导致企业所承担的城市维护建设税及教育费附加税负的降低。

4. "营改增"政策对所得税税负的影响

企业所得税是综合性最强的一个税种。"营改增"政策作为流转税的税制改革，对信息技术服务企业所得税的影响需要综合分析，其影响主要体现在以下几个方面：

(1)流转税税前扣除的影响。"营改增"前，信息技术服务企业缴纳的营业税作为营业税金是价内税，可以作为营业税金及附加在企业所得税前全额扣除。"营改增"后，企业缴纳的增值税是价外税，无法在企业所得税前扣除，会导致企业应纳税所得额的增加，造成企业所得税增加。

(2)城市维护建设税及教育费附加税前扣除的影响。"营改增"后由于城市维护建设税及教育费附加的降低，税前可扣除的营业税金及附加也降低了，这就导致了企业应纳税所得额的增加和企业所得税的增加。

(3)企业支付运费和其他劳务费用税前扣除的影响。"营改增"之前,信息技术服务企业支付的运费或其他劳务费用中包含营业税,这些含营业税在内的成本费用可以在企业所得税前扣除。"营改增"后,信息技术服务企业支付的运费和其他劳务费用中包含增值税,由于进项税额可以抵扣,不能再作为成本费用在税前扣除,这同样会导致企业应纳税所得额的增加,造成企业所得税增加。

(4)固定资产折旧额税前扣除的影响。"营改增"之前,由于信息技术服务企业购买的固定资产不能抵扣进项税额,因此企业外购的固定资产会计上的入账价值和税务上的计税基础都是价税合计数。"营改增"之后,由于信息技术服务企业购买的固定资产能够抵扣进项税额,所以企业外购的固定资产会计上的入账价值和税务上的计税基础都是不含税的价格。固定资产入账价值减少,导致固定资产持有期间计入成本费用的固定资产累计折旧减少,进而导致企业所得额和企业所得税税额增加。

通过以上分析可以看出,"营改增"后流转税、城市维护建设税及教育费附加等降低,而企业所得税有所增加。如果按照现行企业所得税税率25%计算,每减少100元流转税、城市维护建设税及教育费附加等,企业所得税会增加25元。

总的看来,信息技术服务业在"营改增"后税收负担减轻。

(二)"营改增"对信息技术服务企业经营的影响

1. "营改增"对信息技术服务企业固定资产投资行为的影响

固定资产是企业经营中必要的资产,"营改增"对企业固定资产的购买有一定的影响。

(1)对固定资产投资决策的影响。"营改增"以前,信息技术服务企业购入固定资产时所负担的增值税是无法抵扣的,因此这部分增值税税额计入了企业固定资产的入账成本,使得企业购置固定资产的投资成本既包括了固定资产本身的价格,也包括了因购买固定资产而产生的增值税的进项税额。"营改增"以后,信息技术服务企业的一般纳税人外购固定资产时支付的增值税可以抵扣,即固定资产的入账成本和计税基础仅包括固定资产本身的买价,占买价17%的增值税作为进项税额在当期销项税额中进行抵扣,减少企业需要缴纳的增值税、城市维护建设税及教育费附加,从而减少了企业购置固定资产时的现金流出和投资成本。

"营改增"以后,固定资产购买时的入账价值不包括增值税,固定资产经营期间计提的折旧额相应减少,加上上述企业所得税前可扣税费的减少,在假定其他条件不变的情况下,企业利润总额增加,从而应纳企业所得税税额增加,进而会增加企业的现金流出。

所以,"营改增"对信息技术服务企业投资决策的影响取决于实施"营改增"所减少的现金流出量的现值与增加的现金流出量现值的对比结果。如果现金流出量小于现金流入量,投资净现值大于零,则会激励投资;反之,如果现金流出量大于现金流入量，投资净现值为负数，则会抑制企业对固定资产的投资。

(2)对固定资产投资方向的影响。信息技术服务企业按固定资产的投资方向可分为对房屋等的不动产投资和购买经营用机器设备等的动产投资。虽然"营改增"允许企业抵扣固定资产所含的进项税额，但是由于销售不动产和转让土地使用权的进项税额抵扣情况不一，在这一税收政策的导向下，信息技术服务企业会倾向于对设备等固定资产进行投资，限制对房地产的投资意图，这有利于推动信息技术服务企业经营设备的更新改造和技术升级，增强企业的技术硬件水平，提高核心竞争力。

2. "营改增"对信息技术服务企业议价能力的影响

"营改增"以前，信息技术服务属于营业税征税范畴，企业只能开具营业税发票。因此下游企业无论是增值税小规模纳税人还是增值税一般纳税人，获取该发票后都无法进行抵扣。"营改增"实施后，信息技术服务企业可以自己开具或找税务机关代开增值税专用发票。若下游企业是增值税一般纳税人，取得增值税专用发票并经过认证后即可作为进项税额抵减当期销项税额。对于这一增值税专用发票带来的减税利益会在上下游企业之间通过合同定价博弈来分配。举例说明，在实施"营改增"政策前，某信息技术服务企业某项技术服务的成本是 70 万元，计划获得 25 万元的利润，则该企业会将这项服务定价为 95 万元。由于营业税为价内税，所以还需在合同报价时加入营业税税额[营业税税额＝95/(1－5％)×5％＝5(万元)]，这样该企业对此项服务的最终合同报价为 100 万元，下游企业由于无法抵扣进项税额，其为购买该项服务所付出的最终成本是 100 万元。实施"营改增"后，信息技术服务企业的一般纳税人按照 6％的增值税税率缴纳增值税。增值税为价外税，沿用"营改增"前的定价背景条件，该企业的成本加利润为 95 万元，其在合同中的报价就为 95 万元，增值税税额为 5.7(95×6％)万元，这样下游企业共需支付 100.7(95＋5.7)万元购买该项服务。但由于增值税可以抵扣进项税额，因此下游企业购买该项服务的实际成本为 95 万元。这就给信息技术服务企业留出了议价空间。按照"营改增"前的计算，下游企业为购买该项服务可接受的最终成本为 100 万元，"营改增"后信息技术服务企业可在 95 万元到 100 万元之间进行定价(不含增值税)，在不加大下游企业购买成本的基础上，信息技术服务企业的利润可从 25 万元上升到 30 万元，提高了信息技术服务企业的议价能力。

3. "营改增"对信息技术服务企业境外业务的影响

在"营改增"实施前，信息技术服务企业除向境外单位提供技术开发服务外，一般不享受减免税优惠政策。在"营改增"实施后，减免税优惠政策的范围扩大，信息技术服务企业向境外单位提供的技术开发服务、技术转让服务、技术咨询服务、软件服务、信息系统服务等均可享受免税或零税率待遇，从而减轻了信息技术服务企业境外业务的税收负担，使其对境外单位报出的服务价格更具有竞争力。这一减税激励作用，有助于促进信息技术服务企业跨境业务的发展。

(三)"营改增"对信息技术服务企业财务指标的影响

1. "营改增"对信息技术服务企业偿债能力指标的影响

通过对偿债能力的分析,人们可以考察企业持续经营的能力与风险,有助于对企业的未来收益进行预测。企业偿债能力包括短期偿债能力和长期偿债能力两个方面。

(1)"营改增"对信息技术服务企业短期偿债能力指标的影响。反映企业短期偿债能力的指标通常有流动比率(流动资产/流动负债)、速动比率(速动资产/流动负债)和现金比率(现金/流动负债)。通过前文分析可以得出,"营改增"政策实施后,企业需要缴纳的流转税、城市维护建设税及教育费附加有所减少,企业所得税因利润总额的增加略有增加,各种税收增减相抵后企业整体税负和现金流出仍然是下降的。因此企业的流动资产、速动资产、现金均有所增加,同时流动负债减少,使各项短期偿债能力指标有所提高。因此"营改增"政策的实施有助于增强企业短期偿债能力。

(2)"营改增"对信息技术服务企业长期偿债能力指标的影响。反映企业长期偿债能力的指标通常有资产负债率(负债总额/资产总额)和已获利息倍数(息税前利润/利息费用)。通过前文分析可以得出,"营改增"政策的实施可使企业营业税金及附加项目下降,进而使税前利润增加。因此,在利息费用保持不变的情况下,一方面,"营改增"有助于提高企业的利息保障倍数;另一方面,"营改增"可以激励企业加大机器设备等固定资产的投资,扩大固定资产规模,进而扩大总资产规模。如果企业购置固定资产的投资来自自有资金,则资产负债率不变;如果发行股票进行筹资,资产负债率会降低;如果依靠举债进行筹资,则资产负债率就会上升。综上分析可以看出,"营改增"通常可以增强企业偿还本期利息的能力,降低财务风险,但对另一长期偿债能力指标资产负债率的影响,要根据企业对固定资产投资的不同筹资方式具体分析才能得出。

2. "营改增"对信息技术服务企业营运能力指标的影响

企业的营运能力是指通过企业生产经营资金周转速度等有关指标所反映的企业资金利用的效率。企业生产经营资金周转速度越快,表明企业资金利用效果越好,效率越高,企业管理人员的经营能力越强。最主要的营运能力评价指标是总资产周转率(营业收入/平均总资产)。通过前文分析可知,"营改增"政策,一方面,会降低企业新购固定资产的入账成本,从而减少总资产的金额;另一方面,由于企业加大了设备等固定资产的投资力度,因此生产效率、展品质量和技术水平都有所提高,于是企业的收入也增加了,因此,"营改增"政策会提高企业的总资产周转率。

3. "营改增"对信息技术服务企业盈利能力指标的影响

企业的盈利能力是指企业赚取利润的能力。盈利能力分析就是要分析企业当期或未来盈利能力的大小。盈利能力分析主要运用的指标有净资产收益率(净利润/平均净资产)和总资产收益率(净利润/平均资产总额)。

根据分析可知,"营改增"实施后,企业净利润增加,且增加比例会大于平均净资产的增加比例,因此净资产收益率会提高。由于"营改增"政策使得新增固定资产入账成本降低,总资产金额降低,同时净利润增加,所以总资产利润率会提高。这表明"营改增"政策能够增强企业资产的盈利能力。

二、信息技术服务企业对"营改增"的对策

(一)信息技术服务企业应加强对增值税专用发票的管理

增值税专用发票的最大作用是其具有进项税额抵扣凭证的功能。相对于营业税普通发票而言,信息技术服务企业对增值税专用发票的管理不但会影响企业对外提供服务产生的销项税额,也会影响企业采购商品、购置固定资产、接受服务环节产生的进项税额,继而影响企业应纳的增值税金额。为适应税务部门对增值税专用发票管理的要求,也为了避免由于增值税专用发票使用和管理不当造成的纳税风险,企业应该做到以下几个方面。

1. 建立健全增值税专用发票的管理制度

企业在税务管理上要制定增值税(专用)发票开立、领购、使用、认证和核销的制度,并告知企业内部有关部门严格执行。

2. 加强增值税明细账务的管理

一般纳税人应建立健全增值税三级明细账目,注意增值税记账规则,特别要关注服务退款开具红字发票的账务处理以及不含税价调整收入和成本。

3. 注重有关信息的对比分析

"营改增"纳税人可以要求开票方提供有关资料,将相关信息进行对比,落实其中内容的一致性和合法性。这个过程中,"营改增"纳税人要把供货企业的税务登记证、一般纳税人的申请认定表、发票领购簿、开具的发票、出库单、提供的收款银行账户、入库的账簿、凭证等资料,综合起来进行对比,查看其中的企业名称是否一致、手续是否齐全、审批是否合法、是否为本单位领购的发票、是否为本单位购进或生产的货物等。

4. 存在疑点,及时求助查证

"营改增"纳税人如果对取得的发票存疑,应当暂缓认证、抵扣有关进项税额,先要通过自己的调查,弄清发票的性质;而对有些问题,鉴于"营改增"纳税人缺乏相应的技术和手段,无法进行深层次的调查。此时,"营改增"纳税人可以及时向主管税务机关求助、查证。税务机关可以利用金税工程系统中的协查系统,向供货方企业所在地的税务机关发送协查函,请对方税务机关进行调查,落实发票的性质、来源和业务的真实性。

(二)信息技术服务应合理进行税务筹划

"营改增"政策不仅通过结构性减税降低了企业的税收负担,而且更为重要的是通过其政策导向,促进企业调整结构。企业可进行合理的税务筹划,进行资源的合理配置,使企业得以健康发展。

1. 合理选择供应商和外包企业

税法规定,企业在购进货物或劳务的业务中如能获取增值税专用发票并经过认证,即可抵扣增值税进项税额。对于信息技术服务企业的一般纳税人,其购进渠道不同,可抵扣的比例也会不同。因此,企业在购进业务时应尽量选择增值税一般纳税人作为供应商,以抵扣进项税额,降低企业税负。

2. 适当扩大外包业务比例

信息技术服务企业可以将专业性强、成本高的项目,如网络维护、游戏软件开发外包给信息技术服务企业。"营改增"后,外包企业可以从接收外包项目的信息技术服务企业获取其开具或税务机关代开的增值税专用发票,这样就降低了外包企业购进服务的成本,提高了业务效率。

3. 拓展境外市场,享受税收优惠政策

根据《财政部、国家税务总局关于应税服务适用增值税零税率和免税政策的通知》(财税〔2011〕131号),向境外单位提供的研发服务和设计服务适用增值税零税率。同时该文件还指出,向境外单位提供的技术转让服务、技术咨询服务、合同能源管理服务、软件服务、电路设计及测试服务、信息系统服务、业务流程管理服务等免税。因此信息技术服务企业应积极拓展境外市场业务,享受"营改增"政策的税收优惠政策。

4. 选择购买固定资产的时机

一般而言,信息技术服务企业进行固定资产购置,应在企业当期具有大量增值税销项税额时购入。这样如果增值税专用发票经过认证,在固定资产购进过程的当月即可实现进项税额全额抵扣。因此,企业必须合理规划投资活动的现金流量,对固定资产投资做出财务预算。

(三)信息技术服务企业应加强员工培训

"营改增"政策自2012年试点以来,新的政策法规不断出台。要求企业相关人员必须及时了解"营改增"政策的最新动态,加之增值税报税业务较营业税纳税业务更为复杂,所以企业应加强对包括财务人员在内的销售、采购等业务人员进行系统、及时的培训,使其系统全面地了解增值税专用报税原理、增值税发票的相关知识、最新的政策动态,以便做好增值税报税工作,降低纳税风险。具体实施上,可以充分利用专业资源,与税务机关或大学税务专业建立长期合作机制,创建校企合作基地。

"营改增"政策的实施降低了信息技术服务类企业的整体税负,降低了企业的

第八章 "营改增"对技术服务的影响及对策

服务成本，增加了企业的净利润及净现金流入，提升了企业的盈利能力、营运能力和偿债能力，同时也使信息技术服务类企业的议价能力得以提高，新优惠政策促进了该类企业外包服务发展和境外业务的拓展。此外，"营改增"政策使得信息技术服务类企业购入固定资产的进项税额能够抵扣，降低了固定资产的投资成本，对企业的减税作用明显，刺激它们加大对设备及技术的投入力度，鼓励其扩大经营规模。

第九章 "营改增"对电子商务的影响及对策

第一节 电子商务概述

电子商务是以信息网络技术为手段,以商品交换为中心的商务活动;也可理解为在互联网(Internet)、企业内部网(Intranet)和增值网(Value Added Network, VAN)上以电子交易方式进行交易和相关服务的活动,是传统商业活动各环节的电子化、网络化、信息化。

电子商务通常是指在全球各地广泛进行的商业贸易活动中,在互联网开放的网络环境下,基于浏览器/服务器应用方式,买卖双方不谋面地进行各种商贸活动,实现消费者的网上购物、商户之间的网上交易和在线电子支付以及各种商务活动、交易活动、金融活动和相关的综合服务活动的一种新型的商业运营模式。各国政府、学者、企业界人士根据自己所处的地位以及参与电子商务的角度和程度的不同,对电子商务给出了许多不同的定义。电子商务分为 ABC、B2B、B2C、C2C、B2M、M2C、B2A(B2G)、C2A(C2G)、O2O 等。

一、电子商务发展概述

近年来,以知识资本为原始驱动力的现代服务业彰显出强大的生命力,逐渐成为衡量一个国家资源配置效率、社会现代化程度以及经济发展水平的重要标志。

《中国互联网络发展状况统计报告》显示,截至 2014 年 12 月,我国网民规模达 6.49 亿人,互联网普及率为 47.9%。以互联网为基础的电子商务打破了地域分离的限制,缩短了信息交换的时间,使生产者和消费者更加贴近,降低了物流、资金流及信息流的传递成本。随着网络技术的日新月异,电子商务呈现出一片繁荣的景象。2014 年,我国电子商务市场交易规模达 13.4 万亿元,同比增长 31.4%,占服务业增加值的比重达到了 43.6%,且从 2011 年开始,连续四年保持了约 30%的增速,电子商务服务业实现了快速和稳定的扩张发展。《2014 年度中国电子商务市场数据监测报告》显示,2014 年网上零售额达 27 898 亿元,同比增长 49.7%,对社会消费品零售总额增长的贡献率达 36.8%;手机旅行预订以 194.6%的年度用户增长率领跑移动商务类应用；O2O市场快速发展，成为引领行业的商务模式。电子商务的广泛应用及其对现代服务业的全面渗透使越来越多的服务行业实现了商务电子化，对传统的经营方式和组织架构造成了极大冲击，电子商务服务业日益成为扩大内需、提升经济运行效率、优化产业结构、推动城镇化发展的重要产业抓手。李克强同志提出的制订"互联网＋"行动计划指出，要促进电子商务服务业健康发展，将电子商务服务业提升到了一个新的高度。作为"互联网＋"行动计划的重要内容，电子商务服务业可以将不同地域的生产者、物流供应商和消费者等产业链上的成员整合在一个综合性的电商平台上，完成生产、流通、消费和分配等社会生产以及再生产的各个环节，有利于促进人流、物流、资金流、信息流在区域间的合理流动，进而加快现代服务业各行业之间的相互融合，对现代服务业的转型与升级展现出巨大的推动作用。

可见，我国经济发展的"电商化"趋势日益明显，电子商务交易规模和创新应用不断刷新历史纪录，网络交易量直线上升，在市场上撬动的资源规模越来越大。电子商务的大发展大繁荣，对于我国经济无疑是一个新的增长点。在这样的背景下，研究如何以电子商务服务业助推我国现代服务业升级具有重要的理论与现实意义。但究竟电子商务处在什么位置才导致它如此神通广大？电子商务服务业助推现代服务业升级的机制是什么？电子商务服务业助推现代服务业升级的路径有哪些？接下来，本节将运用案例分析法重点围绕这几个问题展开论述，并提出以电子商务服务业助推现代服务业升级的保障政策。

二、电子商务将成为现代服务业的核心

"电子商务服务业"有广义和狭义之分。广义的电子商务服务业是指借助互联网这一基础媒介，以广播、电视、电信网络等为辅助平台，充分利用信息技术开展电子商务相关活动的企业集合，实质上就是传统服务在信息技术特别是互联网环境下创新和升级后实现的服务电子化。狭义的电子商务服务业是指基于电子商务并且专门为电子商务活动提供服务的新兴服务行业体系，其主体是电子商务综合服务商，包括电子商务交易平台服务业、电子商务信用服务业、电子商务物流服务业、电子商务金融服务业、电子商务认证服务业、电子商务数据基础服务业、电子商务教育培训服务业、电子商务代运营服务业、电子商务咨询服务业、电子商务安全服务业等内容。从理论上讲，按照广义的定义对电子商务服务业进行分析和探讨面临着边界模糊、难以聚焦的问题。因此本节将立足于狭义的电子商务服务业，把那些明确从事电子商务服务业的企业作为主要研究对象，将电子商务服务业纳入知识密集型服务业的范畴，认为电子商务服务业是以交易平台为核心，以信用、物流、金融等服务为支撑，对基于商家和消费者的衍生服务加以整合，在社会服务的环境下形成的一个有机生态体系。

电子商务服务系统主要包括四大部分：核心服务层、支撑服务层、衍生服务

层和社会服务层。各个层次相辅相成、联系紧密。核心服务层,指的是电子商务服务业的核心,即电子商务交易平台服务业,以阿里巴巴、亚马逊、京东等企业为代表,其主要目标是在信息发布者与信息搜寻者之间搭建一个平台,使两者在一个虚拟的空间建立初步联系。支撑服务层是对企业及个人电子商务应用提供支持性服务的部分,是核心服务企业的直接利益相关者,如物流公司、金融支付机构、认证企业等,是电子商务交易平台有效运行的必要保障。衍生服务层是使电子商务服务得到深入发展和应用的层次,可进一步分为基于商家的软件、安全、咨询、营销等服务企业,以及基于消费者的导购、社交等服务相关企业,其主要目标是满足客户的个性化需求,因此对技术含量和服务水平的要求会更高。社会服务层主要是指能够为电子商务服务系统里的买家、卖家和服务供应商提供相关政策、技术及法律等社会环境因素的企业、社会组织和相关政府职能部门等,它们组成了电子商务服务活动的宏观环境,显示出整个系统的复杂性,能够对电子商务服务产业的发展速度和方向起到一定的调控作用。从电子商务服务业的构成来看,它的内涵已经与现代服务业的主要行业紧密地重叠在一起,因此可以说电子商务服务业是现代服务业的核心。

近年来,我国电子商务服务业的发展呈现井喷态势,基本形成了以电子商务交易平台为核心,以信用、支付、物流等支撑服务为基础,以法律法规、行规为保障,大量衍生服务共存的产业格局。2012年,我国电子商务服务业的营业收入达2 463亿元,同比增长72%。其中核心服务层实现收入688亿元,同比增长56%,占电子商务服务业总营收规模的27.93%;支撑服务层创造收入1 174亿元,同比增长113%,占电子商务服务业总营收规模的47.67%;衍生服务层实现收入601亿元,同比增长150%,占电子商务服务业总营收规模的24.40%。

三、电子商务服务主推现代服务业升级

现代服务业代表着整个服务产业未来的发展趋势,决定着我国服务业的整体规模和前进方向。21世纪以来,我国现代服务业爆发出巨大的发展活力,但同时也暴露出一系列严重问题。如技术水平落后,运营成本高;提供的产品或服务质量不高,附加值低;投资高,但资源配置效率低;规模小,吸纳就业能力有限;生产性服务业占比偏低,内部结构不合理等。这些问题说明我国现代服务业的总体水平还处于起步阶段,无法适应现代化和城市化进程的需要,切实推进现代服务业升级势在必行。

产业升级的主要特征表现为产业素质与效率的提高以及产业结构的改善。服务业的升级需要从技术研发、资金链、人员素质和产品组合等方面进行全方位的优化和改造。电子商务服务业能够充分利用现代科技集成化、专业性技术优势以及无距离、无时限的产业优势,以较少的资源、较快的速度、较高的质量帮助现代服务企业进行升级改造,解决现代服务业发展过程中所遇到的难题。以电子商

务服务业为推动力实现的现代服务业升级属于技术促进型的产业升级,因为电子商务技术的开发、引进、应用和扩散不仅能够对传统产业进行升级改造,同时还可以推进新型高科技产业的发展,促进产业融合,进而衍生出一系列新型服务业态,从而实现现代服务业产业素质与效率的提高以及产业结构的优化。

1. 降低服务业运营成本

通过电子商务服务业推动信息科技在相关服务企业中的应用、推动线上线下多渠道的整合、推动价值链上各个环节的集成化,能够提高服务企业的信息化水平,简化供应链中不必要的环节,提高商品和服务流通效率,降低服务业运营成本。如在交易前,基于网络优势可缩减信息收集和发布成本;在交易中,基于交易环节精简可降低服务业产业链上的人、财、物等交易成本;在交易发生后,基于信息技术可减少物流、安全等费用。另外,基于电子商务综合服务商的规模效应可缩减个体电子商务应用者的交易费用。

2. 提升服务业产品或服务的质量

电子商务服务业可以帮助企业在第一时间获取对自身有利的行业信息和政策信息,并且基于这些信息的聚合、积累与挖掘有效降低市场的交易风险,从而制订出适合自己的战略规划;可以了解潜在客户的需求,做出有效的预测,提供适应市场需要的产品与服务;还可以依托专业的电子商务服务平台将用户的生成内容转化为数据资产,根据海量的用户信息不断调整产品和服务,为顾客提供柔性化、系统化、人性化的产品和服务,使企业在众多的竞争性产品和服务中脱颖而出。也就是说,电子商务服务业一方面可以促进服务业的业务创新,为客户提供优质的产品或服务,维护并且提升客户忠诚度;另一方面还有利于加强核心企业与其业务伙伴之间的合作与联系,提高服务业的客户关系管理水平,真正实现营销导向由产品价值向客户价值的转换,通过精准营销,刺激终端消费,扩大消费规模。在服务企业实现电子商务化以后,顾客对服务质量的评价普遍提高了5~8个百分点,产品质量更加完善。如文化创意产业的产业链在实现电子商务化之后发生了改变,不仅展示、交易、融资的平台增加,群体互动交流引爆无限创意也成为可能,这使得文化产品在产出之前就已经产生了引领文化、传播文化的作用。

3. 提高服务业的资源配置效率

伴随着产业的升级换代,我国经济将会从单纯地追求GDP增长转向追求生活质量以及更多更好的服务,这就需要在就业方面同步进行升级换代。电子商务服务业通过汇集大量的市场信息引导社会资源向需要的领域流动,哪里有市场需求就能在哪里建立相关的服务网络,有效地推动了劳动分工与合作,催生出新的职业类型和协作模式,为社会提供了更加丰富的创业空间和就业机会,让众多的从业者通过自身的努力开辟出属于自己的一片天地。个人创业者和普通劳动者通过第三方电子商务交易平台实现创业和就业具有门槛低、经营方式灵活、市场前景广阔、投入少见效快等优势，摆脱了就业创业通过国家办项目、投资办工厂、生产线吸收工人、政府出钱购买公益岗位等传统就业的老路子，开辟出就业转型的新渠道。

第二节 "营改增"对电子商务的影响

2015年全国两会上，"互联网＋"作为国家战略，第一次出现在政府工作报告中。5月7日，国务院发布《关于大力发展电子商务加快培育经济新动力的意见》，进一步促进电子商务创新发展。这既是对"互联网＋"行动计划的落实，也是对电子商务作为经济发展新的原动力的肯定。7月1日，国务院发布《关于积极推进"互联网＋"行动的指导意见》，从国家层面部署加快"互联网＋"发展，促进互联网的创新成果与经济社会各领域深度融合，推动技术进步、效率提升和组织变革。从国家积极推进"互联网＋"方面的重点行动中可以看出，"互联网＋"电子商务是其中的一个重要方面。

从税务机关的角度来看，电子商务是利用互联网等电子信息进行销售的一种方式，对电商征税在认识上是统一的。但电子商务的增值税征管一直是税务机关的薄弱环节，除了经济形势、服务大局、地方保护等客观因素外，现行税收政策滞后、不合理、不明确，税制冲突等带来的制度原因也值得高度重视。目前对电子商务的税收研究，基于征管的多，基于政策的少。有一种观点认为，只要在征管上完善制度和堵塞漏洞，电子商务的税收就可以征收上来。但是，在"互联网＋"环境下，电子商务新模式、新品种、新项目层出不穷，现行税收政策已经越来越跟不上形势的发展。如果能在深入分析现行增值税政策执行中的问题的基础上，科学设计一套基于"互联网＋"环境下的科学、公平、简便的税制，必将有利于对电子商务的税收征管，在扩大税基的基础上征收，也有助于减轻纳税人负担。

一、电子商务税收现状

电子商务运作的模式多，变化快，涉及商品销售的买卖双方、服务提供方与接受方、物流、仓储、支付、结算等基本环节，每个环节不同的组合方式，甚至一点变化和创新，都可以形成一种电商模式。

（一）基于交易范围的分析

1. 境内电子商务

境内电子商务是指货物的销售方和购买方，或者服务的提供方和接受方均在境内。

企业通过电子商务直接销售商品、提供增值税应税劳务、销售服务或无形资产，适用税率有3%、6%、11%、17%四挡，对于从事技术转让、销售蔬菜、部分鲜活肉蛋产品、图书等按照规定免征增值税。小规模企业月销售额或营业额不超过3万元(含3万元)的，免征增值税。

个人从事电子商务，除上述小规模企业免征增值税政策外，还有两条优惠政策：一是其他个人销售自己使用过的物品免征增值税，二是个人转让著作权免征增值税。这意味着，个人通过C2C形式销售有形和无形商品，已经在税收政策上体现了支持。

2. 跨境电子商务

跨境电子商务包括境内向境外销售商品和提供服务、境外向境内销售商品和提供服务以及完全在境外发生的销售商品和提供服务三种类型。

(1)境内向境外销售商品和提供服务。企业通过电子商务向境外销售有形商品，财政部、国家税务总局《关于跨境电子商务零售出口税收政策的通知》明确可以享受增值税退税政策，但电商企业需符合规定的条件，包括一般纳税人、已办理出口退(免)税资格认定、出口货物报关单、收汇、有关增值税进项税额发票等。

单位和个人向境外单位销售服务和转让无形资产，如果属于国家税务总局《营业税改征增值税跨境应税行为增值税免税管理办法(试行)》(2016第29号公告)中所属的跨境应税行为范围，可以享受免征增值税政策。因此，境内的电商平台企业，为境外单位提供的信息展示、商品推介、交易撮合、信息服务等，可以按照"业务流程管理服务"享受跨境免税政策；采取通关或网上传输方式向境外出口软件产品及提供相关服务，可以实行出口退税或免税。

境内向境外销售商品或提供服务，有以下不明确之处：一是个人有形商品出口，增值税政策缺失，与海关的行邮税冲突；二是财政部、国家税务总局《关于全面推开营业税改征增值税试点的通知》仅把向境外单位提供的列举范围的服务和无形资产作为跨境服务免税的适用范围，对于向境外个人销售无形商品、提供服务，如何适用政策并不明确；三是部分无形商品和服务，难以按现有的税收政策归类，影响税种适用；四是软件出口政策，把软件作为货物，适用出口退税，把软件作为著作权，适用跨境免税，但实践中难以准确判断，易引发税企争议。

(2)境外向境内销售商品和提供服务。它即是通常所称的进口商品和服务。企业和个人进口有形商品，增值税暂行条例规定了法定免征进口增值税项目，如直接用于科学研究、科学实验和教学的进口仪器、设备；外国政府、国际组织无偿援助的进口货物和设备；由残疾人组织直接进口供残疾人专用的物品等。个人进口货物也应当缴纳增值税。但个人携带或者邮寄入境自用物品的增值税，连同关税一并由海关计征进口税。

对于购买无形商品和接受服务，如引进属于《国家高新技术产品目录》所列的先进技术，按合同规定向境外支付的软件费，免征进口增值税。

进口商品和服务的问题主要集中在税务与海关的税权划分上。首先，软件产品采用报关进口的应按货物征收17%的增值税(其中:符合条件的,可以享受免征进口增值税优惠),由海关在进口环节征收或减免。在电子商务环境下,大量通过非海关方式进口的软件事实上存在,对这种对外支付,如作为货物处理,税务没有征税权,如作为著作权处理,与现有软件政策形成冲突。另外,很多"单位"会在网上注册为个人用户,进口商品时,缴纳行邮税,或不缴税,干扰了正常的进口增值税征收秩序。

(3)完全在境外发生的销售商品和提供服务。它分为两种情况,一是交易双方在境外,平台在境内;二是交易双方在境外,但交易的标的物在境内。对于第一种情况,境外的商户和个人利用境内平台进行交易,商品和服务完全在境外交付和消费(卖出和买入均在境外),则不属于我国增值税的征收范围。境内平台企业仅就取得的平台服务收入,申报缴纳增值税或申请跨境免税。对于第二种情况,境外单位或个人将其拥有的境内的标的物,转让给另一家境外单位,如果未出境报关,则应按照货物征收增值税,如出境,可以享受出口退税政策。但对于境外单位和个人,如何纳入我国增值税管理和退税体系,在操作层面上有问题。特别是在该标的物是无形货物或服务时,政策层面即使要求征税,在操作上也难以有效管控。

(二)基于交易对象的分析

1. 有形电子商务

有形电子商务是指对有形的实体类商品的电子商务,除资金收付、信息发布、供应链管理等通过在线上完成外,与线下交易没有本质区别。对有形电子商务,政策是明确的,应该根据现行增值税政策进行征税。对于B2B、B2C模式的电子商务,销售方作为企业,一般都要履行正常的工商、税务登记义务,并有账可查,因而实施税收管理具有良好的基础,基本能像传统业务一样进行征管。这类企业开展电子商务活动的税收征管情况总体上是良好的,但是也存在一定的问题,如利用网络的隐蔽性,不开发票或者少开发票从而达到避税的目的,或者根据消费者提供的信息选择性开票,造成受票方虚抵问题等。由于电子账簿的可更改性,税务稽查很难取得实质性证据,因此对这一类企业,重点是要加强税收管理。对于C2C模式的电子商务,交易双方为个人,对其经营行为如何征税,尽管税法有明确的规定,但由于网上经营的个人一般不履行税务登记,所以税务部门无法对其进行有效管理,目前各地对这一类型的电子商务管理上基本处于不规范的状态。

2. 无形电子商务

无形电子商务是指包括无形商品和服务的电子商务活动。无形电子商务产品设计复杂,创新意识较强,变化快,与传统的商品和服务交融难以区分,以致在税收政策的适用上不清晰。

二、电子商务对现行增值税税制要素的影响和产生的问题

从上述分析可以看出，电子商务线上交易的商品和服务品种已经极大丰富，部分商品为了满足线上交易的特点，体现出由商品买卖到提供服务的转变，比如软件无须一次性购买，可以按次付费下载，是仍按软件产品征收增值税，还是按租赁或特许权适用费征收"营改增"增值税？提供服务由收费到免费的转变，比如观看视频电影，无须付费，但视频提供商通过广告费得到补偿，是否对免费提供的视频播放按增值税原理进行视同销售处理？这些问题的提出，与电子商务的特点和发展趋势密切相关，增值税政策必须基于现行税制要素及其之间的关系深入分析，才能提出针对性的政策建议。

(一)纳税人

我国针对单位和个人及一般纳税人和小规模纳税人有不同的增值税政策。交易主体在线上以虚拟形式存在，其企业身份容易隐匿为个人，从而为偷逃税额创造了条件。除不动产租赁、不动产交易、建筑等少数商品和服务外，增值税纳税人普遍实行境内机构所在地原则，对电子商务纳税人征收增值税，可能难以确定该机构的"有形存在"，在此种情况下，该地区容易失去对该笔交易进行征税的基础。

(二)纳税地点

在电子商务活动中，商务的拓展不受地理空间的限制，纳税人在任何一个地点都能从事电子商务活动。交易行为发生所涉及的买方主体、银行、服务器、网络服务商、卖方主体、货物的起运地、服务的发生地等，都可能处于不同的地理位置。因此，纳税地点是以电子商务主体的所在地或是注册登记地为纳税义务发生地，还是以交易行为发生地为纳税义务发生地，或是以服务器所在地为纳税义务发生地，易引发主管税务机关争议。

(三)课税对象

在电子商务中，软件产品的有偿转让，可分别采用网上下载和网下邮寄两种方式；电子书籍的销售也可以采用网上提供和传统纸质书籍的网下提供两种方式。在这种情况下，特别是当两种提供方式同时实施时，这种有偿转让究竟是属于商品销售的范畴，还是属于信息服务提供的范畴，或是属于特许权利转让使用的范畴，目前没有明确的界定。而不同性质的课税对象的税收待遇不同，如果只是因为提供形式的不同而适用不同的税率，便会引发经营者不适当的避税行为。

(四)计税依据

根据现行税法的规定，货物的赠送、抵债、以物易物等，都应被认定为"视同销售"而被判定为应税行为，而对在电子商务活动中发生的类似无直接对等支付信

息的提供行为,是否能认定为应税行为,目前没有明确规定。如网上的软件免费下载服务、邮箱的免费提供服务等。

(五)纳税义务发生时间

以天猫、淘宝等典型电商交易为例,在交易过程中出现了买方将货款支付到支付宝、卖方发货、买方收货、卖方收到货款等至少四个时间节点。根据现行增值税政策关于纳税义务发生时间的规定,若从收讫销售款项来判断,应该是卖方收到货款的时间,而从取得索取销售款凭据方面来判断,由于电子商务交易既没有书面合同,也不约定付款时间,只能是买方收货的时间。这两个时间点,到底采用哪个作为纳税义务发生时间,值得商榷。

第三节 完善电子商务的税收征管制度建议

一、完善电子商务增值税政策基本思路

当前,各地基本在现有税制框架下,根据自身实际进行了一些电子商务的税收管理活动。而由于我国还没有一个系统的、明确的针对电子商务的增值税税制安排,所以各地对同一种电子商务行为征不征税、怎么征税不尽一致。通过分析我国电子商务税收现状及存在的问题,不难发现,我国电商税收政策方面还有不少需要完善之处,需尽快研究措施加以解决。

(一)区分电商类型,明确纳税人责任

电子商务企业按是否构成交易主体分类,有自营型电子商务和平台型电子商务两种类型。对于"自营型电商",电商是直接的交易主体,与传统交易相比,只是将订货、洽谈、支付等交易环节放在线上,并没有改变交易的本质、货物的性质以及电商的纳税主体身份,因而依据现有税收政策进行纳税人身份确认即可。对于"平台型电商",电商作为市场的拥有者和创建人,在发挥中介作用的同时,也应配合政府相关部门对交易的合法性、真实性实施监督,虽然没有对相关交易的直接纳税责任,但是也应承担起交易商品和服务类型、交易量、支付信息、物流信息等涉税信息的报送义务,这需要结合征管法修改加以明确。

(二)统一税率征税

如果实施统一税率,那么无形商品和服务政策不明确的地方就较多,实际征管实施中五花八门,失去了税法的严肃性。特别是"营改增"全面推开以后,仍然没有解决无形商品和服务难以区分的问题,适用于不同的税收政策的问题,于是导致纳税人无所适从,也间接造成纳税人的不遵从行为。建议对无形商品和服务,按6%实施统一税率。具体可以分为两步实施:第一,对于软件类产品,由于其矛

盾较为突出，建议近期内调整政策，予以明确；第二，对虚拟类商品进一步研究，充实和完善虚拟商品内涵。

1. 软件类产品

《国家税务总局关于软件产品增值税政策的通知》（财税〔2011〕100号）不再将软件视为一种"存储介质"，而认为是一种"程序、文档和数据"。因此，通过网上传输的音乐、视频、电子书这类产品实质上也属于软件类产品。这类产品不以有形商品状态存在，因此没有纸张、光盘制作等原增值税进项税额，征收17%的增值税不合理。

更重要的是，软件类产品的增值税征收原则与其他商品正好相反。其他有形的商品，在转让商品所有权时征收增值税，转让使用权一般作为"租赁"处理。软件类产品则不同，如果转让全部著作权、所有权，"营改增"前征收营业税，"营改增"后征收6%的增值税，那么当软件企业将使用权转让时，这反而属于17%的增值税征收范围。但这个使用权，与软件授权使用的著作权（特许权）难以区分。根据知识产权法相关规定，软件是属于《中华人民共和国著作权法》保护的"作品"，软件著作权人对软件享有发表权、署名权、修改权、复制权、发行权、出租权、信息网络传播权、翻译权及其他权利等人身权和财产权。一般认为，现在的软件使用权转让，有的确实只有一次使用的权利，但更多的情况是买家不仅仅自己使用，还包括部分与所有权相关的复制权、发行权、出租权或信息网络传播权，如仅仅因为使用权和特许权名称的不同，而适用不同的税率，将产生新的不公平。建议对软件类产品，不管是转让使用权还是转让著作权，不管是提供技术服务还是提供软件开发服务，不管是全部著作权、所有权转让，还是部分转让，均按照"著作权转让"征收增值税，通过税制的简化、规范，解决电影、音乐、电子书等软件类产品的增值税缺失问题，减少企业因税率差而产生的违规操作空间。

2. 虚拟类商品

虚拟类商品是由于数字经济产生的，基于网络存在的一种特许权类商品。财政部、国家税务总局《关于全面推开营业税改征增值税试点的通知》已经明确，网络游戏虚拟道具、域名作为其他权益性无形资产，应该征收增值税。但虚拟货币、虚拟声誉及其他如产品序列号、买卖积分、域名等大量、经常发生的行为，是否属于征税范围，仍然难以判断。建议在下一步政策完善或增值税立法时，对虚拟类商品单设税目并做出定义。考虑对其采用列举方式，建议采用原则性加描述性方式充实税目注释，将具有特许经营特点的商品、服务、指标、经验等纳入征收范围，从而减少税收争议，防止税源流失。

3. 对纳税地点适度微调

电子商务背景下的境内交易，政策争议的焦点在于数字化服务交易的发生地究竟是供应者的注册登记地还是服务器所在地，抑或是消费者机构所在地，为避免产生不合理的税源流动,建议仍维持现有增值税的机构所在地原则,对电子商务的交易地点明确为电子商务提供方的注册登记地。

对于跨境的电子商务,交易地点的判断建议与国际接轨,即执行消费地原则或目的地原则。对跨境接收的货物或劳务,由于新征管法的修订一定程度上解决了自然人的税务登记问题,则可以明确由接受者作为纳税人进行申报;对跨境提供的货物或劳务,尽量保持"零税率"出口。

4. 以卖方收讫款项时间作为纳税义务发生时间

电子商务环境下的交易时间存在多个节点,参照目前电子交易完成的判断标志,建议以卖方收讫款项的时间点作为纳税义务发生时间,即无论买家是否已付款给第三方支付平台或卖家是否发货,以卖家实际收讫款项的时间作为判断交易实现和完成的时间。

5. 给予从事 C2C 模式的个人商户一定时间的免税期

目前,电子商务在我国虽然取得飞速的发展,但是这种新兴的商业模式,还处于成长阶段,仍然需要政府的政策扶持,在政府的扶持下才能走上稳健的发展轨道。特别是个人电商对鼓励创业、带动就业、促进消费具有不可替代的重要意义。建议对个人从事商品销售取得的销售收入、提供服务取得的主营业务收入,给予 1 年或 3 年的免税期,或在 3 万元基础上再给予一定的免征销售额额度。其目的是改变电商不征税的错误观念,紧扣国际上对电商的最新认识和实践;同时给予其免税过渡期,体现国家的政策意图,促使其规范经营,便于整个社会在电商征税问题上形成合理预期。

第四节　电子商务在线交易"营改增"后的应对策略

电子商务交易按照合同标的物交付方式的不同,分为离线交易与在线交易。离线交易中交易谈判、合同订立与款项支付通过互联网完成,商品与劳务需通过传统物流或现场实际提供完成交付。因而其与传统交易相比,只是交易形式不同,交易实质没有发生变化,依然适用于现行的税收制度,这已经得到了国际社会的认可。

随着信息技术的发展与应用,在线交易逐渐增多,一些商品以数字化的形式在线提供并通过互联网传输,包括商品的交付或服务提供在内的全部交易均通过互联网完成。交易对象的无形性与虚拟性模糊了传统意义上商品与服务的边界。因而,在线交易究竟是属于销售货物而征收增值税,还是属于提供劳务与无形资产转让而征收增值税,成为在线交易纳税实务中的一大障碍,也是国内外电子商务税收讨论的热点。

2013 年 5 月,财政部、国家税务总局发布了《交通运输业和部分现代服务业营业税改征增值税试点实施办法》(以下简称《"营改增"实施办法》),将大部分无形资产转让纳入现代服务业,并对纳入《"营改增"实施办法》范围内的现代服务业改征增值税,这对在线交易纳税问题影响深刻。"营改增"后在线交易实质的判断、归属税目以及税收管辖权的确定,在线交易纳税应如何操作?

一、经合组织(OECD)与欧盟在线交易纳税实践

关于在线交易的纳税问题,OECD与欧盟已经进行了积极探索,处于领先地位。

(一)OECD实践情况

1998年,OECD达成了《电子商务税收框架性条约》,其主要原则如下:第一,通过调整现有税制,完成对电子商务交易征税,不开征新税,避免重复征税或不征税;第二,不将在线交易数字化商品的提供视为货物提供;第三,应税跨国交易由消费行为所在地的国家征收;第四,对于难以辨认的资产交易实行反向定税(自行估税)机制。

(二)欧盟实践情况

2002年5月,欧盟通过了"关于修改增值税第6号指令的第2002/38/EC号指令",明确了在线交易的性质与征税范围,确立了收入来源地(消费者所在地)标准与逆向征管机制,标志着欧盟电子商务税收政策进入了实施阶段。其主要内容如下。

1. 交易性质与征税范围

欧盟将以电子方式在线传输物品定性为劳务的提供,征收增值税,征税范围涵盖:网站及其维护,程序与设备的运行维护;软件在线下载与更新;在线提供的图片、文本及数据库;音乐、电影、游戏的在线消费与下载;网络远程教育。

2. 课税对象、课税地点与纳税人

根据交易双方性质、所在国家的不同,欧盟在线交易的纳税人与课税地点也不尽相同。欧盟经营者在欧盟内提供的应税商品与劳务是增值税的课税对象,若购买方是个人消费者,且年销售额达到100 000欧元,则商品与劳务的提供者应登记注册增值税,课税地点为提供者所在地;若是以B2B的形式开展业务,即购买方也是增值税纳税人,则不需要进行注册登记,只要按照反向定税机制进行自我估税,实行收入来源地标准,课税地点为消费者所在地。

欧盟经营者向非欧盟国家与地区提供商品与劳务,不是欧盟增值税的课税对象,课税地点是消费者所在地。

非欧盟的经营者向欧盟提供商品与劳务是增值税的课税对象,课税地点在欧盟。

3. 税率、税收征管与纳税期限

增值税按消费者所在国的税率征收，非欧盟经营者可选择任一欧盟成员国进行税务登记，每个季度向税务登记国家电子申报缴纳增值税；税务登记国负责日常征管，并向消费者所在国移交应得税额。

二、在线交易税收法律属性的判定

根据在线交易的实质与国际惯例，不宜对数字化商品交易开征新税，因而，税收法律属性的确定应综合考虑我国现行的税法制度、税收中性与公平原则、税收制度的实施成本、与国际制度的衔接与协调等问题。在当前我国实施"营改增"的大趋势下，电子商务在线交易应纳入《"营改增"实施办法》范围的现代服务业，应缴纳增值税。

(一) 数字化商品属于"营改增"应税服务范围

在线交易的数字化商品大致分为三类：一是图片、文本、音乐、电影、游戏等的在线消费与下载，此类交易一般是产品使用权的授予，而非所有权的一次性转让，具有权利许可的特征，可视为无形资产转让。《营业税暂行条例》规定，无形资产转让包括转让商标权、转让专利权、转让非专利技术、转让著作权、出租电影拷贝与转让商誉。根据《"营改增"实施办法》应税服务范围的注释，专利与非专利技术的转让，商标权和著作权的转让，商标、商誉的转让，广播影视节目通过网络、互联网发行与播映等在内的权利转让都划入了"营改增"的现代服务业内，因而将此类在线交易纳入了"营改增"应税服务范围。二是网站建设与维护、程序与设备的运行维护、软件下载与更新、数据库服务等，如应用技术、应用服务提供商(ASP)、网站技术、数据仓库等，是利用计算机、网络等技术对信息进行生产、搜集、处理、加工、存储与利用，并提供信息服务的活动，属于软件服务、信息系统服务与业务流程管理服务等信息技术服务，已纳入"营改增"的应税服务范围。三是通过网络有偿提供财务、咨询、认证、鉴证、远程教育、设计、广告等远程服务，由于服务在线提供，且通常是只有现代服务业才能在线提供(传统劳务一般需要通过现场履行的方式提供)，因此此类服务也应视为"营改增"应税劳务。综上所述，从交易内容来看，在线交易归属"营改增"的应税服务，应缴纳增值税。

(二) 与国际电子商务税收政策保持一致

由于在线交易无纸化、无界化、全球化的特点，国际税收政策的协调合作尤为重要。欧盟、瑞士与新加坡将在线交易定性为服务，日本、加拿大与巴西将在线交易定性为服务或无形资产转让。交易性质确定、税收管辖权、课税方式与国际规则保持一致，可以避免对同一交易双重征税或双重未征税。因而，将在线交易视为现代服务的提供，符合各国在电子商务税收问题上达成的共识，有利于与国际规则接轨。

此外,将归属无形资产转让的在线交易纳入增值税的课税范围,利用增值税的抵扣机制,减少重复征税,有利于鼓励技术流转。将在线交易定性为现代服务业,纳入"营改增"的课税范围,税务机关不需要判断在线交易所得是营业所得、提供劳务所得,还是无形资产转让所得,只需根据《"营改增"实施办法》判断适用的增值税税率,这有利于税务机关的税收征管工作,可以降低征收成本,具有较强的可行性。

三、"营改增"后在线交易纳税问题

(一)纳税人

根据《"营改增"实施办法》,在境内提供应税服务的单位和个人为增值税纳税人,对境外的单位或者个人在境内提供应税服务,在境内未设经营机构的,以其代理人为增值税扣缴义务人;在境内没有代理人的,以接受方为增值税扣缴义务人。但是没有规定如果应税服务的接受方为个人最终消费者的情况,应参照欧盟的规定,若应税服务的接受方为个人消费者,纳税义务人应为应税服务的经营者。

(二)应税服务与税率

根据《"营改增"实施办法》的规定,数字化商品的提供方或者接受方在境内的为应税服务,缴纳增值税,适用税率为6%,小规模纳税人增值税征收率为3%。同时规定向境外单位提供的下列应税服务免征增值税:技术转让服务、技术咨询服务、软件服务、信息系统服务、业务流程管理服务、商标著作权转让服务、知识产权服务、认证服务、鉴证服务、咨询服务、广播影视节目(作品)制作服务以及投放地在境外的广告服务,有效避免了对数字化商品交易的重复纳税。

(三)纳税期限与课税地点

根据《"营改增"实施办法》的规定,增值税纳税期限从1日到1个季度不等,由主管税务机关根据纳税人应纳税额的大小分别核定。固定业户课税地点为机构所在地或者居住地,非固定业户为应税服务发生地。对于在线交易,应税服务发生地概念并不明确,建议根据"增值税最终由消费者承担"的基本原则与国际惯例,选择消费行为发生地作为课税地点,避免经营者向低税区转移。在具体征管上,可以采用电子银行或第三方支付平台代扣代缴的方式进行。

综上所述,建议对在线交易税收法律属性的判定,顺应当前"营改增"的趋势,以欧盟为借鉴,统一征收增值税。可以预见,在线交易的纳税问题涉及了政府、在线销售商、传统销售商、消费者等多方利益,将会是一个长期的过程。

第五节 "营改增"对跨境电子商务的影响和对策

全面实施"营改增"后,财政部、国家税务总局及海关总署联合下发了《关于跨境电子商务零售进口税收政策的通知》,同时规定从2016年4月8日起实施跨境电商零售进口税新政策,并对行邮税政策进行了一定的调整。跨境电商进口税新政策实施前夕和2016年4月15日,发改委、财政部等多个部门联合先后公布了第一批和第二批《跨境电子商务零售进口商品清单》(以下简称《清单》),一系列的新政措施对跨境电子商务带来了重大影响,跨境电商平台如何应对、海关部门如何调整成为跨境电子商务进一步发展的关键所在。

一、新政解读

(一)征收范围

《清单》第一批包括1 142个8位税号商品,第二批包括151个8位税号商品,保温杯、纸尿裤、服装鞋帽、儿童玩具等在列,涵盖了绝大部分跨境电子商务进口试点商品,能够满足广大消费者需求,有利于跨境电商的进一步发展。

(二)征税方式及行邮税调整

过去进出口贸易商品分为物品和货物两类,执行税制有所区别,进境货物征收进口环节增值税和进口关税,进境物品征收行邮税,包括进口环节增值税、消费税和关税。大部分跨境电子商务商品按行邮税征税。税率一般为10%,相比于国产货物税负和同类一般贸易进出口税负来说,征收税率较低。进口税新政实施之后,取消了50元行邮税免税额度,征收一般贸易增值税和70%的消费税。个人行邮税税率也有一定调整,从10%、20%、30%、50%改为15%、30%、60%,四挡变为三挡。

二、新政对跨境电子商务的影响

(一)对消费者的影响

近年来,跨境电子商务发展迅猛,消费者对境外产品品质的信赖程度逐渐提升,选择电商平台跨境购物的比例日益扩大。进口税新政正式实施之后,海外购物成本的增加是不可避免的。而从海外产品方面来看,进口税新政的实施会带来不同的影响,母婴、保健品等当前热销的消费品税负会有着一定程度的增加,而电器、化妆品等产品,税负则会有所下降。

1. 受到不利影响的商品分析

进口税新政的实施对低价彩妆类、奢侈品类及母婴类等商品的影响相对较大,对于母婴类商品，其价格一般在500元以下，在进口税新政实施前，其属于免税商品范畴，而在进口税新政实施之后，则需要缴纳税率为17%×70%＝11.9%的税。对于奢侈品类商品，在新政实施前，其税率为30%，而在进口税新政实施之后，则需要按照一般贸易进行征税，税率达到60%之多，相当于原来的2倍。对于彩妆类产品，新政实施之前，100元以下的商品缴纳税率为零，而新政实施之后，缴纳税率则提高到47%。由此可见，上述三种商品都不同程度地受到了政策调整的影响，缴纳税负都有着不同程度的提升。但需要注意的是，相比于进口商品的其他流通渠道来说，这些商品在跨境电子商务平台上仍有着明显的价格优势。

2. 受到有利影响的商品分析

进口税新政实施之后，一些商品价格不升反降，以高档化妆品为例，在进口税新政实施之前，其行邮税税率为50%，而在进口税新政实施之后，在消费税30%和增值税17%的基础上乘以70%，税率明显降低。

总的来说，在进口税新政实施之后，对普通消费者的影响相对较小，不会带来较大负担。但免征税额的取消，会增加500元以下商品的税负，如奶粉、保健品、纸尿裤等进口商品税负的增加是不可避免的。这些增加的税负是由跨境电子商务平台自行消化还是体现在价格的提升上，还有待于进一步观察。此外，对于消费者来说，进口税新政的实施也能够让消费者更好地根据自身需要来选择跨境电商或跨境直邮两种消费渠道。

（二）对跨境电商平台的影响

在新政实施之后，跨境电商平台需要一定时间对商品促销模式、储备机制及补贴模式进行升级和迭代，以此来重新梳理整个跨境电商平台的供应链体系。如果不能及时根据进口税政策进行调整，则会面临着较大的发展压力，且对资本的过度依赖也可能导致在激烈的市场竞争中遭到淘汰。跨境电商平台需要针对进口税政策下的税金进行成本分析，优化货品结构，只有这样才能够实现可持续发展。

1. 保税备货与海外直邮模式的选择

当前各种新型进口方式层出不穷，其中保税备货模式和海外直邮模式一直备受关注。

对于海外直邮模式来说，它指的是消费者购买境外商品之后，以国际运输的方式直接将商品送达境内消费者，消费者购买的境外商品首先会邮寄到商品所在地区的转运公司，之后转运公司将商品寄到国内。从本质上讲，就是消费者在相关购物网站下单购买商品，商家从国外进行商品发货，经过国际快递方式将商品送到消费者手中。在海外直邮模式下，能够对商品物流信息进行全过程跟踪，保证消费者买到正品商品。但海外直邮模式需要经历漫长的转运过程，且扣税手续烦琐，从而给广大消费者带来较大困扰，这种模式会产生高昂的物流费用，有时物流费甚至超过了产品本身费用。

对于以保税备货模式为主的跨境电子商务企业来说，新政的实施带来的影响是巨大的，许多跨境电商平台面临着众多调整，而以海外直邮模式为主的跨境电商受到的影响较小。海外直邮模式下，跨境电商可以对时效、成本及灵活性各方面进行均衡处理，以此来降低物流成本。但这种碎片化组织和操作困难，在短期内，无论政策如何调整，都很难实现对海外直邮物流和供应链组织链条进行有效的整合。

总体而言，进口税新政的实施取消了以行邮税征收的50元以下免税额度，这就削弱了跨境电商行业通过保税区清关模式的税收优势。但需要注意的是，这并不意味着保税模式的终结。虽然面临诸多挑战，但是正面清单内众多常规品类依然会采用保税备货模式，以此来保证发货的时效性。同时海关统一版新系统中的退货功能对于解决跨境电子商务中的退货难问题也有着积极的作用。

对于各大跨境电子商务平台来说，进口税新政实施的背景下，如何以供应链组织为基础，平衡使用保税备货模式至关重要，这关系到跨境电子商务整个行业的未来发展，有可能催生新的行业模式和行业格局。

2. 面临着促销模式的调整

进口税新政的出台时间较短，还处于起步实施阶段，跨境电子商务要经过一段适应期，以新政的特点、要求为基础，优化和调整原有的销售策略，结合自身情况，制订符合消费者需求、能够吸引消费者的促销模式，如"包税"促销模式、"包邮"促销模式等。

3. 物流退货复杂度提升

跨境电子商务退货难的问题一直存在，相比于境内电子商务来说，跨境电子商务服务涉及跨境物流，一旦消费者购买的境外商品出现问题，很难直接联系到跨境电商平台。一方面，跨境电子商务物流成本高；另一方面，物流涉及的程序和流程过于复杂，这就不可避免地增加了联系物流退换货的难度。而在新政实施的背景下，选择什么样的进口方式，如何解决消费者退换货难的问题也是各个跨境电子商务企业面临的重要挑战。

4. 商品选择需要重新考虑

通过上述分析可知，进口税新政的实施仅仅影响了一部分进口商品的价格。但这部分商品大多都是消费者热衷的进口商品，如奢侈品、母婴类商品等。这就不可避免地会对消费者的购买心理产生影响。因此，对于跨境电子商务平台来说，如何根据消费者心理平衡性选择商品也是至关重要的。

5. 压缩了利润空间

对各大跨境电子商务平台营销措施的观察可知，在进口税新政实施之前，许多跨境电商平台都打着"税收旗号"开展促销渠道，以此来吸引消费者，使其尽可能地在新政实施前进行囤货，促销模式逐渐从"包邮"促销向"包税"促销转变，以此打好进口税新政的第一场战役,这种促销模式的转变会压缩跨境电商的利润空间。

(三)对海关部门的影响

对行邮物品的监管是海关部门的重要责任,在新政实施之后,海关部门必然会进一步规范对跨境电子商务的管理,以此来促进跨境业务的健康发展。但在业务量快速增长的背景下,海关部门面临的监督管理压力必然会增加。

此外,以前跨境电子商务主要以海淘模式为主,海外商品大多以包裹或邮递形式进入境内。海关部门在进行物品检查的过程中,不会与海外销售方和境内消费者直接接触与交流,而是需要与物流企业进行沟通。但当前出台的相关规定中,并没有明确规定物流企业在商品运送入关、入境时需要承担的报关代理完税等相关责任和义务。

海关部门以国家相关法律法规为基础进行进境物品的监督和管理,而许多企业出于对利益的追求依然顶风作案,偷漏税等违法现象屡见不鲜。在新政实施之后,许多商品税率增加,这种不正之风必然会愈发盛行。这就对海关部门提出了更高的要求,需要严格查处、积极规范和整顿相关行业企业,以此来促进跨境电子商务在进口税新政实施下的可持续发展。

三、进口税政策下电子商务发展对策和建议

(一)跨境电商企业的发展对策

1. 拓展产品类型

国内电子商务与跨境电子商务在商品销售分类上受到消费者需求和政府政策导向的影响较大,两者也呈现出一定的区别。国内大部分电商平台主要销售日用品、服装、家电及美妆等产品。跨境电商平台则以母婴产品、保健品、化妆品和奢侈品为主要经营产品。

跨境电商主要分为两种类型:一种是综合商品类型的跨境电商平台,如天猫国际;另一种是专一产品类型的跨境电商平台,如聚美优品以销售化妆品为主,蜜芽宝贝以销售母婴类产品为主。但随着经济的发展和国民经济水平的提升,消费者的消费水平和消费意识也逐渐提高,人们开始追求更有品质和品位的生活,而当前跨境电商平台所提供的产品越来越难以满足消费者的需求。因此需要积极拓展产品类型,以此来满足消费者对境外商品的多元化需求,从而更好地吸引消费者。尤其在新政实施下,跨境电商平台利润被压缩,更应当丰富经营产品类型。如科技类产品、高质量生活类产品等近年来都受到消费者的青睐,存在较大潜力和商机。跨境电商平台可以以此为突破口,拓展产品类型和实施空间,以专业的选品团队为基础,避开红海市场的激烈竞争。

此外,跨境电商平台可以积极拓展无形产品交易,借助网络的便利性,经营

数字化产品，如网络课程、音视频、计算机软件等，这些商品一旦受到消费者认可，就能够有效打破传统有形商品的物流壁垒，对于提升跨境电商企业利润空间有着重要的意义。

2. 提高消费者体验与服务

进口税新政实施之后，会导致一些自营电商企业消费者消费水平的提升，其对价格的敏感度呈现下降趋势。因此，跨境电商平台要想在新政实施环境下脱颖而出，必须积极提高服务质量，提升用户体验。跨境电商平台应当积极保证产品质量，提升信誉，避免消费者通过众多购买评价和横纵向比较来做出购买决定。尽可能节省其消费精力和时间，以此来提升用户黏性，扩展用户范围。此外，跨境电商平台还应积极优化整合供应商、结算及物流等资源，解决消费者退换货难的问题，以此来提升用户体验，更好地扩展市场份额。

(二)对监管部门的建议

1. 完善实施细则，明确申报责任

海关相关政策法规应当与我国国情相适应，树立服务型政府理念，对进口税新政环境下各个主体和相关因素进行准确的分析，结合实际监管中遇到的问题来完善管理办法和实施细则。需要建立物流企业相关的进境申报制度，明确物流企业代理报关的责任和义务。采取预先估计、先行收取的方式来收取税费，对国际物流行业进行规范。海关可以制定进境物品两次申报制度，以双向申报为基础强化申报责任落实，保证商品关税完税价格信息的精准性，保证税额的合理性和完整性。

2. 建设信息化监管系统，实现全流程监管

信息技术在人们日常生活和工作中的应用越来越广泛，海关部门也应当积极建设信息化监管系统。在跨境电商货物日益增多的背景下，转变传统的人工方式，以信息化监管系统实现行邮物品到达口岸、卸货、检查等全流程跟踪管理，提升通关效率。

海关部门应当加强事后监督管理，提升稽查人员专业能力，杜绝偷漏税现象，同时还应当积极与跨境电商网站及相关统计部门协调配合，实现差异化的管理方式，保证监管效果，在进口税新政实施背景下，为跨境电商的进一步发展保驾护航。

第十章 "营改增"对鉴证咨询业的影响及对策

第一节 鉴证咨询业概述

鉴证咨询服务属于现代服务业，主要由认证服务、鉴证服务以及咨询服务所构成。

认证服务，是指具有专业资质的单位利用检测、检验、计量等技术，证明产品、服务、管理体系符合相关技术规范的强制性要求或者标准的业务活动。

鉴证服务，是指具有专业资质的单位为委托方的经济活动及有关资料进行鉴证，发表具有证明力的一种业务活动。它包括会计鉴证、税务鉴证、法律、工程造价鉴证、资产评估、环境评估、房地产土地评估、建筑图纸审核、医疗事故鉴定等。

咨询服务，是指提供和策划财务、税收、法律、内部管理、业务运作和流程管理等信息或者建议的业务活动。

律师事务所、会计师事务所、税务师事务所等都属于该行业中颇具代表性的企业形式，税务、会计、律师事务所的所有服务收入都属于鉴证咨询服务收入。

一、鉴证咨询业的特点

鉴证咨询业伴随着我国现代经济的快速发展、市场化程度的不断加深，其重要性日益显现。与我国其他传统服务业市场价值小、劳动力水平差、增长水平低等特点相比，鉴证咨询业具有以下四个特征。

1. 高增值

鉴证咨询业一直是我国政府大力扶持的可持续化发展的产业，不但可以在提供服务的同时创造知识的增值，在知识增值的过程中还能够推动社会的进步和科技的创新。

2. 高技术

鉴证咨询企业主要致力于为社会中的消费者提供知识的生产、使用和传播服务，使知识在提供服务的过程中实现增值，因此这类企业所具备的科技含量较高。

3. 高素质

鉴证咨询企业的大多数从业人员具备较高的教育层次和知识背景，专业技术过硬，且具备一定的管理能力。

4. 高聚集

鉴证咨询企业在服务社会、满足多样化需求的过程中，营运成本也会大幅提高。这必然要求企业方面更多地关注与社会之间的合作和联系，更加依靠聚集的模式来降低营运成本。

二、我国鉴证咨询业的发展状况

近年来，现代科学技术迅猛发展，全球一体化趋势加剧，为了适应时代的变化，世界各国的产业结构正在进行着全面深化的调整。当前我国国民经济正处于产业结构调整、改进经济增长模式的重要阶段，服务业的发展对我国 GDP 的带动作用也越来越重要。改革开放以来，我国高度重视服务业，采取了一系列促进服务业发展的措施，近年来更是重视现代服务业的发展。

鉴证咨询业是服务业中的重要组成部分，在推动我国服务业体系的完善、助力国民经济健康稳定发展上起到了重要的作用。以咨询服务业为例，从 20 世纪 70 年代末起步，在我国发展至今已经有近 40 年的时间，目前已经初具规模。我国咨询服务业 2005 年营业收入为 519 亿元，咨询业务收入达到 503 亿元，约占总数的 97%。在仅仅过了 8 年后，咨询服务业 2013 年营业收入已经达到了 1 000 亿元。目前我国咨询服务业企业数量众多，竞争分散，从规模上看，我国中小型咨询机构在数量上占绝对优势，说明我国咨询机构的骨干队伍已经基本形成。2005 年，我国具有法人资格的咨询机构有 45 418 家，从业人数为 42 万人，而到了 2013 年这一数字并没有减少，虽然在各个领域内已经涌现出一些代表企业，但是从整体上看品牌集中度仍然不明显。

注册税务师行业是鉴证咨询服务业中的一个代表性行业，税务师事务所作为具有涉税鉴证和涉税服务双重职能的社会中介组织的角色定位日渐清晰，行业队伍逐步壮大，对于维护社会市场秩序和经济信息的真实性具有重要作用。2012 年，我国全部税务师事务所主营业务收入达到 78.64 亿元，其中代理业务、咨询业务及鉴证业务合计收入占主营业务收入的比重达 93.9%。其中代理业务实现收入 16.10 亿元，所占比重为 20.47%，咨询业务收入为 17.45 亿元，占比 22.19%，业务比重最高的当属鉴证业务，占据主营业务收入 51.25% 的份额。截至 2013 年年底，全国从事经营的税务师事务所共计 5 100 家，按收入排名前五位的税务师事务所如表 10-1 所示，全行业实现营业收入总额超过 130 亿元的成绩。该行业到 2015 年年底达到行业规模较快发展，营业收入总额成倍增长，取得注册税务师资格人数达到 12 万人、注册税务师职业人数达到 5 万人、行业从业人数达到 12 万人，税务师事务所在国内的开设总数达到 6 000 家。然而，我国本土税务师事务所由于起步晚、发展慢、从业人员素质水准参差不齐等原因，使得其与世界知名税务师事务所相比明显缺乏国际竞争力，想"走出去"多是通过成为外资事务所的成员所的方式完成。

表 10-1　2013 年我国五大税务师事务所排名　　　　　　　　万元

排名	事务所名称	年收入合计
1	中汇税务师事务所有限公司	36 627.90
2	尤尼泰税务师事务所有限公司	31 729.59
3	立信税务师事务所有限公司	14 670.50
4	众环海华税务师事务所有限公司	12 363.02
5	中瑞岳华税务师事务所有限公司	10 693.32

资料来源：中国注册税务师协会官网。

由此可见，我国鉴证咨询业正处于历史上的黄金时期，无论是在整体增长上还是在企业数量规模上都得到了快速的发展。不容忽略的是，由于我国鉴证咨询服务业的发展起步晚，与世界上的发达国家相比，业务水平低，国际化程度不够，这都是需要不断改进和完善的地方。

第二节　"营改增"对鉴证咨询服务业的影响

在税制税政方面，长期以来，我国推行的是货物销售缴纳增值税、劳务和服务销售缴纳营业税的征税方式。在企业的经营中，其劳务、服务和货物销售往往是混合的，这就导致在税收征管中出现"重复征税"的现象，其流转环节越多，重复征税现象越严重。就我国鉴证咨询服务业长期征收营业税的状况来说，第一、第二产业是以缴纳增值税为主，第三产业是以缴纳营业税为主。这样一来，增值税的抵扣特点在第三产业这一部分断裂，无法抵扣，这就导致税收负担转嫁给下游企业，极大地加重了下游企业的整体税收负担。此外，鉴证咨询企业计税方式是以营业收入的全额为税基计征营业税，不能抵扣增值税进项税额或其他抵减项。因此，行业中的企业为减少税负加重带来的不利影响，会将对外提供的服务进行内部化处理。这样做的后果不利于鉴证咨询服务业的专业化细分，也会使得相关企业在竞争中做出错误的决策。同时，鉴证咨询企业营业税无法进行出口退税，违背了通行的做法，丧失了国际竞争力。

一、"营改增"对鉴证咨询服务业的税收影响

(一)计税方法的变化

实施"营改增"后,鉴证咨询服务业在税种、税目、税基、税率和计税方式五个方面发生了重要的变化(表10-2)。

表10-2 "营改增"后鉴证咨询服务业税收变化

项目	"营改增"之前	"营改增"之后
税种	营业税	增值税
税目	服务业——其他服务业	现代服务业——鉴证咨询服务业
税基	营业收入额(含税)	应税服务销售额(不含税)
税率	5%	征收率:3%;税率:6%
计税方式	营业收入×税率	简易计税方法;一般计税方法

1. 税种的变化

"营改增"以后,鉴证咨询业作为"现代服务业——鉴证咨询服务业"税目下的子目计征增值税,从此不再计征营业税。

2. 税目的变化

实施"营改增"前,鉴证咨询服务按"服务业——其他服务业"计征营业税。实施"营改增"后,鉴证咨询服务改为按"现代服务业——鉴证咨询服务业"税目计算缴纳增值税。

3. 税基的变化

营业税作为价内税的特征决定了在税收政策改变前鉴证咨询企业的税基为含营业收入的全额。实施"营改增"后,因为增值税属于价外税,所以税基为不含税的应税服务销售额。

4. 税率的变化

实施"营改增"后,鉴证咨询企业被划分为增值税一般纳税人和增值税小规模纳税人,认定的划分依据为企业全年应税服务销售额的大小。一般纳税人适用6%的税率,小规模纳税人适用3%的征收率,均不同于原缴纳营业税时5%的税率。

5. 计税方式的变化

"营改增"以前,应缴纳营业税为营业额直接乘以税率。实施"营改增"后,增值税小规模纳税人的计税方式为简易计税方法,应税服务销售额直接乘以征收率即为当期应纳增值税税额,当鉴证咨询企业将应税服务销售额和增值税销项税额合在一起定价时,首先应换算出不含税的应税服务销售额,计算公式为:不含税销售额=含税销售额/(1+3%)。而增值税一般纳税人则采用较为复杂的一般计税

方法，首先以不含税的应税服务销售额乘以增值税税率得出销项税额，再以销项税额减去当期进项税额后的余额即为当期应纳增值税税额，若在当期可以抵扣的进项税额大于销项税额，其差额部分允许转至以后期间继续抵扣，简易计税方法相同。此处的销售额为不含税销售额，计算公式为：计税销售额＝含税销售额/(1+6%)。

6. 纳税人身份划分的变化

鉴证咨询企业在缴纳营业税的情况下，没有一般纳税人和小规模纳税人之分。"营改增"后，根据有关政策要求，鉴证咨询企业试点开始前应税服务年销售额如超过500万元，应进行一般纳税人资格认定，试点开始前的应税服务年销售额计算方式为：应税服务年销售额＝连续不超过12个月应税服务营业额合计/(1+5%)，兼有销售货物、提供加工修理修配劳务以及应税服务，且不经常发生应税行为的单位和个体工商户可选择按小规模纳税人纳税。鉴证咨询企业在试点前应税服务年销售额未超过500万元，如符合相关条件，也可以申请一般纳税人资格认定。除了另有规定的情形外，对于鉴证咨询企业在认定为增值税一般纳税人后向增值税小规模纳税人申请转变是不允许的。由此可见，"营改增"后对于增值税一般纳税人的认定和管理除了应税服务年销售额500万元的认定标准以外，与原有规定并无较大差别。

(二)发票管理的变化

在"营改增"之前，鉴证咨询企业对下游的购买商只用开具在地税局所核定的服务业发票，对于各项因购进发生的成本费用支出所得到的发票凭证，能够作为合法凭证在企业申报缴纳企业所得税时进行税前扣除。实施"营改增"后，鉴证咨询企业被区分为增值税一般纳税人和增值税小规模纳税人，经主管税务机关批准核定领用的发票分为增值税专用发票和增值税普通发票。作为一般纳税人的鉴证咨询企业，在对外提供应税服务时应根据采购方的身份类型选择开具不同类型的发票，再从上游采购环节取得合法的专用发票后，可以依据发票上的税额认证并抵扣进项税额。作为小规模纳税人的鉴证咨询企业，只能在提供服务时开具增值税普通发票，在采购环节不具备抵扣进项税额的条件。国家税务机关对增值税发票的管理是非常复杂并且严格的，首先增值税发票必须通过防伪税控系统开具，使用报税盘领购发票并进行抄税、报税。鉴证咨询企业在从上游采购环节取得合法的增值税专用发票后，需要按照要求将符合抵扣条件的专用发票及时进行认证，这样在其申报时可以进行抵扣。未认证或者因超出规定认证期导致无法认证的专用发票不得进行抵扣。这种变化对企业在发票管理和纳税操作等方面提出了更严格的要求，从而导致鉴证咨询企业的税务风险增加。

(三)会计核算和账务处理的变化

在"营改增"以前，企业按照营业额全额的5%缴纳营业税，按照营业税全额乘

全面营改增税收政策对现代服务业的影响及对策研究

以相应的税率缴纳附加税费,如城市维护建设税、教育费附加、地方教育附加。

营业税和附加税费的核算均通过"营业税金及附加"科目进行,期末在利润表中"营业税金及附加"一栏反映,营业额则按含税额反映在利润表中"主营业务收入"一栏。

实施"营改增"后,增值税一般纳税人鉴证咨询企业以不含税应税服务销售额乘6%的税率计算增值税销项税额,在编制分录时应通过"应缴税费——应缴增值税(销项税额)"科目核算,由于增值税是价外税,销售额应首先换算为不含税销售额,期末再全额反映在利润表中"主营业务收入"一栏。增值税一般纳税人鉴证咨询企业在购进货物、劳务和应税服务时可以抵扣的进项税额应按开出的专用发票上标明的增值税税额来确定,并通过"应缴税费——应缴增值税(进项税额)"科目进行核算,附加税费的税基应以销项税额减去进项税额后的差额为基数计算。缴纳增值税时按实际缴纳增值税金额,在"应缴税费——应缴增值税(已缴税金)"科目中核算。增值税小规模纳税人企业应按照销售额乘以3%的征收率计征增值税,在"应缴税费——应缴增值税"科目中核算,购进时不得抵扣进项,直接计入有关资产类或成本类科目。

税收政策改革前,营业税的计征运用了简单的核算方式,而缴纳增值税时运用了较为复杂的抵扣核算方式。对于鉴证咨询企业来说,核算难度在"营改增"后有所提升,企业将面临记账不准确、不规范的风险。同时鉴证咨询企业在每年5月面临企业所得税汇算清缴工作时,核算难度也会相应增加。

(四)税负的变化

1. 增值税小规模纳税人

对于增值税小规模纳税人来说,由于其在改为缴纳增值税后适用简易计税方法计税,征收率为3%,比缴纳营业税时5%的税率降低了2个百分点。因此即便增值税小规模纳税人在购进货物、劳务和应税服务时不允许抵扣进项税额,"营改增"后税负仍有较大程度的降低。

现假设某个鉴证咨询企业年营业额为100万元,城市维护建设税税率为7%,地方教育附加税率为2%,在不考虑其他税费影响的情况下分别计算该企业在"营改增"前后的纳税情况。

(1)在缴纳营业税的情况下,计算该企业应缴纳的税额分别为:营业税=$100 \times 5\% = 5$(万元);城市维护建设税=$5 \times 7\% = 0.35$(万元);教育费附加=$5 \times 3\% = 0.15$(万元);地方教育附加=$5 \times 2\% = 0.1$(万元)。四项合计共缴纳5.6万元。

(2)在缴纳增值税的情况下,计算该企业应缴纳的税额分别为:增值税=$100/(1+3\%) \times 3\% = 2.91$(万元);城市维护建设税=$2.91 \times 7\% = 0.20$(万元);教育费附加=$2.91 \times 3\% = 0.09$(万元);地方教育附加=$2.91 \times 2\% = 0.06$(万元)。四项合计共缴纳3.26万元。

通过简单的计算比较,鉴证咨询企业在"营改增"后少缴纳税额 2.34 万元,减税比例达到了 41.79%。由此可见,税改在较大程度上使增值税小规模纳税人的税收负担得到了减少。

2. 增值税一般纳税人

实施了"营改增"以后,鉴证咨询企业年应税服务销售额超过 500 万元的将被认定为增值税一般纳税人,适用税率由原来缴纳营业税的 5% 提高到现在缴纳增值税的 6%。因为增值税核算使用抵扣制度的方式,销项税额减去进项税额后的余额即为增值税的应纳税额。那么在这种情况下,如果不考虑进项税额的影响,鉴证咨询企业的税负会明显提高。而实际税负是如何变化的,还要看其从上游所取得的抵扣进项税额的多少。

例如,假设鉴证咨询企业年营业额为 1 000 万元,城市维护建设税税率为 7%,教育费附加税率为 3%,地方教育附加税率为 2%,在不考虑其他税费影响的情况下分别计算该企业在"营改增"前后的纳税情况。

(1)在缴纳营业税时,计算该企业应缴纳的税额分别为:营业税=1 000×5%=50(万元);城市维护建设税=50×7%=3.5(万元);教育费附加=50×3%=1.5(万元);地方教育附加=50×2%=1(万元)。四项合计共缴纳 56 万元。

(2)在缴纳增值税时,计算该企业应缴纳增值税销项税额和应纳增值税分别为:增值税销项税额=1 000/(1+6%)×6%=56.6(万元);应纳增值税=56.6-进项税额。

通过计算可见,销项税额为 56.6 万元,原税制下应缴纳营业税为 50 万元。二者之间存在 6.6 万元的差额。在这种情况下,如果本期取得的可抵扣进项税额超过 6.6 万元,意味着该企业在"营改增"后实际税负将会下降;如果本期取得的可抵扣进项税额不到 6.6 万元,则实际税负将会上升。此处假设其取得的增值税进项税额统一税率是 17%,使得"营改增"前后缴纳流转税相等时的采购成本为 38.82(6.6/0.17)万元,含税采购成本即为 45.42(38.82+6.6)万元,可以说当含税采购成本达到 45.42 万元时,"营改增"前后所缴纳的流转税金额之间达到了平衡点。换言之,当可抵扣项目的含税采购成本与含税总收入之间的比率超过 4.54%(45.42/1 000)时,"营改增"后增值税一般纳税人企业的税负会降低;反之,税负会上升。

二、"营改增"对鉴证咨询服务业财务状况的影响

"营改增"是国家大力推行的一项重大的税收政策改革。在这个过程中对于企业的实质影响不能仅仅靠税收负担的增减变化来反映,同时也应通过企业和社会比较关注的一些财务因素来体现。

(一)对盈利能力的影响

(1)对于增值税小规模纳税人来说,其利润表上反映的营业收入是换算后的不含税金额,比税改前的含税营业收入减少了,因此在成本费用无变动的情况下,"营改增"后,作为小规模纳税人的鉴证咨询企业在营业利润和毛利率上会降低。

(2)对于增值税一般纳税人来说,税改不仅会造成利润表中营业收入的减少,由于其可抵扣进项税额的核算方式还将影响营业成本的列支,现假设某一般纳税人鉴证咨询企业的年应税服务含税销售额为 I,R 为可抵扣含税采购成本占含税销售额的百分数(假设增值税进项税额的税率统一都是17‰,城市维护建设税税率为7‰,教育费附加税率为3‰,地方教育附加税率为2‰),在其他成本费用 C 前后无变化的情形下,有以下几种情况:

(1)缴纳营业税时的营业利润:
$$PY = I - I \times R - I \times 5\% \times (1 + 7\% + 3\% + 2\%) - C$$

(2)缴纳增值税时的营业利润:
$$PZ = 1/(1+6\%) - 1 \times R/(1+17\%) - [I/(1+6\%) \times 6\% - I \times R/(1+17\%) \times 17\%] \times (7\% + 3\% + 2\%) - C$$

令 $PY = PZ$,经求解得出 $R = 4.53\%$。因此,当可抵扣项目的含税采购成本与含税总收入之间的比率超过4.53‰时,"营改增"后增值税一般纳税人鉴证咨询企业的营业利润会上升;反之,营业利润会下降。

(二)对偿债能力的影响

(1)对于增值税小规模纳税人来说,鉴证咨询企业随着应付营业税金的减少,则应缴税费金额也会随之降低。而资产总额与"营改增"之前相比保持不变。这就是由于其发生的所有采购成本并不能计算扣除进项税额。因而作为小规模纳税人的鉴证咨询企业在"营改增"后由于负债的减少,资产并无变化而提高了偿债能力。

(2)对于增值税一般纳税人来说,鉴证咨询企业发生的采购成本由于需要抵扣进项税额而减少,又因为缴纳增值税可能造成税负提高,已缴税费金额相应增加。因而作为一般纳税人的鉴证咨询企业在"营改增"后由于资产的减少、税负的提高而削弱了偿债能力。

(三)对财务活动的影响

鉴证咨询企业在"营改增"后税收筹划动机会变得更加强烈。从上述分析可以得知,税改降低了小规模纳税人的营业利润和毛利率。因为企业很可能会通过调整定价来促进销售额增长,从而带动毛利率提升。不过随着销售额的增加,应纳增值税税额也会随之提高,可能最终导致税负抬高的现象。同时对定价的改变势必会影响产品在市场上的销售,这样与筹划节税的目的背道而驰,企业有必要关注这点并权衡好各因素之间的关系。

假定不考虑增值税进项税额抵扣因素的影响,鉴证咨询企业在税改后每取得100万元的销售收入应缴税额增加了0.66[100/(1+6%)×6%-100×5%]万元,如果想通过调整定价来抵消这0.66万元的税负提高带来的影响,企业方面应如何操作呢?

假定某企业在当期取得了100万元的销售收入,在缴纳营业税时,应缴的营业税税额为5(100×5%)万元,税后净收入为95(100-5)万元,同样的销售业务在"营改增"以后应收取的价款为 A 万元,为保证税后净收入不变,使得 $A/(1+6\%)=95$,解得 $A=100.7$ 万元。也就是说,若想使同样的一笔销售业务在"营改增"前后税后净收入一致,则该企业应对这项销售业务收费提价0.7(100.7-100)万元。由此看来,"营改增"对鉴证咨询服务业的定价机制存在一定程度的影响。

通过上述分析,"营改增"对鉴证咨询企业财税方面的主要影响见表10-3。

表10-3 "营改增"对鉴证咨询企业财税状况的影响

项目	小规模纳税人	一般纳税人
税率	降低至3%	提高至6%
计税方式	适用简易计税方法	适用一般计税方法
税负	降幅达41.79%	当可抵扣项目含税采购成本与含税总收入之比超过4.54%,税负降低;反之则提高
盈利能力	降低	当可抵扣项目含税采购成本与含税总收入之比超过4.53%,盈利能力提高;反之则降低
偿债能力	提高	削弱

第三节 鉴证咨询业"营改增"后的应对措施

一、纳税人身份的选择

"营改增"对小规模鉴证咨询企业的减税幅度是明显的,而对一般纳税人鉴证咨询企业的减税影响并不十分显著。因此,相关企业在初创阶段需要选择一般纳税人还是小规模纳税人身份时,必须本着减轻企业税收负担的原则,并综合考虑各种因素。在考虑时,通常可根据以下两种标准来判断两者之间的增值税税负差异。

(一)可抵扣的购货额占销售额比重判别法

由于增值税存在多种税率,这里仅仅考虑一般情况,其他情况的计算方法与这里的计算方法基本一致。对于一般纳税人鉴证咨询企业来说,在一般情况下,提供应税服务适用税率为6%,购进抵扣时适用税率为17%,而小规模纳税人鉴证咨询企业适用征收率为3%,假设某个鉴证咨询企业在当期的应税服务销售额为 A,当期可用于抵扣进项税额的购货额占不含税销售额的比重为 X,则可抵扣购货额为 AX。若该鉴证咨询企业被认定为一般纳税人,则当期应缴纳增值税税额

为 $A\times6\%-AX\times17\%$；若该企业属于小规模纳税人，则应缴纳增值税税额为 $A\times3\%$。若使在这两种计算情况下该企业的税收负担相等，则可得：

$$A\times6\%-AX\times17\%=A\times3\%$$

由以上计算结果可得 $X=17.65\%$，也就是说，当该鉴证咨询企业当期可用于抵扣进项税额的购货额与当期应税服务销售额的比例等于 17.65% 时，增值税税负在该企业使用两种不同纳税人身份下是保持一致的。若该比例大于 17.65%，则作为一般纳税人时税负较小；反之，作为小规模纳税人时税负较小。

需要特别说明的是，以上情况只考虑鉴证咨询企业的增值税税收负担，而不包含其他各种因素。因此，企业在选择自己的纳税人身份时必须考虑到除增值税以外的其他因素，如一般纳税人的会计成本，以及企业经营活动的难易程度等。由于后者难以量化，所以，纳税筹划更多地体现了一种创造性的智力活动，而不是一个简单的计算问题或者数字操作问题。

(二)含税销售额与含税可抵扣购货额比较法

现假设某个鉴证咨询企业当期含税销售额为 Y，当期含税可抵扣购货额为 X，在两种计算情况下该企业的税收负担相等，则可以得到：

$$Y/(1+6\%)\times6\%-X/(1+17\%)\times17\%=Y/(1+3\%)\times3\%$$

根据计算结果可得 $X/Y=18.91\%$。也就是说，鉴证咨询企业当期的含税可抵扣购货额与当期的含税销售额的比例等于 18.91% 时，增值税税负在该企业适用两种不同纳税人身份下是保持一致的。若比例超过 18.91%，则作为一般纳税人时税负较小；反之，作为小规模纳税人时税负较小。

鉴证咨询企业初创期，在判断自身所负担的增值税时，可依据以上两种标准，同时需要综合考虑各种因素，合理地进行纳税规划。由于企业在成立之前就需要进行这种筹划，因此，企业对各种情况的估计就存在很大的不确定性，这种纳税筹划结果就比较难以确定。对这种情况，小型鉴证咨询企业一般可以先选择小规模纳税人的身份。在企业的经营中，不断积累自身的各项数据指标后再合理进行纳税规划，采用这种方法得到的规划结果就能够比较准确。

二、重视发票管理与供应商的选择

实证结果显示，可抵扣成本率与鉴证咨询服务业的整体税负率存在显著的负相关关系，表明可抵扣成本能对鉴证咨询企业的税负起到一定的降低作用，企业的可抵扣成本比例越高，获取的进项税额越多，企业所缴纳的税费将越少，企业税收负担会得到有效减轻。鉴于增值税专用发票在增值税抵扣链条中的重要作用，专用发票信息不全或不符都将导致无法进行进项抵扣的情况产生，而超出认证期限认证则需要层层上报处理，专用发票丢失的后果则更为严重。因此对于增值税专用发票的管理不仅需要财务部门重视，企业各环节的参与者如采购人员和项目执行人员等均应予以高度重视。作为一般纳税人的鉴证咨询企业应当制定规范的票据管理系统，建立一套完整的增值税专用发票登记簿并派专人保管，对发票的购买、保存、管理、开具、领取、核销、抵扣等情况都进行详细的登记。规定增值税专用发票不得转借他人使用，若是本公司专用发票发生失窃而引起的相关责任，公司也应负有连带责任，以防止发票滥用，并杜绝上述不能抵扣或发票遗失情况的出现。与增值税有关的税控设施也需要经过专业培训后才能使用，鉴证咨询企业应该在相关管理措施上进行配套完善，从而避免因业务不熟练而带来的不必要损失。

另外，在进行采购的过程中，要注意向服务商索要增值税专用发票。改变以前使用普通发票的习惯，在同等条件下，应尽可能地选择财务核算规范健全、可正常开具专用发票的供应商，从而保证自身进项税额的抵扣，这样鉴证咨询企业才可以通过足额的进项税额来降低增值税税负，使企业在"营改增"后仍处于正常的税负水平上。

实证研究结论表明，固定资产增长率对鉴证咨询服务业的整体税负率没有显著的影响。虽然企业购进大型固定资产时，会根据发展需要进行详细的考察，但由于"营改增"带来了上游环节的抵扣效应，因此鉴证咨询企业应在综合考虑成本效益原则后采取批量购进和逐步更新固定资产的方式以获取进项税额的抵扣，从而降低企业的税收负担、提高企业的盈利能力。

三、合理选择供应商纳税人身份

鉴证咨询企业从增值税一般纳税人处购进货物可以抵扣其中所包含的增值税，从增值税小规模纳税人处购进则无法抵扣。不过在现实情况中，一般纳税人企业的产品存在价格较高的问题，这需要企业方在购进的过程中进行抉择。很多鉴证咨询企业面临一种情况：本企业需要的产品和服务一直从某家一般纳税人企业处购进，而另一家小规模纳税人企业也能提供同样的产品和服务，并且价格上优惠的幅度更大，但是不能为其开具增值税专用发票，所以对于鉴证咨询企业来说，了解购进产品或服务的价格降到多少比较合适是很有必要的。该问题的实质在于，一般纳税人上游企业和小规模纳税人上游企业在给予价格上的比例达到什么程度会导致采购其中某种类型企业的产品比较合算，即在同一种购进业务下取得专用发票或是普通发票的税收成本孰高孰低的问题。

$$Y - Y/1.17 \times 17\% \times (1+12\%) = X$$

由上述计算结果可得 $Y=1.19X$，对于同一种产品或服务，若从一般纳税人处进价为 Y，从小规模纳税人处进价为 $Y/1.19$，从两种不同身份的纳税人购进所要承担的税负是完全一致的。若大于 $Y/1.19$，则从小规模纳税人处购进所承担的税负较小；反之，则从一般纳税人处购进时税负较小。

由于小规模纳税人供应商可向其主管国税机关申请代开专用发票，此时该鉴

全面营改增税收政策对现代服务业的影响及对策研究

证咨询企业可按 3% 的征收率认证并抵扣进项税额，这与其取得专用发票时的成本换算方法是相同的。按照上面的原理，可以得出：

$$Y - Y/1.17 \times 17\% \times (1+12\%) = X - X/1.03 \times 3\% \times (1+12\%)$$

求解得到 $Y=1.16X$。也就是说，某一般纳税人鉴证咨询企业之前从小规模纳税人处购进价格较低，当从一般纳税人处购进需要提高价格时，用原采购价乘以相应系数，即可得出在保持税负不变的前提下所能承受的最高定价。例如，某企业从小规模纳税人处购进产品价格为 100 元，只能开具普通发票，那么 119（100×1.19）元就是从一般纳税人处购进的最高价格，如价格低于 119 元，可以考虑购进，反之则不予考虑。

四、科学合理地进行节税筹划，降低筹划风险

由于增值税和营业税存在税制差异，鉴证咨询服务业应结合本行业特有的经营模式和财务状况科学合理地进行节税筹划。节税筹划方案要建立在正确理解税法的基础上，若鉴证咨询企业对税法理解不当，注意不到税法的变化，考虑不到税法的某些特殊规定，则很容易造成节税筹划失败，给企业带来税务风险，甚至造成一定的损失。因此，企业应该高度警惕增值税筹划方案中的税务风险，通过多种途径来抵减节税筹划的操作风险。

（一）规范财务管理

中小型鉴证咨询企业在现实中总是对经营管理的重视大于对财务筹划的重视，企业内部的管理层次较少，在内部组织机构的规划设置上相对欠缺。调研中发现，个别以鉴证业务为主营业务的小规模企业在会计机构设置、机制性会计制度上极不规范，日常账务处理、抄报税等财税事宜全部由在社会上招聘的兼职会计代理，有一部分财税人员由于专业素质的不足，以及对行业内各项税收政策的理解不够深入，导致财务管理混乱，甚至影响到自身经营状况。并且，中小型鉴证咨询企业的各项规章制度不够全面，在会计核算上随意性较大，因此其节税筹划存在着较大的涉税风险。在这种情况下，想要顺利地进行节税筹划是不现实的，因此首要的任务就是规范内部的财务管理。

（二）密切关注政策变化

鉴证咨询服务业应当密切关注国家有关税收法律政策的变化，准确理解税收发票法规的政策实质，及时调整节税筹划的思路和方法，全面系统地把握税收政策，注意节税筹划的时效性，部分节税筹划的思路和方法可能会随着新的税收法规的出台而不再适用。

（三）重视成本效益原则

每一项节税筹划方案的成功，都需要建立在筹划成本低于筹划所得收益的基础上，这样的方案才是合理可行的方案。鉴证咨询企业在进行节税筹划时，要重

视对于成本效益原则的运用,以保证筹划过程的顺利实施和筹划目标的圆满实现。节税筹划成本主要包括方案实施对其他税种的影响、相关管理成本、机会成本、货币时间价值及风险收益等。对节税筹划成本进行综合考虑,选择能实现企业整体效益最大化的节税筹划方案。

(四)建立良好的税企关系

税务机关和企业对某些税收法规、政策的理解可能存在偏差。而税务人员在执法的过程中会拥有一定的自由裁量权。因此在税收政策的执行中各个地区的税务机关都存在一定的弹性空间。除了国家颁布的有关税收法律法规之外,地方政府还出台了一些相关规定。因此,鉴证咨询服务业在进行增值税节税筹划时必须重视建立良好的税企关系,主动与税务机关保持联系,对于税务差异模糊地带上的一些问题要经常咨询税务机关,力争达成一致,使节税方案得以顺利实施。

五、关注并有效申请当地财政政策扶持

鉴证咨询企业要时刻留意地方财政扶持政策的出台以及变化;了解当地有关的财政扶持政策,将税负变动情况进行详细测算;对补贴材料的填制是否与主管部门的要求和审核标准一致进行校验。

主观上来说,鉴证咨询服务业在"营改增"后产生了一系列的变化和挑战,严格遵循职业守则,依照税收法规章程申报缴纳增值税,强化与行业协会的沟通,及时反映税负情况,力争税收优惠政策,促使"营改增"后税收负担得以降低。

第十一章 "营改增"对医疗卫生业的影响及对策

作为关系基本民生的重要服务产业,对医疗卫生行业进行的改革和调整在各国发展和转型中都极具标志性。在我国,除了医疗卫生服务行业本身所具有的特殊性外,经济发展的一系列阶段性特征也使医疗卫生行业的改革表现出更为突出的复杂性和紧迫性。一方面,我国的医疗卫生行业脱胎于计划经济体制,在计划经济向市场经济的转型过程中,逐渐从完全封闭的国内市场和集体所有制的保护中走出来,不得不开始谨慎面对民营资本和外资资本的竞争。另一方面,整个社会正处于深刻的改革进程当中,来自财税、金融等领域的变革必然会直接或间接地作用于医疗卫生行业的政策选择,在其内部形成了各类利益群体错综复杂的局面,推行改革必须通盘考虑,具备长远视野。也正是受这些问题的牵绊,我国的医疗改革自2009年启动以来进展缓慢,公立医院改革迟迟未动,基层医疗机构建设举步维艰,药价虚高问题未得到有效缓解,人民群众普遍反映的"看病贵、看病难"问题依然存在。就当前局势看,单靠卫生体系自身完成医改使命比较困难,需要借助外力的推动来实现。

在具备调节功能的各类工具中,财税体制具有综合性和基础性的特点,财税政策能够借由政府部门的收支活动渗透到所有的个人、家庭和企业,体现在几乎所有的经济社会活动中,在各项改革中一直担任着重要角色。随着新一轮税制改革的加速推进,各行业都将面临深刻的蜕变,医疗卫生行业也不例外。利用财税改革契机,以医疗卫生行业的税收制度变革推进医改进程,是值得我们深入思考的问题。

第一节 医疗卫生业税制概述

一、卫生行业税制设计理论基础

卫生服务一般可以分为两类:一类是对已经出现的各类疾病进行治疗,使人体恢复健康的临床医疗服务;另一类是提升人群整体健康水平、改善公共卫生环境的公共卫生服务,包括卫生监督、传染病免疫和检测、健康教育、水质检测等。后一类服务具有典型的非排他性和有限的非竞争性,将其纳入准公共产品范畴,由政府承担主要责任是无可争议的。对于前一类服务，就其经济性质而言，具有私人性，但由于医疗服务所具有的特殊性，若任由私人市场供应，势必会造成供给不足，必须要求政府介入。

其一，医疗服务市场供需双方存在严重的信息不对称性。正如Arrow(1963)所指出的，医疗市场中存在着"医患信息不对等"问题，相对于医生来讲，病人缺乏足够的医学知识，无法判断医疗质量的好坏以及与价格是否相符，必须面对不确定的治疗结果，若医疗机构以利润极大化为目标，就会借此对病人收取高价，实际上却提供低质量的服务，导致医院与病人之间的契约失效。这种市场失灵决定了政府参与的必要性。

其二，医疗服务具有外部性的特征。对外部性的讨论开始只局限于一些传染性疾病的防疫，这是显而易见的。但这种讨论后来逐渐扩展到了基本医疗服务，甚至只有小规模人群购买的卫生保健服务。这是由于，人们对急救、住院服务的需求具有不确定性，人们能从他人得到有效的治疗从而获得健康这件事中获得极大的心理效用。在这种情况下，保证医疗服务的可及性需要有公共补助。

其三，卫生服务供给的水平和质量具有广泛的社会影响。人力资本是推动社会物质和文化发展的根本，而身体素质是人力资本极为重要的衡量要素。如果因病致贫在某一社会中成为普遍现象，将不利于社会财富的积累，更难以形成和谐有序的社会环境。对于这种对社会发展有基础性作用的服务，政府须承担一定的责任。

可见，由于自身的特殊性，医疗卫生资源无法通过市场价格机制达到最优配置，需要政府介入。但根据Rose Ackerman(1996)的主张，政府在直接提供公共财政支持商品时，很难同时满足各方的特殊偏好。如果交由民间非营利组织来提供，可以在更大程度上符合人民的偏好及期待。在这种情况下，政府要做的是通过税收减免或直接进行补贴，刺激供给，满足社会需求。

二、我国医疗卫生行业的税收制度选择

(一)我国医疗卫生行业的税收制度变迁

正是出于对医疗卫生行业特殊性的考虑，我国一直对其采取比较特殊的税收政策，并经历了几次较大调整。

1950年，中央财经委发出《关于医院诊所免征工商业税规定的通知》，规定公私立医院诊所在一定的前提条件下免缴工商业税。1955年，《关于贯彻医疗机构免征工商业税的通知》进一步完善了对医疗机构的税收优惠政策，并扩大了受惠面，将享受优惠政策的医疗机构扩展至门诊部、卫生院、个体开业医师、镶牙所，而且取消了私立医院诊所的三个前提条件。也就是说，在此阶段不论是公立还是私立的医疗机构，提供医疗卫生服务的行为都是免工商统一税的。

全面营改增税收政策对现代服务业的影响及对策研究

1994年我国进行税收体制改革，以增值税和营业税代替了工商统一税，把医疗卫生服务纳入营业税的应税对象。虽然从表面上看并没有改变对医疗卫生服务的税收处理方式，医疗机构提供医疗卫生服务的行为依然能够享受免营业税的优惠政策，但由于增值税的计税方式与营业税乃至之前的工商统一税都有较大差异，所以医疗卫生行业的外在环境发生了很大变化。好在增值税征收初期征收范围较窄，对医疗卫生行业税负的影响较小。

引起最大争议的一次变动是2000年发布的《关于医疗卫生机构有关税收政策的通知》，开始根据医疗卫生机构的相关分类文件，对非营利性医疗机构和营利性医疗机构分别采用不同的营业税政策，并把医疗服务的提供价格是否符合政府指导价作为非营利性医疗机构能否享受税收优惠的依据。这一未经广泛征求意见和先期试点的政策，遭到各方的反对。

在2009年新医改后，对医疗卫生行业的税收政策再一次转回到营业税的免税范围内，即在现行制度下，所有医疗卫生机构，不论是营利性的还是非营利性的，提供的医疗卫生服务均免缴营业税。

(二)对医疗卫生行业现行税收政策的评价

依托于我国税收制度改革的大背景，我国对医疗卫生服务的税收政策经历了统一免缴工商统一税到统一免缴营业税，到分类征收营业税，再到统一免缴营业税的转变过程。在最初，对医疗卫生服务统一免征营业税的政策能鼓励社会资本投资医疗卫生领域，有其可取之处。但是，随着增值税扩围试点的展开，交通运输和部分现代服务业范围由(1+6)行业增加为(1+7)行业，并于2014年8月1日在全国铺开，征收营业税的行业和范围正在迅速减少。在这种情况下，无论是对于医疗机构、患者还是政府，对医疗卫生行业继续实行免征营业税的政策都具有明显的负面作用。

对医疗机构来讲，在购买医疗器械等中间投入产品时，要缴纳销售方隐含在价格里的增值税销项税，成为医疗卫生机构的进项税，但作为营业税纳税人，无法对其进行抵扣，这实际上是把医疗机构当成医疗服务的最终消费者，承担了本应该由患者承担的税负。医疗器械等中间投入的价值是在医疗行为中持续实现的，对医院征收营业税实际上是对医疗器械转移价值的再次征税，即便营业税在实际征缴中已经予以免除。如此看来，增值税的扩围使得对医疗机构的税收优惠大打折扣。

从消费者的角度看，医疗卫生机构为购买中间投入而支付的进项税会增加医疗服务成本，进而表现为价格的一部分，实现向消费者的转嫁。卫生机构转嫁税收成本的能力取决于医疗服务的供求弹性。在医疗市场信息严重不对称，卫生资源还较为紧缺的情况下，供需矛盾紧张的问题非常显著，供给方定价在多数情况下还难以避免，患者不得不接受税收成本转嫁。

对于政府来讲，一方面，将卫生机构隔离于增值税之外，无法在全社会形成增值税的完整链条。在增值税广泛扩围的背景下，对卫生行业的特殊优惠政策显得尤为不合时宜。另一方面，政府在基本公共卫生服务筹资中承担主要责任，在基本服务中通过社会医疗保险承担大部分筹资责任。如此看来，政府才是医疗服务的最终支付者。在医院将增值税税负通过医药价格转嫁于患者的情况下，这部分税额实际上是由政府来负担的，出现了政府向政府"缴税"的问题，违背了税收的基本原则。

(三) 医疗卫生行业征收增值税的合理性

在新一轮税制改革的背景下，将医疗卫生行业纳入增值税的征收范围具有诸多必要性。

首先，从增值税的概念上说，只要是生产流通环节中发生的生产和销售行为都应当属于增值税的应税范围。医疗卫生机构从事的是以医疗卫生服务为生产对象的生产活动，这一行为本就该包括在增值税的税基当中。

其次，从增值税转型和扩围的角度看，把医疗卫生服务纳入增值税符合我国税制改革的趋势和要求。我们针对增值税所推行的一系列改革的目的是尽可能扩大增值税税基，消除服务业发展中的税收制度性障碍，促进服务经济转型，调整经济结构。若对包括卫生行业在内的部分行业继续征收营业税，就是对增值税税基的极大侵蚀，不利于总体的减税效果，直接违背了改革的本意。

再次，从医疗卫生行业发展的政府责任看，将医疗卫生机构纳入增值税的征税范围，不仅能避免对医疗器械等中间投入产品的重复征税问题，真正实现对卫生部门的减轻税负，实现对医疗卫生部门发展的扶持，还能恢复税收对资源配置的中性作用，矫正由于中间投入代价过高而导致的卫生部门向产业链上游转移行为，减少低效率的生产扩张，符合社会发展的根本要求。

最后，从各国的实践经验看，一些主要国家也都将医疗卫生行业纳入增值税的覆盖范围内，同时采取了较为特殊的税收政策，借公共财政之力扶持其发展。欧盟对医疗卫生服务征收增值税，同时采取豁免的处理方式；加拿大征收增值税并对部分服务免税，但对免税交易采用的是退还进项税的方法；澳大利亚、新西兰等国家对医疗卫生服务实行的是全面征收增值税的方法，只允许极少数豁免，形成了完整的增值税体系。因此，从实践层面来看，对医疗卫生服务业征收增值税是完全可行的。

三、对医疗卫生行业不同税收政策效果模拟

为了验证以上基本判断，本部分利用全国卫生行业投入产出数据，对不同税收政策的效果进行模拟，为有关结论提供证据。模拟过程分成以下两个情景进行。

(一) 情景1：现有制度下增值税扩围对医疗卫生行业的影响

在这种情景下，医疗卫生行业继续实行营业税免缴政策。基于2007年全国

全面营改增税收政策对现代服务业的影响及对策研究

135个部门投入产出数据可以看出(表11-1),医疗卫生行业的产出结构中,整个增加值的比例是33.1%。这其中,我们通常认为可能会占绝大比重的劳动者报酬只占22%,资本报酬率更小,仅占9.9%(固定资产折旧与营业盈余的和)。中间投入的贡献达到66.9%,作为目前涉及面最广的税种,增值税的扩围将会对这部分投入中的相关行业产生重要影响,从而影响到卫生部门的成本。

表11-1 2007年全国卫生行业的产出结构

项目	金额/万元	占比/%
中间投入合计	71 756 593	66.90
劳动报酬	23 547 455	22
生产税净额	1 293 074	1.20
固定资产折旧	3 260 103	3
营业盈余	7 400 511	6.90
总产出	107 257 736	100

为了更具体地展现增值税扩围对医疗卫生行业的影响,我们将这一影响量化。扩围后,医疗卫生机构需要承担有关行业中间投入的增值税销项税,体现为卫生行业的中间投入成本变化。为了与"营改增"之前形成对比,假设这些行业在征收营业税时也能实现税负的完全向下转嫁,那么,相关行业中原营业税税额与增值税销项税额的差即为卫生行业税负的变化额。

如果用2007年的数据来描述这一政策效果,从表11-2中可以发现,试点行业占整个中间投入的比例为4.303%。其中,投入相对较多的行业为电信和其他信息传输服务(1.78%)、商务服务业(1.18%)。"营改增"的持续推进不仅没有减轻卫生行业的负担,反而使其承受的"隐形税负"增加了95 377.61万元,占原来税负的1.1%。

表11-2 2007年卫生行业涉及增值税试点行业的投入产出比

项目	金额/万元	占中间投入比例/%	营业税税率/%	增值税税率/%	税负变化/万元
交通运输业					
道路运输业	166 752	0.23	3	11	13 340.16
水上运输业	101 795	0.14	3	11	8 143.60
航空运输业	108 812	0.15	3	11	8 704.96
管道运输业	9 906	0.01	3	11	792.48

第十一章 "营改增"对医疗卫生业的影响及对策

续表

项目	金额/万元	占中间投入比例/%	营业税税率/%	增值税税率/%	税负变化/万元
城市公共交通	21 361	0.03	3	11	1 708.88
现代服务业					
电信和其他信息传输服务	1 279 785	1.78	3	6	38 393.55
商务服务业	849 811	1.18	5	6	8 498.11
专业技术服务业	158 884	0.22	5	6	1 588.84
计算机服务业	153 877	0.21	5	6	1 538.77
研究与试验服务业	68 201	0.10	5	6	682.01
租赁业	40 445	0.06	5	17	4 853.40
广播影视业	32 042	0.04	5	6	320.42
科技交流和推广服务业	16 614	0.02	3	6	498.42
文化艺术业	11 394	0.02	5	6	113.94
仓储业	2 373	0.003	3	6	71.19
装卸搬运和其他运输服务	76 611	0.11			6 128.88
合计		4.303			95 377.61

(二)情景2：医疗卫生行业改征增值税的效果模拟

在这种情境下，我们假设医疗卫生行业也进入增值税征收范围，能够进入进项税和销项税的抵扣链条，那么现在通过投入产出表看医疗卫生行业税收负担的变动情况。

表11-3反映的是2007年卫生业的各类中间投入的分布及不同税制下的税负情况，加总后得到总额为9 072 051.68万元。这部分税负直接隐藏在价格里面，成为卫生行业必须承担的隐形税负。

表11-4中的数据可以反映对医疗卫生行业的增值税税制进行税率假设，并将各种假设下的税负与改征增值税之前的税负相对比的税负变化情况。依据增值税的现行税率，规定了5个税率。其中，在0和6%的税率下，实际税负为负值。8.46%为税负由负转正的临界值，这表明，如果征收的税率小于此值，医疗卫生业实际上会通过改征增值税得到税收补贴。随着税率的继续提高，当税率达到17%的时候，新税制下的增值税税额会与原税制下的税负基本持平。

可以看出，将医疗卫生行业纳入增值税征收范围，只要使其税率保持在现行税率范围内，医疗卫生行业的税收负担就会得到大幅降低。

表 11-3 2007 年卫生业中间投入分布及在不同税制下的税负情况

行业	中间投入额/万元	增值税税率/%	不含税额/万元	增值税税额/万元
第一产业				
农、林、牧、渔业	589 299.76	0	589 299.76	0
第二产业				
采矿业				
煤炭开采和洗选业	455 451.92	13	403 054.79	52 397.12
石油和天然气开采业	17 383.36	17	14 857.57	2 525.79
非金属矿及其他矿采选业	70 537.36	13	62 422.44	8 114.92
制造业				
农副食品加工业	28 456.05	13	25 182.35	3 273.71
食品制造业	243 237.87	17	207 895.61	35 342.25
饮料制造业	658 767.21	17	563 048.90	95 718.31
烟草制造业	175 719.24	17	150 187.39	25 531.86
纺织、服装、鞋帽制造业	1 945 846.35	17	1 663 116.54	282 729.81
毛皮革、羽毛制品业	25 497.03	17	21 792.33	3 704.70
木材加工及家具制造业	1 131 448.61	17	967 050.10	164 398.52
造纸及纸制品业	579 055.99	17	494 919.65	84 136.34
印刷业和记录媒介复制业	657 594.87	15	571 821.63	85 773.24
文教体育用品制造业	657 903.09	17	562 310.33	95 592.76
石油加工、炼焦及核燃料业	513 564.38	17	438 943.91	74 620.46
化学原料及化学制品业	918 308.79	16.5	788 247.89	130 060.90
肥料、农药制造业	5 772.75	17	4 933.97	838.77
涂料、油墨、颜料及类似产品制造业	169 738.22	17	145 075.40	24 662.82
合成材料制造业	867 764.77	17	741 679.29	126 085.48
医药制造业	37 676 221.32	17	32 201 898.57	5 474 322.76
化学前纤维制造业	0	17	0	0
橡胶、塑料制造业	202 959.42	17	173 469.59	29 489.83
建筑材料制造业	137 081.74	17	117 163.88	19 917.86
非金属矿物制品业	664 639.81	17	568 068.22	96 571.60
黑色金属冶炼及压延加工业	6 755.55	17	5 773.98	981.58
有色金属冶炼及压延加工业	474	17	405.13	68.87
金属制品业	313 061.85	17	267 574.23	45 487.62
通用设备制造业	904 908.96	17	773 426.46	131 482.50

续表

行业	中间投入额/万元	增值税税率/%	不含税额/万元	增值税税额/万元
专用设备制造业	4 646 623.46	16.5	3 988 517.99	658 105.47
交通运输设备制造业	173 531.69	17	148 317.68	25 214.01
电气机械及器材制造业	502 587.35	17	429 561.84	73 025.51
通信设备、计算机及其他电子设备制造业	153 980.88	17	131 607.59	22 373.29
仪表仪器及文化、办公用品制造业	379 104.64	17	324 021.06	55 083.58
其他制造业	184 100.11	17	157 350.52	26 749.59
燃气及水的生产和供应业				
电力、热力的生产和供应业	1 675 011.68	17	1 431 633.92	243 377.77
燃气生产和供应业	67 464.83	13	59 703.39	7 761.44
水的生产和供应业	149 231.66	13	132 063.42	17 168.24
第三产业				
交通运输	408 625.63	11	368 131.20	40 494.43
批发零售	4 494 275.95	17	3 841 261.49	653 014.45
现代服务	2 649 592.2	6	2 499 615.28	149 976.92
租赁业	40 444.81	17	34 568.22	5 876.60
合计			56 070 973.51	9 072 051.68

表 11-4 不同的增值税税率假设下卫生行业的税负

增值税税率/%	实际税负/万元	占原制度下税负比
0	−9 072 051.68	−1
6	−2 636 587.57	−0.29
8.46	1 952.71	0
13	4 871 453.87	0.54
17	9 161 763.26	1.01

四、关于我国医疗卫生服务征收增值税的建议

由于公共卫生服务的准公共品性质，以及医疗服务信息不对称性、外部性的特殊性，再加上医疗卫生服务对社会稳定和发展的重要基础性作用，对医疗卫生服务的发展给予税收优惠或财政补贴在理论上具有正当性。我国虽然在一个相当长的时期内坚持对医疗卫生服务业采取免征营业税的政策，但随着整体税制的变革，增值税的开征、转型和持续扩围，导致医疗服务业的税收优势逐渐丧失，反而承受了比其他行业更高的税负。测算也显示，增值税扩围后医疗卫生行业的税

收负担不但不会缩减,反而将增加1.1%。相反,如果改征增值税,当税率在8.46%以下时,医疗卫生机构实际的税负为负值,只有征收17%以上的税率时,才会与当前的税收水平持平。现有的税收制度的确增加了医疗卫生机构的负担,这一方面不利于医疗服务业自身的发展和技术提升,另一方面,对医疗服务的刚性需求导致医疗卫生机构将过高的成本负担向消费者转移,这是医患关系持续恶化的重要原因之一,也导致政府向政府缴税的问题难以避免。在如此多的问题束缚下,我国对医疗卫生体系展开的改革难以取得实效。只有以财税改革为抓手和动力,才能改变新医改处处被动的局面,将各项政策落到实处。

基于这些考虑,本书提出以下几点改革医疗卫生行业税收制度的建议。

首先,将医疗卫生行业纳入增值税的征收范围。用增值税完全取代营业税,让医疗卫生机构成为增值税征收的一个环节,实现医疗卫生服务中间投入增值税的应抵尽抵,使税制进一步统一。这能够减轻医疗卫生机构的负担,理顺其与上游产业和消费者的关系,从而能够规范医疗卫生机构的运作模式。

其次,在医疗卫生行业内部实行差别化的增值税税率。对于享受财政补贴、具有公共服务性质的基础性医疗卫生服务,可以采取较低税率,或者适用零税率,用这样的税收优惠支持更多的社会力量参与提供服务,保持此类服务的公益性,这符合税收的基本原则和医疗卫生体制改革的基本要求。对于医疗卫生机构自主定价提供的服务,按照服务类行业的增值税税率正常征税,以此保证税收来源的稳定性,对医疗卫生部门的发展也能起到良好的促进作用。

再次,要保证税收制度的公平性。无论是采取税收优惠还是照常征税,都应该在各种性质的机构间保持公平性,即无论办医主体是政府部门还是私人,都应该平等地适用相同的税率。通过在同一平台上竞争,能够保证医疗卫生供给市场的公平有序,从而实现医疗质量和服务效率的提升。

最后,加强税收征管,培养纳税意识。对我国医疗卫生机构统一征收增值税还面临一些操作上的困难。首要的一点是我国医疗机构经营方式繁杂,特别是农村地区的一些乡镇卫生院、村卫生室,以及一部分个体经营的小型医疗机构,多数尚未形成成熟的财务制度,税务人员可能无法掌握其真实的财务情况。再加上受长期免税政策的影响,短时间内培养纳税意识存在一定的难度。在这种情况下,规范各类医疗卫生机构基础财务制度建设显得尤为重要。

第二节 医疗卫生机构"营改增"政策解读

一、医疗服务

医疗机构提供的医疗服务免征增值税。

医疗机构，是指依据国务院《医疗机构管理条例》（国务院令 149 号）及卫生部《医疗机构管理条例实施细则》（卫生部令第 35 号）的规定，经登记取得《医疗机构执业许可证》的机构，以及军队、武警部队各级各类医疗机构。具体包括：各级各类医院、门诊部（所）、社区医疗卫生服务中心（站）、急救中心（站）、城乡卫生院、护理院（所）、疗养院、临床检验中心，各级政府及有关部门举办的卫生防疫站（疾病控制中心）、各种专科疾病防治站（所），各级政府举办的妇幼保健所（站）、母婴保健机构、儿童保健机构，各级政府举办的血站（血液中心）等医疗机构。

医疗服务，是指医疗机构按照不高于地（市）级以上价格主管部门会同同级卫生主管部门及其他相关部门制定的医疗服务指导价格（包括政府指导价和按照规定的供需双方协商确定的价格等）为就医者提供《全国医疗服务价格项目规范》所列的各项服务，以及医疗机构向社会提供卫生防疫、卫生检疫的服务。

二、非医疗服务税收政策

为了贯彻落实《国务院办公厅转发国务院体改办等部门关于城镇医疗卫生体制改革指导意见的通知》（国办发〔2000〕16 号），促进我国医疗卫生事业的发展，医疗卫生机构有关税收政策如下：

（一）关于非营利性医疗机构的税收政策

（1）对于非营利性医疗机构从事非医疗服务取得的收入，如租赁收入、财产转让收入、培训收入、对外投资收入等应按规定征收各项税收。非营利性医疗机构将取得的非医疗服务收入，直接用于改善医疗卫生服务条件的部分，经税务部门审核批准可抵扣其应纳税所得额，就其余额征收企业所得税。

（2）对非营利性医疗机构自产自用的制剂，免征增值税。

（3）非营利性医疗机构的药房分离为独立的药品零售企业，应按规定征收各项税收。

（4）对非营利性医疗机构自用房产、土地、车船，免征房产税、城镇土地使用税和车船税。

（二）关于营利性医疗机构的税收政策

（1）对于营利性医疗机构取得的收入，按规定征收各项税收。但为了支持营利性医疗机构的发展，对营利性医疗机构取得的收入，直接用于改善医疗卫生条件的，自取得执业登记之日起，3 年内给予下列优惠：对其取得的医疗服务收入免征营业税；对其自产自用的制剂免征增值税；对营利性医疗机构自用的房产、土地、车船，免征房产税、城镇土地使用税和车船税。3 年免税期满后恢复征税。

（2）对营利性医疗机构的药房分离为独立的药品零售企业，应按规定征收各项税收。

医疗机构需要书面向卫生行政主管部门申请其性质，按《医疗机构管理条例》

进行设置审批和登记注册,并由接受其登记注册的卫生行政部门核定,在执业登记中注明"非营利性医疗机构"和"营利性医疗机构"。

上述医疗机构具体包括:各级各类医院、门诊部、社区卫生服务中心(站)、急救中心(站)、城乡卫生院、护理院(所)、疗养院、临床检验中心等。上述疾病控制、妇幼保健等卫生机构具体包括:各级政府及有关部门举办的卫生防疫站(疾病控制中心)、各种专科疾病防治站(所),各级政府举办的妇幼保健所(站)、母婴保健机构、儿童保健机构等,各级政府举办的血站(血液中心)。

第三节 "营改增"对医院财务的影响及对策

根据调查显示,三甲医院多为一般纳税人,二级医院由于缺乏应税业务,多数不属于增值税纳税人,少数为小规模纳税人。因此,与一般纳税人相比,小规模纳税人对医院管理的影响相对较小,在此暂不做讨论。以下以三甲医院为例,基于一般纳税人身份,就"营改增"对医院财务管理的影响及应对策略展开分析。

一、"营改增"对医院会计核算的影响

与一般企业不同,医院具有应税业务与非应税业务并存的特点。《医院财务制度》把医院收入划分为医疗收入、财政补助收入、科教项目收入和其他收入四大部分。众所周知,医院的医疗收入、财政补助收入、财政拨入的科教项目收入均享受免税政策优惠,属于非应税收入。除此之外,医院还存在许多医疗以外的其他收入,这部分收入项目繁多,随意性大,与医院所提供的非营利医疗服务没有必然的联系。根据财政部、国家税务总局《关于医疗卫生机构有关税收政策的通知》(财税〔2000〕42号)的规定,对非营利性医疗机构从事非医疗服务取得的收入,均应按规定征收各项税收。医院的应税收入具体包括租赁收入、财产转让收入、进修培训收入、对外投资收入、横向科研经费收入等。"营改增"以后,这些应税收入需按要求计算缴纳增值税,这对医院会计核算产生了较大影响。

"营改增"前后医院应税业务会计核算的变化。

例如,某三甲医院收到医药公司药物试验科研经费10万元。用该项目经费购买试剂材料一批5万元(含税),购买实验设备一台3万元(含税),取得增值税专用发票,适用税率17%。

"营改增"以前,医院开具营业税发票。

取得收入时:

借:银行存款　　　　　　　　　　　　　　　　　　100 000

　　贷:科教项目收入　　　　　　　　　　　　　　　　100 000

购买材料时:

第十一章 "营改增"对医疗卫生业的影响及对策

借：科教项目支出 50 000
　　贷：银行存款 50 000
购买设备时：
借：固定资产 30 000
　　贷：银行存款 30 000

"营改增"以后，医院开具增值税专用发票，适用税率6％。
取得收入时：
借：银行存款 100 000
　　贷：科教项目收入——应税经费收入 94 339.62
　　　　应缴税金——应缴增值税（销项税额） 5 660.38
购买材料时：
借：科教项目支出——应税经费支出 42 735.04
　　应缴税金——应缴增值税（进项税额） 7 264.96
　　贷：银行存款 50 000
购买设备时：
借：固定资产 25 641.03
　　应缴税金——应缴增值税（进项税额） 4 358.97
　　贷：银行存款 30 000

从以上分析可知，"营改增"要求应税业务销项税和进项税须从收入和支出中剥离，税金既不计入收入，也不计入成本费用。由于价税分离使固定资产入账价值减少，所以医院固定资产的实有价值受到了影响。"营改增"后医院会计核算趋于复杂，这对于医院财务人员来讲，无疑是一个新的挑战。

二、"营改增"对纳税管理的影响

（一）对税负水平的影响

"营改增"以前，医院的应税业务缴纳营业税，适用税率5％。"营改增"以后，医院提供的应税服务缴纳增值税，适用税率6％。如果不能有效取得可抵扣进项税，实际税率将达到5.66％，高于营业税率0.66％。因此，能否取得可抵扣进项税，是决定医院税负水平的关键。

可抵扣进项税是由应税业务支出产生的，医院应税业务支出包括劳务费、差旅费、咨询费、会议费、设备购置费、卫生材料费、印刷费、版面费等。其中劳务费、差旅费占有一定比例，且不能取得增值税专用发票，医院会因此损失部分可抵扣进项税。此外，购置设备、卫生材料等开支，大多能够取得增值税专用发票，适用税率6％、11％、17％不等。而医院提供的应税业务一般适用6％的税率。目前增值税纳税管理执行所有税率混合抵扣。单纯从税率上分析，进项税与销项

· 153 ·

税的比例对医院是有利的。如果应税业务支出能部分取得增值税专用发票,即可使医院的纳税负担大幅降低。

(二)对纳税核算的影响

1. 纳税核算趋于复杂

缴纳营业税时,应缴税金＝应税业务收入×税率。"营改增"以后,应缴税金＝销项税－进项税。

例如,某三甲医院5月其他收入、科教项目收入中分别取得应税收入30万元、500万元。使用应税科研经费购买2台实验设备,取得增值税专用发票,销售额100万元,税额17万元,合计金额117万元。

缴纳营业税时:应缴营业税＝5 300 000×5％＝265 000(元)

缴纳增值税后:

不含税销售额＝5 300 000/1.06＝5 000 000(元)

销项税＝5 000 000×6％＝300 000(元)

应缴增值税＝300 000－170 000＝130 000(元)

由上例分析可见,"营改增"后,应缴增值税需从销项和进项两个方面进行核算,纳税核算较营业税复杂。同时由于扣减了购入固定资产所产生的进项税,所以医院当月应缴税金比缴纳营业税时少缴135 000元,降低税负51％。可见"营改增"对降低税负起到了积极作用。

2. 纳税申报更加严谨

营业税纳税申报,只需在"地税"纳税系统中填写本期应税收入,选择相应税率即生成缴款书完成申报。"营改增"后,医院需在"国税"纳税系统中填写增值税一般纳税人申报表及其附列资料等十多张报表,需将本期应税收入价税分离,按不同税率分别填列销项税明细资料表,同时填列本期认证通过的进项税明细资料表。纳税系统根据本期销项税、进项税和上期留抵进项税及其他相关资料,自动生成应缴税金。表与表之间有紧密的钩稽关系,整个申报过程既复杂又严谨。

实际工作中有些医院只申报开具增值税票据的收入,而不申报未开票据的应税收入。国税部门增值税纳税申报表附列资料(一)即《本期销售情况明细表》中明确要求:纳税人需分别填列增值税专用发票、增值税普通发票、其他票据和未开票据的收入和税金。可见,无论开票与否、开具何种票据,只要是应税业务均应缴纳增值税。这一点应引起医院财务人员的注意。

三、"营改增"对医院科研经费管理的影响

三甲医院特别是大学附属医院,肩负着医疗、教学和科研的任务,科研经费所占比例相当可观,且项目繁多,资金来源呈多元化。根据来源渠道不同,科研经费分为横向经费和纵向经费。来源于企事业单位、社会团体的科研经费即横向

经费。横向经费属于应税业务,是医院缴纳增值税的主要项目。财政体系拨入的科研经费为纵向经费,属于非应税业务。科研经费纵横交错、错综复杂。"营改增"对医院科研经费的影响较大。

(一)对横向科研经费入账金额的影响

"营改增"以前,缴纳营业税时,医院横向科研经费收入与会计账面收入金额一致,不存在差异。"营改增"以后,由于拨入的横向科研经费属于含税收入,需按增值税核算要求从收入中将销项税分离,横向科研经费收入/1.06＝会计账面收入。因此,会计账面收入小于实际拨入的横向科研经费,二者会产生收入差额。

(二)对横向科研项目成本的影响

"营改增"后,横向科研经费缴纳增值税,税率从营业税的5%上升为6%,能否及时足额取得可抵扣进项税,直接影响到科研项目成本。科研项目成本费用包括差旅费、劳务费、会议费、实验材料费、咨询服务费等。其中差旅费、劳务费所占比例较高,且不能取得增值税专用发票,势必会影响进项税抵扣,会直接增加科研项目成本。积极控制差旅费、劳务费的开支比例,重视进项税抵扣管理,是降低科研项目成本的有效途径。

(三)对横向科研经费进项税抵扣管理的影响

横向科研经费的进项税抵扣有两种方法:按单一项目抵扣和所有项目混合抵扣。这两种方法各有利弊。按单一项目抵扣管理权责清晰,但核算烦琐,不利于医院整体税负水平的调节;按所有项目混合抵扣管理省时省力,有利于医院整体税控调节和可抵扣进项税的统筹使用,但容易产生"大锅饭"现象,不利于调动科研人员的积极性和进行科研项目成本的核算。医院可以根据自身情况,选择适合的管理方式。

四、应对"营改增"的具体策略

(一)细化调整会计科目

由于医院具有应税业务与非应税业务并存的特点,因此,"营改增"以后医院会计核算必须明确应税和非应税的界限,对应税和非应税业务收支分别核算。医院信息技术人员应按照增值税核算要求重新定义会计核算信息系统,给应税业务加以特殊标识,以区别于非应税业务,便于单独进行会计核算。细化调整会计科目,强化培训会计人员,防止应税业务收支与非应税业务收支的混淆。

1. 收支科目调整

根据财务核算的需要,在其他收入中下设"应税收入"和"非应税收入"明细科目,在科教项目收入中下设"应税经费收入"和"非应税经费收入"明细科目。同时,在其他支出中下设"应税业务支出""非应税业务支出"明细科目。在科教项目支出中下设"应税经费支出"和"非应税经费支出"明细科目。

2. 资产物资会计核算科目调整

"营改增"以后,增值税核算要求购置的固定资产、材料物资需价税分离。医院固定资产、材料物资需区分"应税资产"与"非应税资产"。因此,医院需在固定资产科目下增设"应税资产"和"非应税资产",在卫生材料科目下增设"应税材料"和"非应税材料"等明细科目。

3. 纳税核算会计科目调整

由于增值税受对外提供服务所产生的销项税和购买商品或服务产生的进项税共同影响,因此,实施"营改增"以后,医院不仅要核算收入所形成的销项税,还要核算支出所带来的进项税。根据增值税纳税核算的需要,医院需及时调整纳税核算会计科目,在应缴税金科目中下设"应缴增值税——销项税额""应缴增值税——进项税额""应缴增值税——未缴增值税""应缴增值税——未缴增值税转出"等明细科目。

(二)科研应税项目进项税采用综合抵扣与单一项目抵扣相结合的管理方式

对于科研应税项目进项税抵扣管理,建议采用应税项目综合抵扣与单一项目抵扣相结合的管理方式。在应缴增值税明细科目下设置项目明细账,登记各项目纳税明细。

例如,某三甲医院本月销项税52 000元。其中A项目20 000元,B项目12 000元,C项目20 000元,经税务机关认证通过的增值税进项税发票共2张,合计金额23 000元,其中A项目10 000元,B项目13 000元,C项目0元。

按医院综合抵扣计算应缴纳增值税:52 000—23 000=29 000(元)

按单一项目抵扣计算应缴纳增值税:

A项目:20 000—10 000=10 000(元)

B项目:12 000—13 000=—1 000(元)

C项目:20 000—0=20 000(元)

A项目欠缴税额=1 000 /(20 000 + 10 000)×10 000=333.33(元)

C项目欠缴税额=1 000/(20 000 + 10 000)×20 000=666.67(元)

将上述计算结果分别记入应缴增值税明细账和项目明细账,将B项目进项税1 000元记入项目明细账结转下期抵扣,同时将A项目333.33元和C项目666.67元欠缴税额记入项目明细账,待下期补缴。这种方式下,医院既可以不浪费可抵扣进项税额,综合掌控税负水平,又可以明晰各项目间权责,有效激励科研人员的积极性。

(三)加强票据管理,做好纳税筹划

增值税发票分为增值税专用发票和增值税普通发票。对于开具人而言无论是"专票"还是"普票",均需缴纳增值税,但是对于发票取得人而言则不同,取得增

第十一章 "营改增"对医疗卫生业的影响及对策

值税专用发票的税额可以作为进项税抵扣，而取得增值税普通发票的税额则不可以作为进项税抵扣。因此，医院财务人员应重视增值税发票开具和报销的审核，对于开具的增值税专用发票，需将持票人名称、纳税人识别号、地址、电话、开户行及账号一一填写清楚。如果受票人不能提供以上信息，则不予开具增值税专用发票，而只能开具增值税普通发票。

另外，增值税进项税对销项税的抵扣作用决定了增值税专用发票的重要性。应税业务的支出如果不能取得增值税专用发票，则不能进行进项税抵扣，从而加大应缴税费，增加医院税负，影响收支效益。因此，财务人员应积极做好纳税筹划，重视增值税进项税的抵扣核算。对于应税业务购买商品和服务的支出，应强调在质量、价格相近的情况下，以方便取得增值税专用发票为条件，选择供应商和服务商，以降低税负水平。严格票据的审核，对于未取得增值税专用发票的开支，要查明原因，追讨更换票据，降低纳税负担。

值得注意的是，实际工作中，有的医院财务部门因为惧怕核算麻烦，而不进行增值税进项税抵扣核算，白白放弃了政策红利，使医院税负不减反增，影响了医院效益。这一点应引起医院财务人员重视。

"营改增"为医院迎来了减负降税的大好机遇，同时也给医院财务管理提出了更高的要求。医院要适应形势，抓住机遇，积极应对"营改增"所带来的利与弊，加强财务管理，改善和提高财务人员的综合素质，强化专业知识的培训学习，重视进项税抵扣，做好纳税筹划，切实享受税制改革所带来的政策红利。

第十二章 "营改增"对旅游业的影响及对策

第一节 旅游业"营改增"背景

一、旅游业"营改增"的必要性

(一)现行营业税税制下旅游业存在的主要问题

1. 税收征管难度大，税收流失严重

旅游业中很多企业经营亏损，盈利企业营业税税负率过低等主要是因为营业税税制下旅游业税收征管难度大，税收流失严重。其具体原因有以下几点：一是纳税主体的确定及旅游企业收入核实困难。旅游业中的核心纽带是旅行社，然而根据访谈得知，现在旅行社很多采取挂靠的形式。挂靠的旅行社只需向被挂靠旅行社支付一定的承包费用或管理费，不领取发票，不做账，不办营业证，使税务部门难以确定其纳税主体，核定计税依据。除公费旅游游客索要发票外，旅行社几乎不开发票，导致旅行社计税基础难以确定。二是核实旅游企业从外地所取得发票的真实性难度大。由于旅游行为的异地性特征，旅游企业所获取的营业税发票大部分来自外地甚至外国，且各地区营业税发票的样式各异，从而导致审核各发票的真实性非常困难。三是虚增成本费用发票，少计营业收入。旅游企业之间互相虚开发票冲减营业额以及随意增加扣减项目等增加营业成本的现象非常普遍。

2. 旅游市场管理机制不健全，恶性竞争严重

营业税税制下，旅游市场违反税收法规，恶性竞争现象非常普遍，从而阻碍了旅游业的发展。一方面，游客对价格敏感的传统心理，导致旅游企业之间恶性竞争严重，一些素质欠佳的员工严重破坏了旅游服务人员的形象。另一方面，旅游业中恶意降低成本营销的现象非常普遍，减少了地方税收。

3. 旅行社财务制度不健全，财务管理混乱

其一，账务处理不规范。90%以上的旅游企业没有按照标准的财税制度进行账务处理，如营业收入的计税依据不准确；营业成本的计入无合法票据，只有结算单据；原始凭证缺失，记账金额与原始凭证金额不一致等。其二，由于前面所分析的收入、成本列支不符合规定，如不计营业收入，任意扩大抵扣范围，减少营业收入；多列费用支出，减少营业利润。

4. 旅游业重复征税问题严重

由于税种复杂多样，再加上营业税与生俱来的弊端，旅游业重复征税问题严重。一是流转税之间的重复征税。旅游业业务涉及面广，每个环节几乎都要缴纳营业税，重复征税问题很严重。在混合经营与联营业务较多的旅游业营业税税制下，流转税之间的重复征税现象更为普遍。如提供应税劳务取得收入时，如果提供劳务过程中使用了含增值税的货物，那么就不能对货物购进过程中的增值税进项税额抵扣，这就造成了营业税与增值税重复征税，同理也存在营业税自身的重复征税。二是旅游业流转税与所得税之间有重复征税现象。

5. 营业税税制损害了旅游服务业的税收公平与税收的中性原则

税收公平原则是现代税法的基本原则。税收公平原则是以价值分配为基础，要求在差异化个体之间体现差异化待遇，无差异化个体之间实行无差异化待遇。增值税具有税收中性的特点，而营业税是一种非中性税收。因此，旅游业在营业税税制下，有损税收公平。具体表现在旅游业与其他行业之间的税负不公；旅游业中不同旅游经营主体之间的税负不公；具有相同经济实质的不同旅游业务之间的税负不公。由于旅行社现行营业税税制不符合税收公平与中性的原则，所以其不利于旅行社服务业的发展。

(二) 增值税相对于营业税的优点

1. 有利于减少旅游业重复征税问题

增值税属于价外税，具有税收中性的特点。征收增值税有利于完善旅游业的税收公平。同时，由于我国实施"营改增"的目的是结构性减税，对旅游业实施"营改增"，有利于减少旅游业重复征税问题。

2. 有利于促使旅游企业完善财税制度

旅游业实施"营改增"后，有利于完善旅游企业的财税制度。在征收增值税的环境下，对发票的管理与使用等要求更为严格，从而促使旅游企业不得不完善其财税体系。

3. 有利于健全旅游市场机制，促使旅游管理水平的提升

旅游业"营改增"后，为了通过增加可抵扣进项税额来提升自身的竞争力水平，企业必定会加大内部管控力度，规范管理机制，采取措施提升旅游人员素质，力求由劳动密集型向技术密集型转型，从而有利于旅游企业管理水平的提升与旅游市场机制的健全。

二、旅游业"营改增"的可行性

(一)营业税与增值税之间的统一性与可替代性为旅游业"营改增"提供了理论基础

营业税与增值税是国家增加财政收入，实行宏观调控与市场调节的重要手段。因此，营业税和增值税具有可替代性。营业税与增值税的可替代性是由它们之间的统一性决定的。营业税和增值税税收机理与立法原则的统一性为两者之间的可替代性提供了理论依据。另外，营业税与增值税在计税基础、征税对象及征管主体方面的差异性既为两者之间的可替代性提供了可操作空间，也促成了两者之间的可替代性。因此，两者之间的统一性与可替代性为旅游业"营改增"提供了理论基础。

(二)增值税征管体制的完善为旅游业"营改增"提供了技术保障

随着经济的变革与发展，我国增值税征管模式也发生了较大变化。1994年税制改革以来，征税工程不断完善。信息技术在税收征管过程中发挥了越来越重要的作用，增值税税收征管效率也不断提高。因此，当今增值税征管体制的完善为旅游业"营改增"提供了必要的技术保障。

(三)试点行业的成功经验为旅游业提供了经验借鉴

自2012年以来，我国"营改增"试点改革所取得的成果为旅游业"营改增"提供了可借鉴的经验。2012年，首先在上海市的交通运输业和现代服务业中试行"营改增"，并于2013年在全国范围内对上述两个行业开展"营改增"试点改革。2014年我国又将铁路运输业、邮政服务业、电信业等纳入"营改增"试点，现已形成"3＋7"模式。我国"营改增"试点改革在近4年的时间里，取得了较好的成果。试点行业总体税负降低，对于少数企业税改后税负不降反升的情况，政府部门采取了补救措施，这些经验有利于推动旅游业"营改增"的顺利进行。

(四)国外实践经验

由于增值税的进项抵扣方式与旅游业尤其是旅行社业中的差额征收营业税的方式非常类似，许多国家对旅游业征收增值税。如西班牙对旅游业中的旅行社、交通运输业以及餐饮住宿业、娱乐业等分别实行16%、7%、16%的增值税税制，并产生了良好的税收征管效应。类似地，德国也对旅游业征收增值税。虽然国情存在差异，但是外国的成功经验依然值得我国借鉴。这些国家所取得的成果为我国在旅游业中推行"营改增"提供了实践依据，表明对我国旅游业实行"营改增"改革存在一定的可行性。

由于旅游业自身的一些特点，对旅游业推行"营改增"还需考虑很多因素，可能还会遇到税负增加、发票获取困难等一系列问题。

三、旅行社"营改增"的政策解读

(一)旅行社的特殊性

旅行社是旅游业的核心纽带,也是旅游业的龙头,业务涉及面广,涵盖吃、住、行、游、娱、购等方面。旅行社经营的产品具有综合性、无形性、人力成本占比大、固定资产占比少、难以存储、服务供应商家类型多样等特点,与一般的经营产品相比,具有独特性。旅行社的代收代付款占营业收入的比重高,成本主要涉及食、宿、交通、景区门票、手续费、地接费等费用,火车票、机票、景区门票等都不能开具增值税专用发票,从上游服务供应商处全额获得进项税抵扣的难度大,并且中小规模企业居多,净利润低。如果不考虑其行业特点,完全按照营业收入全额缴纳增值税,将使企业税负大幅上升,企业自身无法承担,最终转嫁给消费者,导致全行业涨价等风险的出现。为此,中国旅行社协会于2015年8月向财政部、国家税务总局发函,要求从旅行社行业特点出发,对旅行社"营改增"政策进行特别规定,提出对旅行社企业可延续营业税税制下的差额征税政策。若选择差额征税,旅行社企业缴纳增值税的营业额为营业收入直接扣除各项旅游类成本项目的差额,适用增值税税率为6%,不再开具增值税专用发票,该建议函的主要内容被《财政部、国家税务总局关于全面推开营业税改征增值税试点的通知》(财税〔2016〕36号)采纳。

(二)旅行社"营改增"的政策解读

根据财税〔2016〕36号文的规定,旅行社一般纳税人适用6%的税率,小规模纳税人采用3%的简易征收税率,除适用"营改增"的一般规定之外,对其进行了特别规定:"提供旅游服务的企业,可以选择以其取得的全部价款和价外费用,扣除向购买方收取并支付给其他单位或者个人的住宿、餐饮、交通、签证、门票等费用和支付给其他接团旅游企业的旅游费用后的余额为销售额,并且对于已差额扣除核算销售额的部分只可以开具增值税普通发票。"从财税〔2016〕36号文的规定可看出:一是"营改增"后,保留原来的差额纳税政策,并且在营业额扣除的项目中新增了"签证费",但仍然存在较多扣除项目的限制,主要表现为旅行社企业利用自有设施设备为游客提供服务所产生的成本费用,以及旅行社自身运营、管理等发生的工资性支出、差旅费、管理费等不得抵扣进项税额;在旅行社成本中占比较大的旅行社企业内部司机、导游人员、管理人员等人工成本无法进行抵扣等。二是"营改增"后,旅行社一般纳税人的税收征收率提高,小规模纳税人的征税率降低。"营改增"后,旅行社销售额的确定可继续采用差额计算方式,可扣除项目除了增加"签证费"外,与"营改增"之前没有变化。"营改增"之前,征收营业税的税率是5%,从征税率来看,一般纳税人"营改增"后,税收征收率提高,小规模纳税人征税率降低。因此,旅行社的一般纳税人在增值税税制下,能否获取足额进项税额发票依然极为重要,否则难以抵消因税收征收率提高而导致的税负增加的风险。

第二节 "营改增"对旅行社的影响及对策

一、"营改增"对旅行社的影响

2014年8月21日,国务院发布的《国务院关于促进旅游业改革发展的若干意见》指出,旅游业发展上升至现代服务业,是促进、发展现代服务业的重要组成部分。

(一)"营改增"对旅行社税负的影响

"营改增"后,旅行社纳税的税基、税率产生了变化,这必然会对旅行社的税收负担产生一定的影响。

(1)小规模纳税人"营改增"后,与改革之前的营业税税负相比,增值税税负将会减少。由于税改前后旅行社都是采用差额征税形式,且小规模纳税人不可抵扣进项税额,应缴营业税=(营业收入-代收代付款)×5%,税改后应缴增值税=(营业收入-代收代付款)×3%/(1+3%)=2.91%(营业收入-代收代付款)。可见,小规模纳税人税改后只要能够提供代收代付款完整资料、凭证,则税改后税负将降低。

(2)以出境旅游为主的一般纳税人,"营改增"后,与改革之前的营业税税负相比,增值税的税负变化较小。"营改增"后,对旅行社保留原来的差额纳税政策,并且在营业额扣除的项目中新增了"签证费"。以出境旅游为主的旅行社,旅游签证费必然占一定比例。"签证费"的扣除,可在一定程度上抵消因税收征收率提高而导致的税负增加的风险。

(3)以国内旅游为主的一般纳税人,"营改增"后,与改革之前的营业税税负相比,增值税的税负存在增加的风险。"营改增"后,旅行社销售额的确定继续采用差额计算方式,可扣除项目除了增加"签证费"外,与"营改增"之前相比,没有变化。"营改增"之前,征收营业税的税率是5%。从征税率来看,一般纳税人"营改增"后,税收征收率提高,并且,计税方法也发生了变化。增值税的计税方法为:应纳增值税=销项税额-进项税额。因此,旅行社的一般纳税人在增值税之下,如果不能获取足额进项税额发票,将面临税负增加的风险。

(4)旅行社企业所得税税收负担发生变化。在"营改增"之前,旅行社的营业税在"营业税金及附加"这一会计科目上体现,作为企业所得税应纳税所得额的抵减项目,可以在企业所得税前扣除,而增值税属于价外税,无法在税前扣除,从而导致企业所得税税负增加。并且,"营改增"后,收入确认及固定资产入账等方面产生的差异,也会对企业所得税税负产生影响。

(二)"营改增"对旅行社涉税账务处理的影响

(1)增加账务处理的难度。在营业税税制下,旅行社的计税方法简单易懂,以应税营业额作为征收营业税的依据;增值税税制下,由于旅行社业务涉及的产业链多而杂,在进行进项税额抵扣时可能涉及多档税率,因此,相比营业税税制而言,增值税税制下,对税务的账务处理更为复杂。

(2)税负管控难度增大。一是纳税时点管控难度大。旅行社实际操作中,许多情况下款项并未收到就已开出了发票,导致资金流出,纳税义务发生时点与旅行社的收付款时点存在差异。旅行社在营业税税制下是在开票时点纳税,当发生这种差异时,可以"打时间差"。然而,增值税税制下的要求极为严格,每张发票连续且有识别码,从而增值税纳税义务的发生有明确的时点,如果没有管控好,就会导致旅行社内部资金流吃紧。二是涉税发票风险管控难度大。增值税税制下严格按照增值税专用发票核算增值税,并沿用差额征税的形式,存在普通发票、专用发票的区别。然而现在国家政策并没有出台具体可扣除项的实施细则,从而在开票过程中可能将应开普通发票的开成专用发票,还可能存在虚开增值税专用发票的潜在风险。三是涉税合同管理难度加大。增值税税制下,较多合同事项都会对企业税负产生影响。例如,旅行社在服务报价、供应商选择及合同签订方面,要考虑是否含税的问题、合同管理的涉税事宜,以及纳税人资格、开具发票类型、合同变更等具体事项等,而营业税税制下的合同管理相对简单。

(三)"营改增"对旅行社净利润的影响

(1)存在旅行社净利润下降的风险。"营改增"对旅行社利润的影响存在不确定性,存在潜在降低旅行社净利润空间的风险。一方面,通过影响旅行社企业所得税税前可扣除项使净利润减少。增值税属于价外税,不得在所得税前扣除;而营业税计入"营业税金及附加"科目,可以在企业所得税前扣除,直接导致旅行社利润增加,从而使"营改增"后,所得税税基增加,导致净利润减少。同时,旅行社可获得增值税进项税额发票的难度大,进项税额少,致使相关进项税额计入成本内,也会促使净利润减少。另一方面,增值税通过影响城市维护建设税及教育费附加间接导致企业的利润总额增加。

(2)改变了影响净利润的会计核算科目。在之前的税制下,旅行社所核算的营业税计入"营业税金及附加"科目,可在计算企业所得税前扣除,最终影响企业的净利润。征收增值税后,必须对所采购的所有材料、固定物资、发生的交通费等实行增值税核算,进行资产负债表中的会计科目"应缴税费——应缴增值税"核算,并在该科目下增设"进项税额、销项税额、营改增抵减销项税额以及进项转出"等明细科目,从而影响静态报表,而对企业的净利润不产生影响。

二、"营改增"对旅游业影响的对策建议

为了保证"营改增"后旅游业的税负只减不增的目标,建议采取以下对策。

(一)进一步完善和细化有关旅游业"营改增"的法律法规,加快增值税立法

税收法律法规的制定和完善是实施税收法定原则的必然要求,也是依法纳税、高效征管的有力保障。目前,我国有关"营改增"的制度建设只处于部门税收改革规定的层级,并且针对旅游业的改革也只进行了笼统性的规定,处于旅游业核心地位的旅行社相关规定没有细化。与其他行业相比,旅游业具有业务涉及面广、产业链长、异地性等特征,涉及酒店、旅行社及旅游景区、交通运输等主体和行业,这些主体在经营模式、可抵扣项、经营产品特点、经营收入等方面存在差异。在税率设计一致的条件下(交通运输业除外),这些差异可能导致企业税负和净利润上的不同。因此,有必要针对旅游业在"营改增"过程中出现的问题和困难,制定符合旅游业特点的实施细则,对旅行社进行专门性规定,增强旅游业"营改增"政策的可操作性;并且,在增值税背景下,完善现行旅行社管理的法律法规和政策。根据税收法定原则,从我国"营改增"试点的实际出发,推进增值税立法进程,为旅游业的管理和税收征收提供法律保障。

(二)加大政府对旅游业的扶持力度,发挥旅游业行业协会的行业管理职能,消除"营改增"可能产生的消极影响

要加大政府对旅游业的扶持力度。建议采取以下主要措施:一是根据旅行社"营改增"推进过程中出现的税负增加、净利润下降的风险,给予一定过渡性的财政补贴。二是加大旅游税收优惠力度,对旅行社企业向境外提供旅游服务而获得的收入实施出口退税、即征即退、免征增值税等政策;或通过签订旅游税收协定,简化相关税收征收流程,减轻协定签订双方国旅行社的税收负担。三是加大对旅游业引导性资金的投入力度,进一步完善我国各地旅游配套基础设施,开发新型旅游项目,吸引游客。四是进一步支持和推进出入境旅游业务,拓展国外新兴旅游市场,简化沿边旅游手续,提升旅游对外开放水平。

与此同时,充分发挥各级旅游业行业协会在"营改增"试点中的服务、沟通、协调、自律作用。行业协会对旅游企业在"营改增"试点过程中出现的困难和问题进行实时跟踪调查,及时向政府相关部门提出有利于旅游业健康发展的建议。通过协会的各级组织,有针对性地开展"营改增"政策法规的学习培训、经验交流、业务指导等活动,提升旅游业从业人员的素质和管理水平,增强企业及其从业人员依法经营、有序竞争的意识。在"营改增"试点中,旅游业要迎接挑战并抓住发展机遇,发挥好行业协会的服务、沟通、协调、自律作用。

(三)增加旅行社的进项税额,扩大进项税扣除范围

旅游业"营改增"后,如果普遍出现旅行社一般纳税人税负增加的情况,将会危及整个行业的健康发展。因此,有效防范旅行社一般纳税人税负增加的风险,是应对"营改增"对旅游业产生不利影响的关键。

增加进项税额,扩大进项税扣除范围,是消除旅行社一般纳税人因进项抵扣范围有限而产生的税负增加、净利润下降的风险的有效措施。可以通过以下方法来实现:一是合理进行旅行社的固定资产设备更新和不动产购进,以增加增值税进项税额;设立相关联的上下游旅游服务企业,完善抵扣链条。根据财税〔2016〕36号文规定,新购进的不动产可以全额纳入进项税额抵扣范围,固定资产设备购进过程中发生的买入成本也可以抵扣进项税额。因此,在"营改增"初期,旅行社可以通过不动产的购置来增加进项税额。但是,旅行社属于劳动密集型行业,人力成本占比大,固定资产设备及不动产所需较少,仅靠新增不动产增加进项税额不是长远之计。从长远来看,可以新设立相关联的上下游服务企业,以便提供环环相扣的进项增值税专用发票。二是选择合作伙伴,保证获得足额的可抵扣增值税进项税。首先需要考虑上游旅游服务提供商的纳税人资格。小规模纳税人不具备独立开具增值税专用发票的资格。因此,旅行社在筛选业务往来伙伴时,要优先选择一般规模纳税人,避免选择小规模纳税人,以尽可能获得足额的可抵扣增值税进项税,或者选择能由税务机关代开增值税专用发票的小规模纳税人,以避免风险。其次,还需要考虑服务报价是否含税。营业税属于价内税,增值税属于价外税,而服务价格直接影响旅行社企业的净利润,在供应商选择时,除需考虑服务提供商的纳税人资格外,还必须考虑服务价格含税与否、价外费用包含与否、价外费用含税与否等方面。三是适当扩大旅行社的进项税扣除范围。财税〔2016〕36号文只对旅游服务业这一行业大类进行了规定,但是,旅游服务业中的酒店、旅行社及旅游景区等在经营模式、可抵扣项、经营产品特点、经营收入等方面存在差异,这些差异可能导致不同类型的旅游服务企业在税负及净利润上存在不同。随着"营改增"的不断深入和完善,有必要根据旅行社的行业特点,制定有针对性的实施细则,将人力成本等一些无法获取增值税发票的费用,采用核定计算扣除的方法计算进项税额,适当扩大旅行社的进项税扣除范围。

(四)增强旅游企业的依法纳税意识,调整管理决策思维模式,加强和优化旅游企业的内部管理

在旅游业中,尤其是旅行社企业中,中小企业偏多,其利润微薄,经营亏损现象较为普遍,并且面向消费者个人的服务占相当大的比重。这些因素导致企业内部财税体系普遍不健全,在营业税税制下财税处理的难度低。"营改增"后,国家对旅游业的税收征管力度加强,监管更加严格,如果旅游企业仍然固

守过去的纳税意识和财税处理方式，将面临较多的税务风险。因此，旅游企业应进一步增强依法纳税意识，尽快规范税务管理流程，加强企业经营环节的控制与监督，严格按照标准与流程进行合同、发票的审核与处理，以减少和防范税务风险。为此，应主要采取以下措施：一是加大员工培训力度，提高员工的专业化水平，以应对"营改增"后旅游业税负、净利润会计核算与发票管理的工作量与难度增大的问题。二是加强内部流程控制，明确岗位责任。建立健全会计核算制度，加强财务管理流程控制，明确各个岗位上员工的职责，对企业经营的各个环节加强控制与监管，对各项业务合同及各种发票的审核要严格按照标准与操作流程进行。三是积极做好税务筹划，通过选择合作伙伴、改变经营模式、拓展出境旅游服务业务、优化业务处理流程等方式达到合法减轻企业税负的目标。

三、结论

全面推行"营改增"试点改革，对于旅行社行业的发展既是机遇也是挑战。由于我国旅行社大多为微利的中小型企业，业务涉及的产业链多而杂，全面推行"营改增"试点，有利于解决旅行社重复纳税问题，化解混合销售潜藏的风险，提升旅行社的服务和管理水平，促进旅游业及其关联产业的持续发展，加快与国际税制接轨的速度，提高税收征管效率。但是，"营改增"后，由于纳税税种发生变化，必然会对旅行社企业的税收负担、财务处理、净利润等产生影响，只有把控好这些风险，才能使旅行社企业的税负总体减轻，使其享受到"营改增"政策的红利，否则将会面临税负增加的风险。

第三节 "营改增"后旅游服务税收监管问题及对策

依据国家旅游局2015年12月公布的《2014年中国旅游业统计公报》，旅游业务营业收入为398亿元。但是，在旅游服务行业存在收入迅猛发展与偷逃税额多发两者共生的问题，旅游服务税收监管风险在营业税时代没有得到有效控制。自2016年5月1日起，在全国范围内全面推开"营改增"试点，旅游服务的主要税收监管工作转由国税局承担，但是仅仅借助现有税收监管工具并不足以应对旅游服务自身特质产生的税收监管风险。在全面"营改增"的形势下，更应审视旅游服务税收监管工作的严峻性，即税收监管长期得不到应有的重视，掩盖了其对旅游服务的失控。

第十二章 "营改增"对旅游业的影响及对策

一、旅游服务税收监管风险的成因及表现形式

一方面，旅游服务原本就存在诸多税收监管风险；另一方面，"营改增"后由于法律变更还诱发了新的财务造假现象，税收监管部门也应及时关注。

(一)税务登记流程缺失导致监管真空

"国家旅游局关于2016年第二季度全国旅行社统计调查情况的公报"显示，第二季度全国旅行社总数为27 856家。而依据国家旅游局公布的2015年旅行社各项指标数据，平均每个城市有127家旅行社总社。但是在提供旅行服务的市场主体中还隐藏着两个没有进入统计的惊人数字，那就是国内旅行社总社下设的分公司和知名国际旅行社下设的服务网点。尤其是近年来"宝中""百事通""海洋"等全国知名旅游服务结算平台发展强劲，这极大地助推了各地国际旅行社开设分公司和服务网点数量的增长。一般情况下，国内旅行社总社平均下设4~5家分社。对于国际旅行社总社，大型的下设近40家服务网点，略小的也能达到20家服务网点。如果按照这一比例估算，全国范围内国际旅行社总社所辖的分公司和服务网点总数，至少是设立了税务登记的总社量的数倍。但是，由于设立服务网点时还未推行"三证合一"换领新证，众多在总公司经营地域范围内从事经营的分公司、服务网点都没有办理税务登记，对于质监和税务来讲，分公司、服务网点是"漏管户"，并且形成了分公司、服务网点只有当消费者索要发票时才告知总社开具发票的惯例。也就是说，在旅游服务业中存在这样一种监管真空现象：绝大多数分公司、服务网点未被税务机关监管，且两者大部分业务也不向总社进行汇总纳税。旅游服务业在经营过程中存在严重的账外经营问题。比如，某旅行社总社于2015年5月至10月间，在其使用的结算平台上总共实现了约900万元的营业额。结合收入开票的比例可以推知，其中50%以上是由其下设的近40家服务网点实现的。

除此以外，在进行的"三证合一"换领新证的工作中，还发生了匪夷所思却似乎"合情合理"的怪现象：大部分基层工商局考虑到质监局已经取消了组织机构代码证制度，进而致使税务登记注册不能完成，因而在企业写出证明后为其办理了"三证合一"新证的换领。这样一来，税务登记、偷逃税额行政处罚制度被架空。

(二)税法漏洞诱发代扣费用票据造假

1. "差额征税"计算方法存在逻辑漏洞

《营业税改征增值税试点实施办法》规定，旅游服务可以选择以取得的全部价款和价外费用，扣除向旅游服务购买方收取并支付给其他单位或者个人的住宿费、餐饮费、交通费、签证费、门票费和支付给其他接团旅游企业的旅游费用后的余额为销售额。这种差额与全额并存的制度是为了全面推进"营改增"而做出的一种变通。对照《营业税暂行条例实施细则》的规定：条例第五条第6项中所称的其他情

形,包括旅游企业组织旅游团在中国境内旅游的,以收取的旅游费减去替旅游者支付给其他单位的房费、餐费、交通、门票和其他代付费用后的余额为营业额。相比之下,旧法中的"其他代付费用"变成了"签证费",即准予扣除的代付费用范围小于实际支出的代付费用范围,旅行者自愿投保的人身意外保险和境外支付小费等其他代付费用被排除在计算差额销售额时可扣除的费用之外。

一方面,先从理论上推演在新的差额计税办法下旅游服务增值税的计算过程:假设某旅行社选择按差额计算销售额,且同时取得了代付人身意外保险费的增值税专用发票,是否允许进项税额抵扣呢?既然是增值税专用发票,且不属于不得抵扣情形范围,那么,代付人身意外保险费对应的进项税额就可以抵扣。既然如此,那为什么将代付保险费与其他代付费用隔离开来呢?可见,《营业税改征增值税试点实施办法》有关旅游服务差额计算销售额的方法存在逻辑混乱。另一方面,立法的逻辑混乱带来理解的不确定性必然导致纳税人的无所适从。回归税收实务,再来审视跟随新的差额计税方法而新增的两处税收监管风险。第一,保险公司不再开具增值税发票。因为对于新法理解上存在歧义,保险公司索性以"无法作为扣税凭证"为由不再开具增值税发票,而只开具"保险费专用收款凭证"。第二,旅行社为了弥补代付保险费不得扣除导致的财务压力,转而在门票、住宿费等环节虚开发票。

2. 退票业务的性质尚无明确界定

由于退票业务的性质在税法中尚无明确界定,航空公司办理退票业务收取的退票费和手续费并不提供有效发票。另外,由于旅行社是以集体代购形式购买机票的,所以如果办理退票就必须将行程单退还。这就造成了整个团队的机票失去有效凭证。这些税法漏洞必然加大旅行社在其他环节财务造假的内在驱动力。

3. 单项委托服务无法可依

单项委托服务属于旅行社的常规经营项目。在营业税时代,由于税制规定简单,单项委托服务与旅游包价服务一起合并计税。旅行社单纯地代销门票、机票、车票、住宿等服务,其经济实质与包价服务还存在区别,且与经纪代理业务不相同。相比之下,增值税征税范围的划分远比营业税精细,解决旅行社业务范围的归属问题时需要回应增值税新的划分规范。而棘手的问题是:单项委托服务或称代销服务目前在增值税中尚未立法。

(三)财务核算不健全导致真实税源掌握不清

旅行社除了账簿设置不规范、财务报表填写混乱等服务业常见问题外,以下三个问题尤为突出。

1. 现金收支比重大

在旅游服务中普遍存在现金交易,这符合旅游服务的现实需要,具体表现在:第一,在前台,大量消费者习惯支付现金;第二,旅游途中增加景点收取的门票费、房差等几乎全是现金收入；第三，出于节约时间和交易安全的考虑，发团时导游会携带大量现金，在旅行途中按照进度与地接社随时结算；第四，导游向汽车司机、饭店、小旅社支付运费、餐费、住宿费时，绝大多数以现金结算。此外，分公司、服务网点均不专设财务岗位，主观上纳税意识比较淡薄，加之存在监管真空，因此寄希望于其自行申报是不现实的，且在总公司经营地域内经营的分公司、服务网点没有开立银行账户，不可能通过银行信息监管其收支情况。所以，最终形成了纳税人申报收入仅限于开票收入和很小一部分不开票收入。

2. 多元化因素造成发票管理混乱

业务量大且琐碎加大了旅游服务税收征管工作的成本，对"三流合一"的核查形成了现实阻碍。第一，从取得的发票看：一是代扣费用的发票只填写总价，不填写单价和数量。由于旅行社是以协议优惠价购买旅游产品，但是税务机关并不掌握具体的折扣额，所以难以核实代扣费用发票数额的真实性。比如景区门票的原价、折扣额并不在票据中如实记载，而且年终奖励返点是以旅行社开出"旅游费"发票的方式入账。二是有些风景区以"折扣超低"为由拒绝向旅行社开具发票。第二，虚开发票时有发生，比如旅行社之间假造转委托协议虚开代扣费用发票，消费者要求虚开发票，司机为享受运输公司福利要求虚开旅游费发票等。第三，征税范围类型划分不清，一些税务机关要求旅行社经营业务只能以"旅游费"名义开票，导致了兼营旅游产品业务出现"高进低销"。第四，行业监管部门与税务部门的执法立场不同，导致了一部分收入缺乏票据原始资料。由于旅游局对《国家旅游局关于严格执行旅游法第三十五条有关规定的通知》中"不得通过指定具体购物场所和安排另行付费旅游项目获取回扣等不正当利益"的规定执法存在不确定性，于是旅行社主观上不敢将佣金、回扣等收入记载于票据中。然而，征税行为是具有无因性的，公平原则决定了即使非法收入亦可被征税。旅游服务存在的佣金、回扣是与当今我国消费者的理性程度、旅游市场竞争情况相匹配的，短期内不可能得到根本治理。因此，旅游服务行业监管客观上加大了税收监管的风险。

3. 承载重要涉税信息的相关业务管理均不规范

业务中的突出问题包括：第一，不按旅游法规定签订旅游合同情形普遍。市辖区内出境游、境内长线团队游一般签订旅游合同。数量居多的短线游基本不签合同，因为消费者也觉得短线游签订合同太过麻烦，而县域内旅行社签合同的情况更少，甚至可以低到总业务数量的10%。第二，旅行社之间的转委托业务确认件保存违反法律规定。旅行社之间为了保障组团成功，常规化地存在转委托业务。按照《会计档案管理办法》的规定，旅行社转委托业务确认件的保管年限是30年，但是对于处在监管真空中的大多数旅行社来讲，确认件不过是旅行社之间结算的依据和应对旅游局检查做的表面文章。第三，旅行社为了降低成本，形成了从本地的各家景区代理旅行社借用派团单的行规。旅行社组团的不同线路，就会从不同的代理商旅行社借用派团单，也就是说，一家景区代理旅行社的派团单实际上混合着多家旅行社的业务。

(四)以人力为主要成本,导致现有税收监管制度适用性差

通过传统税收监管手段掌握旅游业真实服务能力的工作存在巨大困难,主要原因有以下几方面。

1. 纳税检查与纳税评估制度实施困难

因为旅游服务日常投资主要是人员工资、房租、广告费等,几乎没有可以以产定销的货物投资,且行业监管、税收征管都远远落后于产业自身发展,很难专门针对旅游服务进行科学的、专项的纳税评估。

2. 自查补税制度运行不力

责成自查的目的之一就是通过自查为重点稽查建立纳税评估样本。但是,旅游服务企业在自查补税中的配合程度并不高。究其原因,是基于上一条所述的行业特殊性,使得现行税收监管制度对于旅游服务而言显得过于宽松:第一,大多数旅行社属于非重点税源企业,主要涵盖全国知名国际旅行社服务网点和各地国内旅行总社及其分公司,每30年才会被稽查一次;第二,目前税务稽查的业务时限范围被控制在3年以内;第三,近些年税务局执法较为宽松,对于绝大部分旅行社仅以企业所得税税收贡献率作为稽查选案的标准。

税收监管制度对旅游服务的适用性差,加之逃避缴纳税额罪的"出罪"制度规则,共同导致了一个结果:旅游服务偷逃税额的违法成本很低。依据经济心理学的"反社会惩罚"理论,在公民合作规范和法治较弱的社会环境中,非重点税源企业的旅行社不会选择自查补税,因为披露自己的真实税源,会遭到同行的报复。所以,在目前税收执法环境宽松的条件下,作为非重点税源的中小型旅行社的收入大多处在起征点上下浮动的水平,一旦因为自查补税被确定为纳税评估样本就极有可能出现被同行联合排斥的后果。可见,目前监管制度的不适用性是旅游服务向税收监管风险控制提出的严峻挑战。

(五)各地对旅游服务实体法要素理解不同导致税收监管尺度不一致

各省市地税局都曾颁布过旅游业税收征管办法。但是,各地对多项旅游服务实体法要素的理解不一致。主要原因有:第一,认为提供代办出境、入境和签证手续以及代办、代订机票、车票行为,甚至一并销售相关货物行为均属于旅游服务征税范围的理解是受到了旅游法律法规和旅游行业经营业务范围的影响,脱离了税收执法的专业视角。第二,纳税评估不准确导致代扣费用比差异大。对于实行核定征收的纳税人,各地方代扣费用的核定扣除比例一般情况下是从75%到90%不等,扣除比例差异越大反映出税收监管风险可能越大。而"权力下放"和空白的规定更暴露出由于税收执法自由裁量权过大可能导致的不确定性风险。

二、"营改增"后旅游服务税收监管风险控制的约束条件

(一)立法、执法制度均应尊重旅游服务业务发展的客观需要

旅游服务业是一种特质突出的服务行业。国税局要想提高旅游服务税收监管效率，就必须以重视研究行业特殊性、尊重行业自身发展需要为起点。

1. 旅游服务的经营本质是代旅游者集体付费以赚取服务费

在旅游服务营业收入中，大部分是代付费用，诸如门票、交通费、餐费、住宿费、签证费、人身意外保险费等，它们的本质是相同的。如果权力机关与政府不能专注于旅游服务的经营本质，秉持以人为本的基本理念来立法，就极可能"逼迫"市场主体财务造假，徒增税收监管风险。

2. 旅行社经营范围多元化并存是当今市场竞争的必然选择

旅行社超注册范围从事多元化经营已经成为常态，但是税务监管却停滞不前。比如，销售旅游纪念品、买一赠一（买旅游服务赠箱包等货物），甚至旅游地的大型购物店下设旅行社，以满足自身销售需要。这就决定了原来地税局要求旅行社开具发票时只能填写"旅游费"的传统监管方法是不合理的。

3. "竞争与合作并行"的关系是市场博弈形成的行业惯例

无论是转委托还是借用派团单，都是旅游服务行业的市场选择结果，它们使得一项旅游服务在履行合同内容时分散到多家旅行社市场主体的业务中。在"营改增"后，国税部门应对此重视起来。

4. 旅游资源客观限制、业务发生时间集中是旅游服务的突出特征

旅游市场还存在两个客观特征，影响税收监管工作的效率。第一，很多自然风光类旅游资源位于偏远地区，交通不便，进而影响到配套的住宿、餐饮等服务，对此类旅游服务的税收监管容易存在真空，常常出现现金结算、无法取得发票的情况，这类问题在草原旅游线路中尤为突出。第二，在国庆等法定节假日，全国旅游市场保持高位运行，乡村游、休闲游、短线游迎来接待高峰，城市观光游、城市周边游和民俗游受到近程游客青睐。由于存在大量业务集中涌现、地点偏远等因素，旅游服务、餐饮、住宿、娱乐等多个方面都存在税收监管应对不及时的现实困难。

(二)风险控制制度的选择应符合税收制度自身完善的需要

1. 税收法律制度的一致性

在征收营业税时，各地存在对旅游服务外延理解不清的情况，"营改增"之后，由于有了《营业税改征增值税试点实施办法》针对业务范围的明确界定，也应该适时规范、修订各地旅游业税收征收管理办法。

2. 法律制度实施的成本与效果

目前，各地成立了综合治税办公室来加强相关部门涉税信息的提供机制。但

在具体实施中存在流于形式、信息提供不全等问题。特别针对旅游服务而言，涉税信息在政府间实施共享制度的成本是巨大的，因为从表面看，旅游局最有优势去掌握旅行社真实的收支情况，理应成为最佳的涉税信息提供方，但是就现行制度设计而言，旅游局与旅行社之间并非单纯的"监管"关系。第一，从日常工作上看，旅游局的工作有赖于旅行社的配合。旅游局的常规工作依托于旅行社的"合作促销"。第二，旅游局中大量的政府规费收入来源于旅行社，比如会议费、培训费、书籍费、旅游合同工本费等。第三，在实施旅行社质量保证金制度过程中易引发权力寻租问题。具体而言有两点：一是指定一家银行存放质保金的行为。按照《旅游服务质量保证金存取管理办法》的相关规定，旅行社可以在国家旅游局指定的11家银行范围内选择一家存入质保金。但是，由于缺乏行之有效的监管制度，实践中存在指定银行要求旅行社存入质保金的行为，且指定的银行也会随着主管部门的要求进行变更和转换的奇怪现象。二是"按照一年定期、到期自动结息转存方式管理"的合法性值得商榷。质保金的本质是"用于旅游服务质量赔偿支付和团队旅游者人身安全遇有危险时紧急救助费用垫付的资金"，已经足额缴纳了质保金，为何要求自动转存利息，又为何在质保金三年才能减半的规定下却按照一年定期确定利率？结合时下银行急需吸收存款的经济背景，其中的问题不言而喻。

如果不能剥离旅游局和旅行社之间的"合作"关系，那么，寄希望于旅游局向税务局及时提供一手、完整和优质涉税信息的制度设想会面临实施阻力。

三、"营改增"后旅游服务税收监管风险控制对策建议

税收法律制度、行业特征等因素为旅游服务偷逃税款提供了便利条件，严重的信息不对称使得税务机关的税收监管风险陡增。为了使税务机关更有效地消除监管盲区，须在弥补税法漏洞的同时，严格税收执法、完善监管制度、创新建立保险公司信息共享制度。

（一）严格推进"三证合一"制度，消除监管真空

"三证合一"制度的推进，应注意两方面：第一，旅行社总社、分公司、服务网点无论经营地域范围是否相同，均需分别换领新证，并分别开立银行账户，杜绝"漏管户"，消除监管真空。取消总公司对分公司、服务网点的税收管理权限，主要是考虑到旅游服务行业的特殊性：总社对分支机构业务流程的控制能力极其有限，因为二者的聚合是为了扩大业务量而取得更优惠的旅游产品协议价格，分支机构实质上是拥有高度决策权的、独立运行的市场主体，在人事管理上更是毫无从属可言，因此，让分公司和服务网点自行承担税收工作是杜绝监管真空的必要设计。第二，无论是换领新证还是机构注销，都需要严格依照程序办理。对于未进行税务登记的分公司和服务网点要进行税务行政处罚。

（二）完善旅游服务增值税立法以弥补税法漏洞

通过立法完善旅游服务差额征税的逻辑关系，规范地方依法划分征税范围，

对于纳税人的商事理性、控制税收监管风险而言都大有裨益。

1. 完善旅游服务的增值税制度

第一，对于差额征税制度的立法完善。旅游服务可以选择以取得的全部价款和价外费用，扣除向旅游服务购买方收取并支付给其他单位或者个人的各项代付费用和支付给其他接团旅游企业的旅游费用后的余额为销售额。这样既可以凸显旅游服务经营模式的价值核心，又可以清晰界定代付费用和自身负担费用的逻辑关系。第二，确立单项委托服务概念，建议扩充"代销"概念，将代销的标的物扩展到服务领域。第三，明确航空公司退票业务的性质，使得退票费等收入取得合法费用扣除凭证。

2. 各地修订旅游服务税收规范，维护法律制度的统一性

第一，依据《营业税改征增值税试点实施办法》划分旅游服务、单项委托和销售货物三种纳税范围；第二，通过专项纳税评估规定更趋向真实情况的代扣费用扣除比例。

(三)着眼旅游服务特征，优化税收监管制度以提高其适用性

1. 加强票据填开的监管

税务机关应向旅行社明确提出如下要求：第一，依法及时、完整地填开票据。涉税票据必须按月开出并完整填写，这样才能与旅游合同、确认件、派团单中所列单价、折扣额、人数、总价等进行比对，从而提高核查其真实与否的可操作性。第二，按照具体业务填写"开具内容"一栏。

2. 专门性纳税评估体系的建立

旅游服务专门性纳税评估体系的建立，主要有两方面要点：第一，借助"结算平台"高效完成纳税评估信息采集。目前，大型旅行社基本已经被几家"结算平台"公司全面覆盖，在平台上进行旅游合同订单信息管理可作为税务机关进行税源摸底的重要资源。建议国税局借助旅行社订单管理平台，为纳税评估提供高质量的信息数据。第二，纳税评估指标体系的完善。以税收贡献率等纳税评估通用分析指标来筛选案源，解决的是初级的提速问题，是一种相对数的衡量方式。而借助"结算平台"对不同规模旅游服务企业真实税源的摸底，则会提供多层次的绝对数评估指标，进而完善纳税评估指标体系。

(四)建立保险公司信息共享制度，降低旅游服务税收监管风险

鉴于旅行社、消费者、银行、旅游局在信息供给方面都存在各自的缺陷，笔者认为保险公司是目前最理想的信息提供方。因为它具有对旅游服务前台收入"全覆盖"的优势，并且与旅游局、旅行社均无关联。在实务中，尽管法律规定旅游人身意外伤害是消费者自愿投保的险种，但是，出于经济人理性，无论消费者是否付款，旅行社都会主动为其购买该保险，不然一旦出现意外伤害，旅行社将损失质保金。因此，在旅游局与旅行社剥离利益关联之前，设计"保险与旅游合同挂钩"的方式是具有可操作性的。具体建议如下：第一，完善《旅行社条例》，修改旅游局现在以营利为目的的旅游合同书销售业务，建立健全旅游合同统一编号、印制制度，严格控制工本费标准；第二，建立旅游保险与旅游合同挂钩制度：规定旅游合同编号为投保旅游保险的必填信息，即可在保险公司业务平台上查询到所有旅游合同涉税信息。

第十三章 "营改增"对房地产业的影响及对策

房地产业是以土地和建筑物为经营对象，从事房地产开发、建设、经营、管理以及维修、装饰和服务的集多种经济活动为一体的综合性产业，是具有先导性、基础性、带动性和风险性的产业。广义的房地产业包括：土地开发，房屋的建设、维修、管理，土地使用权的有偿划拨、转让，房屋所有权的买卖、租赁，房地产的抵押贷款以及由此形成的房地产市场。在实际生活中，人们习惯于把上述从事房地产开发和经营的行业称为房地产业。

房地产是房产和地产的合称。房产是指建筑在土地上的各种房屋，包括住宅、仓库、厂房、商业、服务、文化、教育、办公、医疗和体育用房等；地产则包括土地和地下各种基础设施，如供热、供水、供电、供气、排水排污等地下管线以及地面道路等。

第一节 房地产业"营改增"政策解读

房地产开发企业销售自行开发的房地产项目适用《房地产开发企业销售自行开发的房地产项目增值税征收管理暂行办法》。自行开发，是指在依法取得土地使用权的土地上进行基础设施和房屋建设。房地产开发企业以自己的名义立项销售的项目也属于自行开发的房地产项目。

房地产开发企业的计税方法有简易计税方法和一般计税方法。

一、采用简易计税方法的房地产企业

使用简易计税方法的房地产企业适用征收率为5%。对于房地产开发企业中的一般纳税人，销售自行开发的房地产老项目，可以选择采用简易计税方法。房地产老项目的确定：

(1)《建筑工程施工许可证》注明的合同开工日期在2016年4月30日前的房地产项目。

(2)《建筑工程施工许可证》未注明合同开工日期或者未取得《建筑工程施工许可证》，但建筑工程承包合同注明的开工日期在2016年4月30日以前的建筑工程项目。

二、一般计税方法的计征

房地产开发企业一般纳税人的一般计税方法采用进销抵扣的计算方式。

(一)销项税额的确定

1. 一般计税方法的销售额

房地产开发企业中的一般纳税人销售自行开发的房地产项目，使用一般计税方法计税，按照取得的全部价款和价外费用，扣除当期销售房地产项目对应的土地价款后的余额计算销售额。销售额的计算公式如下：

销售额＝(全部价款和价外费用－当期允许扣除的土地价款)÷(1＋11％)

当期允许扣除的土地价款按照以下公式计算：

当期允许扣除的土地价款＝(当期销售房地产项目建筑面积÷房地产项目可供销售建筑面积)×支付的土地价款

当期销售房地产项目建筑面积，是指当期进行纳税申报的增值税销售额对应的建筑面积。

房地产项目可供销售建筑面积，是指房地产项目可以出售的总建筑面积，不包括销售房地产项目时未单独作价结算的配套公共设施的建筑面积。

支付的土地价款，是指向政府、土地管理部门或受政府委托收取土地价款的单位直接支付的土地价款。在计算销售额时从全部价款和价外费用中扣除土地价款，应当取得省级以上(含省级)财政部门监(印)制的财政票据。

一般纳税人应建立台账登记土地价款的扣除情况，扣除的土地价款不得超过纳税人实际支付的土地价款。

2. 简易计税方法销售额的确定

一般纳税人销售自行开发的房地产老项目，使用简易计税方法计税，以取得的全部价款和价外费用为销售额，不得扣除对应的土地价款。

(二)计税方法的选择

一般纳税人销售自行开发的房地产老项目，可以选择简易计税方法按照5％的征收率计税。一经选择简易计税方法计税的，36个月内不得变更为一般计税方法计税。

(三)预缴税额的操作

(1)一般纳税人采取预收款方式销售自行开发的房地产项目，应在收到预收款时按照3％的预征率预缴增值税。

(2)应预缴税额按照以下公式计算：

适用一般计税方法计税的应预缴税额＝预收款÷(1＋11％)×3％

适用简易计税方法计税的应预缴税额＝预收款÷(1＋5％)×3％

(3)一般纳税人应在取得预收款的次月纳税申报期向主管国税机关预缴税额。

(四)进项税额的确定

一般纳税人销售自行开发的房地产项目,兼有一般计税方法计税、简易计税方法计税、免征增值税的房地产项目,而无法划分不得抵扣的进项税额的,应以《建筑工程施工许可证》注明的"建设规模"为依据进行划分。

不得抵扣进项税额=当期无法划分的全部进项税额×(简易计税、免税房地产项目建设规模÷房地产项目总建设规模)

(五)纳税申报

(1)一般纳税人销售自行开发的房地产项目使用一般计税方法计税的,应按照《营业税改征增值税试点实施办法》(以下简称《试点实施办法》)(财税〔2016〕36号)第四十五条规定的纳税义务发生时间,以当期销售额乘以11%的适用税率计算当期应纳税额,抵减已预缴税额后,向主管国税机关申报纳税。未抵减完的预缴税额可以结转下期继续抵减。

(2)一般纳税人销售自行开发的房地产项目适用简易计税方法计税的,应按照《试点实施办法》第四十五条规定的纳税义务发生时间,以当期销售额乘以5%的征收率计算当期应纳税额,抵减已预缴税额后,向主管国税机关申报纳税。未抵减完的预缴税额可以结转下期继续抵减。

(3)房地产开发企业以预缴税额抵减应纳税额,应以完税凭证作为合法有效的凭证。

(六)发票开具

(1)一般纳税人销售自行开发的房地产项目,自行开具增值税发票。

(2)一般纳税人销售自行开发的房地产项目,其2016年4月30日前收取并已向主管税务机关申报缴纳营业税的预收款,未开具营业税发票的,可以开具增值税普通发票,不得开具增值税专用发票。

(3)一般纳税人向其他个人销售自行开发的房地产项目,不得开具增值税专用发票。

三、小规模纳税人应纳税额的计征

(一)预缴税额

(1)房地产开发企业中的小规模纳税人(以下简称小规模纳税人)采取预收款方式销售自行开发的房地产项目,应在收到预收款时按照3%的预征率预缴增值税。

(2)应预缴税额按照以下公式计算:

$$应预缴税额=预收款÷(1+5\%)×3\%$$

(3)小规模纳税人应在取得预收款的次月纳税申报期或主管国税机关核定的纳

税期限向主管国税机关预缴税额。

(二)纳税申报

小规模纳税人销售自行开发的房地产项目,应按照《试点实施办法》第四十五条规定的纳税义务发生时间,以当期销售额和5%的征收率计算当期应纳税额,抵减已预缴税额后,向主管国税机关申报纳税。未抵减完的预缴税额可以结转下期继续抵减。

(三)发票开具

(1)小规模纳税人销售自行开发的房地产项目,自行开具增值税普通发票。购买方需要增值税专用发票的,小规模纳税人向主管国税机关申请代开。

(2)小规模纳税人销售自行开发的房地产项目,其2016年4月30日以前收取并已向主管地税机关申报缴纳营业税的预收款,未开具营业税发票的,可以开具增值税普通发票,不得申请代开增值税专用发票。

(3)小规模纳税人向其他个人销售自行开发的房地产项目,不得申请代开增值税专用发票。

第二节 "营改增"对房地产业的影响

2016年5月1日房地产企业实施"营改增",此政策的出台是积极响应国家经济改革的需要,也是国家全面深化改革的重大决策部署,更是供给侧改革的具体措施。

一、"营改增"对房地产行业的整体影响

房地产企业大多属于一般纳税人,以下从一般纳税人角度分析"营改增"对房地产行业的影响:

(1)"营改增"对房地产企业税负的影响。"营改增"可以避免营业税所带来的重复征税问题。房地产成本主要包括土地成本、材料成本、建筑安装成本等。其中,材料成本和建筑安装成本原来已经承担过税负。由于营业税主要是根据销售额进行征税,在"营改增"以前,房地产销售时的材料成本和建筑安装成本仍然需要缴纳营业税,因此会造成重复征税。"营改增"以后,增值税是对商品和服务流通环节的增值额进行征税,材料成本和建筑安装成本的进项税额,可以根据相应的增值税专用发票进行抵扣。因此,可以避免重复纳税,降低企业税负。

"营改增"政策实施以前,房地产企业按照销售收入的5%缴纳营业税,没有任何进项税额可以进行抵扣。"营改增"政策实施以后,房地产企业适用11%的增值税基本税率,同时对于符合条件的进项税额可以进行抵扣。从税率的角度来看,

"营改增"以后一般纳税人的名义税率增加,但由于"营改增"以后房地产企业的进项税额可以抵扣,因此"营改增"对房地产企业的税负影响在一定程度上取决于应纳税额以及进项税额的抵扣情况。根据"营改增"相关政策规定,房地产企业销售不动产时以房地产企业取得的全部价款与价外费用的合计额,扣除相应土地价款后所得的余额作为计算销售额的基础。而且,实施"营改增"以后,房地产企业的材料成本、建筑安装成本等方面产生的进项税额也可以得到相应抵扣。然而,"营改增"政策实施以前房地产企业按照销售收入的5%缴纳营业税,没有任何税额可以进行抵扣。

房地产行业"营改增"推行以来,大部分企业税负水平有所降低,但也有一部分企业由于可抵扣增值税进项税额较少等原因出现税负增加的情况。房地产企业支付给农民工的劳务费用以及施工过程中消耗的砂石、水泥等原材料费用,往往很难取得增值税发票,难以抵扣,而且这些费用对于房地产企业来说数额较大。因此,在短期内部分房地产企业出现税负提高的状况将不可避免。

(二)"营改增"对房地产企业经营管理的影响

现实生活中房地产企业大多采用预售方式提前获得资金,来缓解项目开发过程中的巨大资金压力。在"营改增"以前,房地产企业在获得预售房款时需要按照5%的税率缴纳营业税。"营改增"以后,房地产开发企业只需按照3%的预征率预缴增值税,待产权发生转移时,再清算应纳税额,并扣除已预缴增值税。"营改增"之后适用的3%预征率与"营改增"之前5%的税率相比降低了2个百分点。因此,"营改增"以后房地产企业在预收款时能够减少对房地产企业的资金占用,能够增强房地产企业的抗风险能力和经营管理的灵活性。

"营改增"以后房地产企业主要业务由营业税范围转变为增值税范围。然而,增值税由于进项税额抵扣项目的繁杂,相对于营业税来说,对房地产企业相关人员的账务处理、税务筹划能力等要求提高。因此,"营改增"的实施在一定程度上能够促进房地产企业提高财务管理水平,完善财务管理制度。同时,"营改增"实施以后,房地产企业为了最大限度地获取足额可抵扣的增值税发票,会不断提高内部管理水平,尤其是加强对采购环节的管理。

由于我国各区域的土地价格存在很大差距,同时房地产企业取得土地的成本占开发成本的比重较高,因此,土地支付成本在很大程度上会影响房地产企业的区域布局。"营改增"之后,根据相关政策可知,房地产企业受让土地时向政府支付的土地价款在计算销售额时予以扣除。因此,"营改增"以后,在一定程度上能够减轻土地支付成本对房地产企业规划区域布局的影响。

(三)"营改增"对房地产市场的影响

全面实施"营改增"以后,任何企业购进的不动产所含增值税均可以进行抵扣。购置商业地产和产业地产等不动产适用11%的增值税税率,且进项税额可以分两

全面营改增税收政策对现代服务业的影响及对策研究

年予以抵扣,允许在第一年抵扣进项税额的60%,进项税额的40%允许在第二年进行抵扣。因此,"营改增"能够在一定程度上拉动一般企业对房地产的投资,能够提高房地产交易的活跃程度。

在此次实施的全面"营改增"过程中,对个人对外销售二手房也做了相应规定,"营改增"以后增值税适用税率与"营改增"之前营业税适用税率同样都为5%。尽管税率相同,但由于营业税是价外税,增值税是价内税,计税基础由价外变为价内,税基减小了,因此,"营改增"以后能够降低个人转让二手房的税收负担。同时,"营改增"以后对满两年以上的普通住房由免征营业税改为免征增值税。这种政策平移有利于保持房地产市场的稳定。

二、老项目简易计税方法对房地产企业税负的影响

根据财税〔2016〕36号文件的相关规定以及《营业税改征增值税试点实施办法》第十八条的规定,一般纳税人发生财政部和国家税务总局规定的特定应税行为,可以选择适用简易计税方法计税,但一经选择,36个月内不得变更;第三十四条规定,简易计税方法的应纳税额是指按照销售额和增值税征收率计算的增值税税额,不得抵扣进项税额,简易计税方法的应纳税额=含税销售额÷(1+征收率)×征收率。

根据《营业税改征增值税试点有关事项》的规定,房地产老项目是指《建筑工程施工许可证》注明的合同开工日期在2016年4月30日前的房地产项目;房地产开发企业中的一般纳税人,销售自行开发的房地产老项目,可以选择适用简易计税方法按照5%的征收率计税;房地产开发企业采取预收款方式销售所开发的房地产项目,在收到预收款时按照3%的预征率预缴增值税。

房地产企业除增值税税收规定变化以外,涉及的土地增值税、企业所得税等相关税种与"营改增"政策实施前相同。

(一)税负的变化对利润的影响

假设某房地产企业2014年开发建设一个小区项目,于2015年1月取得建筑工程施工许可证并开工建设,建设期2年,预计2017年年底竣工交付使用。该项目占地20亩[①],建筑面积6万平方米,其中住宅4万平方米,商铺2万平方米;销售收入3.4亿元(含税价),其中住宅1.4亿元(平均售价3 500元/平方米),商铺2亿元(平均售价10 000元/平方米);项目开发总成本19 600万元,其中:土地成本300万元,前期开发费用500万元,建筑安装工程费用17 000万元,配套设施费用600万元,开发间接费用1 200万元;销售费用共200万元(100万元/年),增值税征收率5%,企业所得税税率25%。假设无企业所得税纳税调整事项,2016年5

---

① 1亩≈666.667平方米。

月开始预售,销售期2年,每月预收房款1 500万元,不考虑城市维护建设税、教育费附加、印花税、土地使用税、管理费用、财务费用等其他税费的影响。

1. 增值税政策下营业收入、税负的变化

从房地产企业预收房款预征增值税环节比较,预征增值税比预征营业税税负下降,纳税人减税作用明显,节约了税额资金占用费,增强了企业的资金流动性。如2016年5月,该项目收到预收房款1 500万元;按"营改增"税收相关规定,2016年6月15日之前按3%预征率预缴增值税42.86万元[1 500÷(1+5%)×3%];原实行营业税时,按5%的营业税率预征,需缴纳营业税75万元。由此可见,房地产企业实行"营改增"政策后,每月减少缴纳税额32万元左右,纳税人税负减少明显,可有效降低纳税人的税额资金占用。

在此项目销售完成后,以34 000万元的销售收入计算,共需缴纳增值税1 619万元,营业收入为32 381万元;而原营业税需缴纳1 700万元,营业收入为34 000万元。该项目实施"营改增"政策后,纳税人不需承担增值税税额,由购房人承担,但纳税人的营业收入为32 381万元;而在原营业税下,纳税人需承担1 700万元营业税,但营业收入为34 000万元。"营改增"政策房地产老项目的简易计税方法作为一项过渡政策,确实体现了新旧政策的合理衔接,不致造成房地产老项目按房地产企业11%的增值税税率征收增值税税负重、增值税专用发票不易取得、无法抵扣进项税等现象,也体现了国家税收制度顶层设计的全面性、充分性,使新项目用新政策,老项目用过渡政策,有利于纳税人顺利实施增值税政策,为国家征税理顺纳税渠道,化解征税机关与纳税人的矛盾,平稳实现"营改增"工作。

2. 对土地增值税税负的影响

增值税与原营业税下土地增值税计算比较见表13-1。由表中可见,由于实施"营改增"政策,营业收入比"营改增"政策实施前减少了4.76%,扣除项目中的"与转让房地产有关的税费"减少100%,但最终的应缴土地增值税比营业税下增加了1.19%,差异小,未给纳税人造成土地增值税税负增加明显的现象,同时体现出了实施增值税过渡政策的合理性。

表13-1 "营改增"对土地增值税的影响 万元

项目	增值税下计算的土地增值税	营业税下计算的土地增值税	增减率/%
商品房销售总收入	32 381	34 000	−4.76
扣除项目金额合计	25 480	27 180	−6.25
取得土地使用权支付的金额	300	300	
房地产开发成本	19 300	19 300	
土地征用及拆迁补偿费			
前期开发费用	500	500	
建筑安装工程费	17 000	17 000	
配套设施费	600	600	

续表

项目	增值税下计算的土地增值税	营业税下计算的土地增值税	增减率/%
开发间接费用	1 200	1 200	
房地产开发费用	1 960	1 960	
与转让房地产有关的税费		1 700	−100
财政部规定的其他扣除项目	3 920	3 920	
增值额	6 901	6 820	
增值额与扣除项目金额之比	0.27	0.25	
适用税率/%	30	30	
速算扣除系数			
应缴土地增值税税额	2 070.3	2 046	1.19

3. 对企业所得税的影响

增值税与原营业税下企业所得税计算的比较见表13-2。由表中可见，由于增值税下的营业收入比原营业税下的营业收入减少4.76%，营业税金及附加减少100%，但所得税费用只增加了实施"营改增"政策前的0.65%，实施"营改增"政策对企业所得税的影响很小，未给纳税人增加税收负担。

表13-2 "营改增"对企业所得税的影响　　　　　　　　　万元

项目	增值税下的企业所得税	营业税下的企业所得税	增减率/%
营业收入	32 381	34 000	−4.76
营业成本	19 600	19 600	
营业税金及附加		1 700	−100
销售费用	200	200	
利润总额	12 581	12 500	
所得税费用	3 145.25	3 125	0.65
净利润	9 435.75	9 375	0.65

将以上三种税负汇总后（表13-3）可知，"营改增"政策下，纳税人除增值税由购房人承担外，纳税人实际承担的总税负减少24.09%，税负减少明显，体现了实施"营改增"政策的作用。

表13-3 "营改增"对企业主要税负的影响　　　　　　　　万元

税种	增值税下税负金额	营业税下税负金额	增减率/%
增值税/营业税		1 700	−100
土地增值税	2 070.29	2 046	1.19
企业所得税	3 145.25	3 125	0.65
合计	5 215.54	6 871	−24.09

4. 各项税收的变化对该项目利润的影响

对增值税与原营业税下项目利润计算的比较见表 13-4。由表中可见，由于"营改增"政策的实施，营业收入减少了 4.76%，营业税金及附加减少了 100%，但最终项目利润只增加了 0.50%，对纳税人影响甚微，充分体现了房地产业"营改增"过渡政策的有效性、合理性。

作为房地产企业，项目利润是整个企业经营的核心，税费作为一个重要的成本项目，对项目利润的影响至关重要。

表 13-4 "营改增"对企业利润的影响　　　　　　　　　　　　万元

项目	增值税	营业税	增减率/%
项目收入	32 381	34 000	−4.76
项目成本及税费	25 015.55	26 671	−6.21
项目成本	19 600	19 600	
营业税金及附加		1 700	−100
土地增值税	2 070.3	2 046	1.19
企业所得税	3 145.25	3 125	0.65
销售费用	200	200	
项目利润	7 365.45	7 329	0.50

三、"营改增"对房地产业税负转嫁的影响

我国的房地产企业有一个明显的特征就是资源和资金的高度密集，由于我国房价一直居高不下，尤其是"北上广"地区，买房难一直是阻碍大多数人在大城市发展的主要原因。国家为了抑制房价的过快增长，将土地资源与房地产贷款额度都做了调整，但是还是很难将房地产业"营改增"的税负转嫁到政府或者银行等金融机构。鉴于房地产业与建筑业的联系最为紧密，下面主要探讨房地产业与建筑业的相关税负问题。

(一) 税负后转效应探究

在房地产企业实行"营改增"之前，我国房地产企业的普遍做法是先在政府备案有关建筑安装方面的工程合同，这里需要指明的是合同中的工程造价需要参照地方政府指导性文件，房地产企业本身是无法自由定价的。另外，就供给弹性而言，建筑企业的供给弹性本身就较小。这时，建筑企业为了能够及时获得工程合同，往往会采取低价中标策略或者承诺垫资建设。以上情况使得建筑企业在与房地产开发企业的合同谈判中通常处于劣势地位。为了弥补自己的劣势，一些房地产开发企业会免缴或少缴土地增值税。这时它们往往会与建筑工程企业商量好对策来一同避税，比如提高建筑安装成本，由此来降低增值率，从而巧妙地将一部

分税负成本转嫁给建筑工程企业。

我国放开"营改增"政策的实施范围,将建筑业和房地产业一同纳入改革范围。这时,建筑业"营改增"后的税率变为11%,税率明显提升,从进项抵扣方面来看,工程所用材料无论是房地产企业自身直接提供,还是委托建筑工程企业采购,都面临着提供材料商和材料种类"散、杂、小、多"的问题,并且供应商大多数为小规模纳税人,往往很难取得所购买材料的增值税专用发票或者发票不完全。由于"营改增"后税率大幅提升,难以抵扣的进项税会大大增加建筑业的税收负担。我国在实施"营改增"之前,住房和城乡建设部直管的中国建设会计学会对各省市上报的数据统计测算的结果表明,"营改增"后建筑业平均税负增加较大。我国建筑企业在实施"营改增"政策后,建筑业增值税的抵扣很难获得进项抵扣,这就使得建筑工程企业提高建筑安装成本将面临的销项税率,税负明显提升,本身就存在对外转嫁税负的需要。另外,增值税具有的一个明显特点就是税收中性,将建筑业与房地产业全部纳入增值税征收体系时,房地产上下游企业全部为增值税纳税人,全都享有进项税额可以抵扣的权利。在此情况下,房地产开发企业为了使自身利益最大化,必然会积极主动地索取增值税专用发票。为使房地产企业整个链条能够完整地实现增值税的抵扣,建筑工程企业也会积极地开具增值税专用发票,并且增值税发票的金额、税额必将真实、准确,从而形成增值税抵扣链条的内在制约机制,使得供给弹性增加。

(二)税负前转效应探究

在房地产业的全部总产出中,大部分是最终使用,其中间使用仅占总产出的24.90%。产生这一结果的主要原因是房地产属于终端消费型产业。以商品房为例,在竣工建设的后期,会涉及社区基础设施建设、个人在买房时贷款、小区周边餐饮服务业的建设等问题。这些与房地产联系紧密的下游产业也主要是第三产业,第二产业占比很少。从《2012年全国投入产出表编制方法》来看,居民购房支出计入资本形成总额,并不是最终消费(投入产出表中的最终消费主要包括居民自有住房服务虚拟消费、自有住房管理费、自有住房虚拟折旧,与增加值中的固定资产折旧相对应)。"营改增"后将不动产纳入增值税进项税额可抵扣的范围,可以极大地改变房地产业对居民住房消费和资本形成的作用。房地产业作为重要的消费型产业,如果想要向下游转嫁增值税税负,那么主要的转负对象必然为购房者,其他行业受到的影响都比较小。而且增值税作为一种典型的流转税,也会使最终税负由购房者来承担。在一些大城市,如北京、上海、广州、深圳、杭州等,商品房整体供不应求,房价不断上涨。但是,只要房价没有超过购房者的支付能力上限,并且房地产开发企业具有足够的现金流,那么,房地产开发商就很容易通过捂盘等方式将部分"营改增"税负体现在不断上涨的房价之中,从而转嫁给购房者。

"营改增"后,建筑业的税负将明显增加,供给弹性也将加大,因此房地产业将税负转嫁给上游企业的难度加大。在与购房者的博弈中，由于居民对住房具有刚性需求，所以房价不断上涨，需求弹性较小，而房地产开发商只要无现金流的压力，其供给弹性相对较大。此时，房地产开发商就会通过税负向前转移的方式将部分税负转嫁给下游，也就是购房者，从而减轻"营改增"对其经营的不利影响。

四、"营改增"对房地产业财务的影响

（一）"营改增"对三大财务报表的影响

1. 对利润表的影响

增值税是价外税，一般纳税人所要缴纳的税额为：应纳税额＝销项税额－进项税额。房地产开发企业在销售或者进口货物，提供应税劳务时取得的增值税专用发票可以进行抵扣，使得营业成本降低，为企业带来直接的经济效应。实行全面"营改增"之后，企业不用再缴纳营业税，使得营业税金及附加大幅度减少，从长远来看，企业多余的资金就可以用来扩大企业规模，以此循环获得更多的利润。从报表上看，营业成本以及营业税金及附加都在减少。

2. 对资产负债表的影响

从资产项目来看，由于此次全面"营改增"中房地产开发企业的一般纳税人支付的土地出让金可以在销售额中扣除，使得开发成本降低，所以库存商品的成本降低，存货减少。不动产是企业的根本，全面实行"营改增"以来，房地产开发企业的固定资产入账金额以及累计折旧都得到了降低。从负债项目来看，企业缴纳增值税替代了营业税，对于小规模纳税人来说，缴纳的增值税低于营业税，一般纳税人从短期来看，负债可能会有上升的趋势。从长远效应来看，企业可以调整自己的营销策略，实现负债的降低。从所有者权益项目短期来看，根据利润表，因为增值税在计算时要扣除含税的销售额，所以营业收入降低，营业成本降低，利润总额和净利润减少。

3. 对现金流量表的影响

由于增值税有抵扣效应，房地产开发企业在开发一个新项目时，其现金流出就会较营业税时期要低，企业就会加大投资力度，扩大规模，以此来提升自己的核心竞争力，这就导致市场的竞争力度变得很大。再者，房地产开发成本的降低使得现金流富余起来，企业就会通过借入资金或者股权筹资进行融资等活动，从长期来看，这会给企业带来一定的债务风险和必要的压力。

（二）"营改增"对企业营运能力的影响

营运能力主要是指资产运用、循环的效率高低，主要通过投入与产出的关系反映。企业营运能力分析主要包括流动资产营运能力分析、固定资产营运能力分析和总资产营运能力分析。

1. 流动资产营运能力分析

反映流动资产营运能力的指标有存货和流动资产周转率。其中，存货周转率＝销售成本/存货平均余额。由前面的分析可知，存货减少，这里的销售成本就是企业利润表中的"营业成本"。营业成本的减少大于存货的减少，所以存货周转率是下降的。流动资产周转率＝销售收入净额/流动资产平均余额。同样，销售收入的减少大于流动资产的减少，所以流动资产周转率也是下降的，因此，流动资产营运能力降低。

2. 固定资产营运能力分析

反映固定资产营运能力的指标是固定资产周转率。固定资产周转率＝销售收入净额/固定资产平均净值，销售收入和固定资产都得到了减少，但销售收入的减少大于固定资产的减少，所以固定资产的营运能力也是降低的。

3. 总资产营运能力分析

反映总资产营运能力的指标是总资产周转率。其计算公式为：总资产周转率＝销售收入净额/平均资产总额，销售收入和资产总额都得到了降低，但销售收入的降低大于资产总额的降低，所以总资产的营运能力是降低的。

(三)"营改增"对盈利能力的影响

盈利能力就是企业获取利润，实现资金增值的能力。反映企业盈利能力的指标主要有销售净利率、总资产净利率和净资产收益率。

1. 销售净利率

销售净利率就是净利润与销售收入之比，即销售净利率＝净利润/销售收入。在前面的企业利润表中讲到，"营改增"后，房地产开发企业的利润总额和净利润都下降了，销售收入也下降了，但销售收入的下降大于利润的下降，所以销售净利润增加。

2. 总资产净利率

总资产净利率就是净利润与平均总资产的比率，即总资产净利率＝净利润/平均总资产，反映每一元资产创造的净利润。由于总资产的下降大于净利润的下降，"营改增"后总资产净利率会增加。

3. 净资产收益率

净资产收益率是净利润与平均所有者权益的比率，即净资产收益率＝净利润/平均所有者权益，表示每一元股东资本赚取的净利润，反映资本经营的盈利能力。从资产负债表中可知，所有者权益的减少大于净利润的减少，所以"营改增"后企业的净资产收益率是增加的。

(四)"营改增"对偿债能力的影响

企业偿债能力是指企业偿还本身所欠债务的能力，有利于债权人、投资者和企业经营者进行正确的决策。偿债能力分析一般分为短期偿债能力分析和长期偿债能力分析。

1. 短期偿债能力分析

短期偿债能力衡量的是对流动负债的清偿能力，流动负债就是在一年或一个营业周期内需要偿还的负债。反映短期偿债能力的指标主要是流动比率、现金比率等，流动比率＝流动资产/流动负债，现金比率＝（货币资金＋交易性金融资产）/流动负债。因为流动负债的减少小于流动资产和货币资金的减少，所以"营改增"后企业的短期偿债能力降低。

2. 长期偿债能力分析

长期偿债能力是指企业在较长期间内的偿还债务的能力，其财务指标主要是资产负债率，资产负债率＝负债总额/资产总额。由于负债总额的减少小于资产总额的减少，所以企业长期偿债能力增强。

"营改增"后对本身活动过程复杂的房地产开发企业各个方面的财务影响不同，企业的三大财务报表都不够完善，企业的资产总额、所有者权益、利润总额以及净利润都在减少，短期负债面临增加的风险，企业的营运能力降低，短期偿债能力降低，但盈利能力和长期偿还债务的能力提高。

第三节 房地产业在"营改增"下的对策

"营改增"的政策改革给房地产企业带来了机遇，同时也带来了许多挑战。房地产行业作为国民经济的基础性产业，同时作为我国税收收入的重要来源，在"营改增"以后如何健康平稳发展对我国来说至关重要。

一、做好财务管理工作

"营改增"以后，房地产企业要想获得缴纳增值税带来的好处，需要有充足的予以抵扣的进项税额。因此，这就需要房地产企业在采购过程中加强对供应商资质的审查，最好与具有一般纳税人资格的供应商进行合作，以便取得增值税专用发票，予以抵扣进项税额。房地产企业应增强增值税纳税各环节的减税意识，加强销售收入与成本费用的管理，提高增值税销项税额与进项税额之间的匹配度，合理筹划增值税税额。同时，房地产企业应严格管理增值税发票的开具和使用。增值税发票要由专人负责管理，且发票的领购、开具应严格按照规定的程序操作，对于所获得的增值税专用发票应在规定期限内进行认证抵扣。

二、加强纳税环节的基础工作

房地产企业的管理人员应充分认识到"营改增"对企业的重要性，提高管理意识，在企业中发挥带头作用。而且，房地产企业应加强财务、税务以及业务人员对"营改增"相关政策知识的学习，在企业内部应加强对"营改增"的宣传，使企业各部门了解"营改增"的政策实施。同时，房地产企业应加强合同管理水平，对外签订合同的过程中，要考虑增值税对企业的影响，提高税务筹划意识，切实维护企业利益。除此之外，房地产企业还应加强与税务机关的沟通与交流，对于业务处理过程中遇到的问题，及时咨询税务部门的相关人员。

增值税发票包括增值税普通发票和增值税专用发票，增值税专用发票可以进行税额的抵扣，增值税普通发票则不能。企业在开具增值税专用发票时要慎重，因为增值税专用发票与销项税额直接挂钩。另外，伪造以及非法使用增值税专用发票都会受到法律的严厉处罚，所以正确开具增值税专用发票尤为重要。再者，房地产开发企业在选择材料供应商时，要看该供应商的企业信用、资金情况和能否开具增值税专用发票，房地产开发企业获得的增值税专用发票可以抵扣进项税额，如果这些条件都能满足，便可以选择该供应商。企业取得的增值税专用发票需要合理管理，以免造成企业的经济损失。

三、优化经营模式

优化经营模式是房地产企业应对"营改增"影响的有利对策。房地产企业应适当缩短项目运作周期，缓解企业资金需求压力；通过开发优质产品，提高产品质量，提高企业核心竞争力；调整开发产品结构、适应市场需求的同时，获得更多进项税额抵扣，降低企业税负。

四、优化企业税收筹划

全面"营改增"以来，房地产开发企业需要完善并优化企业的税收筹划。增值税的纳税不同于营业税的纳税，这两个税种虽都是流转税，但一个是价内税，一个是价外税，还是会有很大的不同，再加上增值税有允许抵扣的款项，这就需要企业制订自己的纳税计划，详细解读全面"营改增"的政策和政府税收优惠政策。企业结合自身的经营情况进行相应的筹划，确保每一环节的税费合理转移，做好纳税筹划的工作，来逐步提高企业的营运能力。

（一）"营改增"背景下房地产企业税负测算模型的构建

"营改增"实施针对新老项目有不同的政策规定。因此，对不同时点开工的项目要区别开来，分别进行税负测算。

1. 针对房地产开发企业老项目

房地产开发企业老项目如果直接选择按简易办法征收，则在"营改增"后应缴纳的增值税比之前缴纳的营业税要少，见表13-5。其中，S代表含税收入。

第十三章 "营改增"对房地产业的影响及对策

表 13-5　"营改增"前后房地产企业老项目简易征收税负对比

"营改增"前	"营改增"后
S×5%	[S/(1+5%)]×5%

但是，房地产老项目可以选择按简易办法征收，也可以选择按一般纳税人征收。对于老项目，房地产开发企业会选择按11%缴税，还是按5%简易办法交税，则要通过具体税负测算来决定。两种税率下，企业将税负进行高低比较后才能决定按最佳方案缴纳增值税。目前，房地产企业老项目普遍存在以下三种情况：

(1) 房地产开发企业早就拿到了《建筑工程施工许可证》，并且项目快要结束了，在临近2016年4月30日时开发的楼盘即将卖完，库存不多时，应直接选择按老项目来缴税，即按5%简易办法征收。

(2) 房地产开发企业拿到了《建筑工程施工许可证》，合同开工日期在2016年1—4月（接近4月30日这个时点），截至4月30日只开发了小部分，则房地产开发企业应进行合理的测算。

(3) 房地产开发企业拿到了《建筑工程施工许可证》，合同已经开工，项目截至4月30日完成了一半左右，则房地产开发企业应进行合理的测算。

对于上述第(2)种和第(3)种情况应设计模型进行测试，模型参数见表13-6。

表 13-6　模型变量名称及含义

变量名称	变量代表的含义	税率
S	含税收入	11%/5%
D	土地出让金	可在销售额扣减
$X(X_1+X_2+\cdots)$	可抵扣成本	
X_1	采购材料成本	按17%抵扣
X_2	建筑安装成本	按11%抵扣
X_3	政府规费	按11%抵扣。目前尚未允许抵扣，按0抵扣
X_4	规划设计费	按6%抵扣
X_5	广告宣传费	按6%抵扣
X_6	财务费用	融资成本无法抵扣，按0抵扣
X_7	劳务成本	按11%抵扣
…	……	
X_n	其他成本	抵扣率为I_n
P	加权平均进项税抵扣率	
N	X/S	可抵扣成本占应税收入的比例

全面营改增税收政策对现代服务业的影响及对策研究

房地产开发企业老项目选择缴税的方式有两种，方案 1：选择按 5% 简易征税，方案 2：选择一般纳税人按 11% 增值率缴税。两个方案下应纳增值税税额的计算比较见表 13-7。

表 13-7　老项目选择按 5% 和 11% 缴税计算表

老项目缴税的两种方案	销项税额	进项税额	应纳增值税税额
方案 1(5%)			$[S/(1+5\%)]\times5\%$
方案 2(11%)	$(S-D)/(1+11\%)\times11\%$	$X\times P$	$(S-D)/(1+11\%)-X\times P$

注：$X=X_1+X_2+X_3+X_4+X_5+\cdots+X_n$，$P=\dfrac{X_1\times17\%+X_2\times11\%+X_3\times0+X_4\times6\%+\cdots+X_n\times I_n}{X_1+X_2+X_3+X_4+\cdots+X_n}$

当方案 1 的计算结果大于方案 2 的计算结果时，选择方案 2，即老项目按 11% 增值率征收；当方案 1 的计算结果小于方案 2 的计算结果时，选择方案 1，即老项目按 5% 简易办法征收；当方案 1 的计算结果等于方案 2 的计算结果时，选择方案 1，即老项目按 5% 简易办法征收。由于房地产行业、建筑行业在全面"营改增"第一阶段对未来房地产开发企业能否取得增值税发票、取得多少增值税发票仍是未知数，采取 5% 方法简易征收风险较小并且容易操作。

该模型为房地产行业老项目缴税方式选择提供了测算思路。两个方案的比较主要取决于 D、X、P 三个因素。当该公司土地出让金占整个项目的比例价值较高时，销项税额将下降很多。此外，建筑劳务和材料占项目开发总价值越高，则可抵扣进项税额越高（材料的进项税率为 17%，而建筑安装成本会带来 11% 的进项税），税负下降越快，此时可以考虑方案 2。当然，在决定 X、P 因素的大小时，要看该公司目前签订的现有合同的条款，如果合同已经签订且无法获得增值税发票，那么 $X\times P$ 的结果就很小，此时还是要看方案 1 和方案 2 最终的计算结果比较，然后选择最佳方案。

2. 针对新项目一般纳税人进行测算

按照财税〔2016〕36 号文规定，从 2016 年 5 月 1 日起，房地产开发企业中的一般纳税人，销售自行开发的房地产新项目按 11% 增值率缴纳增值税。因此，房地产企业非常关心新项目按新办法实施后，与原先缴纳营业税相比会不会增加税负、会增加多少税负。通过求得房地产企业应纳营业税与应纳增值税税负率相同时得出的临界点，判断"营改增"后税负增减变化及影响因素，得出了与本书的测算思路较符的结论。因此，本模型是在该模型基础上进行修正得来的。修正的地方主要是 P 的重新定义，用的是加权平均进项税率。另外，对 P 进行 11% 和 6% 两种情况的假设，具体模型如下：

设应税收入为 S，可抵扣成本（物料成本）X 占应税收入的比例为 N，暂时不考虑土地出让金，则"营改增"前应纳营业税为 $5\%\times S$，"营改增"后销项税率为 11%，可抵扣加权平均进项税率为 P。

销项税额 $=[S/(1+11\%)]\times11\%$

进项税额＝[S/(1+11%)]×N×P

应纳增值税 A＝[S/(1+11%)]×11%－[S/(1+11%)]×N×P

假设 P＝11%时，应纳增值税 A＝0.099S×(1－N)，令应纳营业税＝应纳增值税，求出税负率相同时的临界点：5%S＝0.099S×(1－N)，得 N＝0.495。

根据应纳增值税 A＝0.099S×(1－N)，经整理得 A/S(税负率)＝0.099×(1－N)，同理，可进一步计算不同可抵扣成本(物料成本)占应税收入比例所对应的增值税税负率，具体数据见表13-8。

表13-8 P＝11%时，N 对应的税负率

可抵扣成本占收入的比例/%	税负率(A/S)/%
10	8.9
20	7.9
30	6.9
40	5.9
49.5	5
60	4
70	3
80	2

由表13-8可知，当可抵扣加权平均进项税率 P＝11%，N＝49.50%时，增值税与营业税的税负率都是5%。当 N＜49.50%时，增值税税负率高于营业税税负率，而当 N＞49.5%时，增值税税负率下降。

假设 P＝6%，销项税保持11%不变，则：

销项税额＝[S/(1+11%)]×11%

进项税额＝[S/(1+11%)]×N×6%

应纳增值税 A＝[S/(1+11%)]×11%－[S/(1+11%)]×N×6%

应纳营业税＝应纳增值税，求出税负率相同时的临界点，5%×S＝[S/(1+11%)]×11%－[S/(1+11%)]×N×6%，得 N＝0.9083。

当 P＝6%，N＝90.83%时，增值税税负率才等于营业税税负率，当 N＞90.83%时，增值税税负率才下降。

(二)房地产企业税收筹划方向

"营改增"后房地产企业是否能保持原来的营业税税负水平或者减轻税负，主要取决于两个因素：第一个是可以抵扣的成本有多少(N)，第二个是可以抵扣的成本对应的进项税率高低(P)。因此，房地产企业应对"营改增"的税收筹划可围绕获取更多的抵扣成本(N)和更高的进项税抵扣率(P)这两个方向展开。

全面营改增税收政策对现代服务业的影响及对策研究

1. 房地产开发企业上下游合作方的优化选择

房地产企业在整个项目开发过程中,很多工作需要相关部门和机构来实施,如设计、勘探、调研和咨询、建造等。因此,房地产开发企业在项目前期准备中,在选择施工和监理单位、供应商、服务商时一定要关注对方的税收资格。首选具有一般纳税人资质的合作单位,取得增值税专用发票,这样才可以增加房地产公司的进项税额抵扣。特别对于建造环节,房地产企业除了要选择具有一般纳税人资质的建筑商,还要与建造商进行协商谈判,避免建筑行业因"营改增"后税负增加而把增加的税负全部转嫁给房地产企业。房地产开发企业可自行购买建筑材料,即相关的增值税发票开具给开发企业,开发企业可以凭增值税发票抵扣进项税额(进项税率17%)。对于销售环节,房地产企业可以选择由劳务公司派遣销售团队。如果是自己的销售团队,支付的工资和提成是计入房地产企业的人工成本,不能抵扣。但是,如果由劳务公司派遣销售人员,则由劳务公司支付其工资,房地产企业支付劳务成本,可以获得6%的进项发票,抵扣进项税额。例如,考虑到绿化成本占总成本的比重很大,房地产企业可以自己成立一家苗木公司,采购苗木可以取得进项发票,而且苗木涉及存活率问题,人为很难控制,这也可以成为房地产企业调节成本的一个方向,也是未来纳税筹划的一个落脚点。

2. 在开发类型和户型设计中应考虑增值税的因素

"营改增"将更有利于商业地产的开发。商业地产的买家多为企业客户,这些企业取得不动产增值税发票后,可以进行进项税抵扣,这样的话,缴纳的增值税少,房地产企业向下转嫁增值税的阻力也就小。因此,在开发类型上,可以适当开发商业地产。在户型设计中,房地产企业可以考虑多建设精装房。在营业税的条件下,企业销售清水房、精装房所缴纳的营业税税额是不同的。清水房单价最低,营业税税额最低。精装房的单价高于清水房,营业税税额高,因此,在营业税的条件下,企业销售精装房税负较高。但"营改增"后,由于增值税是对销售增值额征税,房屋的精装成本涉及的税额可以抵扣。销售精装房,开发企业税收成本不一定会增加。从这个角度看,可以适当考虑精装房的开发。

3. 在合同订立环节加强增值税相关业务的管理

在增值税的条件下,要求企业做好精细化管理。在企业订立合同时,需要处理好增值税发票的约定问题,避免出现不合法、不可用的发票。在分包合同、建筑材料的采购等各个环节,要做好与对方的协定。同时,在付款上需要以见票为准,在对方出示购销凭证、增值税发票后再付款,避免出现账款无法抵扣的情况。在合同订立的细节上,比如对外签订的名称上需要以企业名称为准。由于房地产开发企业各个部门之间参与的项目较多,部分项目部会以自己所在的部门进行署名、签订合同,自己公司各个合同之间的签订名称会出现差异,所以,为了规范性,需要统一,即以自己的公司名称为准。

4. 加强税收意识，提高会计核算要求，规范工作流程

由于增值税税收管理与营业税税收管理差距较大，如果管理不善，税收风险也十分大。主要的税收风险有：取得发票要求比营业税严格；抵扣税额手续比营业税复杂；发票管理、开具制度严格；税收会计核算过程较复杂。因此，公司应在管理层设立税务管理部门，或设置专门的税务管理岗位，统一管理企业税务事项，如设立税务部、税务总监等。

在会计工作上，应加强核算，做好销项税额和进项税额的记账工作；杜绝在原材料采购环节和接受劳务过程中出现不要发票的现象；加强工程决算的管理，及时与施工企业进行工程决算，及时取得发票，不应拖延；提高会计核算质量，做到笔笔账目有合法的原始依据，坚决做到没有发票不得抵扣；提高会计核算的及时性，实现项目竣工验收，会计核算结束。在将营业税改为增值税后，增值税的发票收集及申报等环节也要做好时间上的安排，事先做好销项税额与进项税额的会计核算，在纳税期限内做好税务工作的安排。

五、完善企业财务报表

企业的三大财务报表（包括利润表、资产负债表和现金流量表）都有不够完善的地方。房地产开发企业开始每一项新项目时都会涉及可行性研究、土地开发、项目设计、建筑施工、竣工验收和交付这六个方面，全面"营改增"后，新的政策就会要求财会人员重新完善财务报表，需要企业重新制订报表编制计划，以提高财务信息的质量。

第十四章 "营改增"对融资租赁业的影响及对策

现代融资租赁的最初形态发源于美国。当时的美国由于工业化快速发展,出现了生产过剩的现象,生产厂商便推出了销售上的创新,利用赊销、分期付款等方式提供金融上的服务,进一步达到推销自己商品的目的。但是倘若商品的使用权和所有权同时转移给承租方的话,对于出租方,他们需要有非常强大的资金链支撑,一旦资金无法及时回笼,企业将承担巨大的压力。这样的租赁方式迫使出租方必须做出经营方式的改变,即仅提供货物的使用权,将其所有权保留在出租方,在期限内出租人以收取租金的方式回笼购买标的物的资金后,可以将货物以合适的价格全部转让给承租方,这样便出现了这种新型的融资方式——融资租赁。

自 1950 年首家融资租赁公司问世之后,融资租赁的经营模式在极短的时间内便在世界各地扩张开来。其在融资的灵活、投资的便捷、促销的力度方面,深得融资者的欢迎。尤其是 20 世纪以来,融资租赁与银行保险业等行业间发生的融合以及现代租赁方式上的创新令融资租赁变得便捷,使用范围不断扩大。

改革开放为我国的经济发展打开了大门,创造了优良环境。由于国内资金匮乏,先进设备、技术和管理缺失,我们开始意识到拓宽资金供应链的必要性,融资租赁应运而生。以中国东方租赁公司的成立为标志,融资租赁作为多元化资金供应的产物,成为我国经济发展队伍中的重要元素。

1999 年后,融资租赁业在我国进入了快速发展期。尽管其在我国近年来发展迅猛,但是融资租赁业在我国所处的税收环境仍然存在很多不尽如人意的地方,甚至可以说在一定程度上阻碍了其发展。考虑到融资租赁行业自身的发展潜力和在资金供应方面能够产生巨大的供血能力,推动该行业的发展不仅可以提升整体经济素质,对满足我国提出的"稳增长、调结构、促发展"的经济要求也有着重大意义。

2008 年年底,我国经历过一轮增值税由生产型向消费型的变革,本次税改更是影响到经济领域的各行各业。一般来说,由于增值税是中性的,因而较营业税而言能够有效减少重复征税,在一定程度上增强企业的竞争力。在改革前的营业税税制下,融资租赁业务属于营业税的课征范围,与购买获得设备的方式相比,承租方不能获得由于取得设备所产生的可抵扣的进项税额,这就加重了承租方的税负。所以承租方在面临选择时,往往更加倾向于购买固定资产。

随着融资租赁业在经济发展中的贡献率日渐提高,2012 年,国家税务总局将有形动产租赁纳入营业税改征增值税的试点行业。改革内容为对其开征增值税,

第十四章 "营改增"对融资租赁业的影响及对策

由此承租方能够开出增值税专用发票，使得承租方从租赁方式中能够获得可以抵扣的进项税额。这样做消除了重复征税，衔接上了增值税中断的抵扣链条。但是在"营改增"新政的推出初期，许多实际中的操作问题还未做具体规定，在现实中存在的操作上的困难，仍然急需进一步克服。

第一节 融资租赁业概况

在《企业会计准则第21号——租赁》中，融资租赁是指实质上转移了与资产所有权有关的全部风险和报酬的租赁。其所有权最终可能转移，也可能不转移。有与以下的条件相符的认定为融资租赁：在租赁期届满时，租赁资产的所有权转移给承租人；承租人有购买租赁资产的选择权，所订立的购买价款预计将远低于行使选择权时租赁资产的公允价值，因而在租赁开始日就可以合理确定承租人将会行使这种选择权；即使资产的所有权不转移，租赁期也会占租赁资产使用寿命的大部分；承租人在租赁开始日的最低租赁付款额现值，几乎相当于租赁开始日租赁资产公允价值，出租人在租赁开始日的最低租赁收款额现值，几乎相当于租赁开始日租赁资产公允价值；租赁资产性质特殊，如果不做较大改造，只有承租人才能使用。

一、融资租赁业在我国的发展历程

20世纪80年代初，为了更好地利用外资、引进技术，融资租赁业开始进入国内市场。1981年，我国与日本在北京合资成立了中国东方租赁公司筹备处，随后由中国国际信托投资公司和国家物资局一起组建了中国租赁公司，这两家公司的成立是当代租赁业在我国建立的标志。我国的融资租赁业从20世纪80年代诞生至今，已经拥有30多年的经营发展历史，逐步成为我国在航空、船舶、医疗、教育、建设等各重要经济领域的主要融资方式。近年来，融资租赁发展迅速，以年平均增长率超过50%的速度在我国众多的金融行业中位居前列。纵观融资租赁业在我国的发展史，其大致可以分为如下四个阶段：

第一阶段：迅速发展期(1981—1987年)。改革开放初期，由于国家的大力支持以及社会对外资和先进技术设备的需求加大，一大批租赁公司应运而生，整个行业快速成长。

第二阶段：问题暴露期(1988—1998年)。在经历了初期的高速成长阶段之后，由于制度上的缺陷，20世纪90年代融资租赁业形势严峻，出现了欠租问题，整个行业接近崩溃的边缘，这段时期，出现了各种问题：出租人起诉承租人的欠租违约事件因法律上存在漏洞而败诉；部分租赁公司业务停滞不前，许多公司甚至面临着倒闭乃至清算的残酷局面。由统计数据可得，到2002年，在36家中外合资企业中，总共有3家企业宣布破产，进入特别清算程序，而在全国有资质的16家金融租赁公司中,该比例甚至高达1/4。

第三阶段:恢复调整期(1999—2007年)。经过15年的谈判,2001年年末我国加入WTO时,欧美国家提出要逐步开放国内各行业,于是我国入世的五年保护期结束后,银行保险市场对外开放,其中就包括融资租赁市场。我国的融资租赁业重获新生,银监会此时颁布的新的《金融租赁公司管理办法》更是提供了不少机遇和挑战,借此机会国内众多商业银行陆续成立了金融租赁公司。有些城市更是出台了一系列优惠政策,以此来激发融资租赁的发展。一大批各种经济性质的融资租赁公司相继成立,这些形形色色的公司中有内资试点融资租赁公司、中外合资融资租赁公司,还有外商独资融资租赁公司。我国租赁业迎来了崭新的发展机遇,并焕发了生机。

第四阶段:跨越式发展期(2008年至今)。2008年开始,融资租赁业迈入了高速生长阶段,其业务量更是成倍数增加。根据我国融资租赁业2014年度报告统计数据可以了解到,我国融资租赁总量已经高达3.2万亿元,较2013年的2.1万亿元增长了1.1万亿元,增长幅度高达52.4%。将上述数据分类来看,在这些业务量中占比例最高的金融租赁合同,余额约为1.3万亿元,同比增长51.2%。排在第二位的是内资租赁合同,余额约为1万亿元,较前一年增长44.9%。最后是外商租赁合同,约0.9万亿元,同比增长幅度最高,达到了63.6%。

二、融资租赁业的类型和水平

截至2014年年底,我国的融资租赁企业共有2 202家,比2013年年底增加了1 176家。一年间增速惊人,同比增幅达到了114.6%。在这2 202家融资租赁企业中,根据审批监管的主体不同,分为三种类型:第一类金融租赁公司,属于银监会监管;第二类内资融资租赁试点企业,由商务部和国家税务总局联合审批;第三类外商投资融资租赁公司,由商务部和地方商务厅共同审批监管。虽然这三类公司均属于融资租赁大行业,但是它们受到的待遇有差别,因为三者分别在不同部门的审批监管之下,适用的税收、法律、法规不尽相同,于是市场准入条件与标准就有差异。

用来衡量一个国家融资租赁发展水平的重要指标是市场渗透率。这一指标是由一国的融资租赁业务总量与该国的国内生产总值(GDP)的比值计算得出的,该比值能够反映出融资租赁业作为一种融资工具对该国投资固定资产所做出的贡献以及技术更新换代的水平,该指标越高就代表融资租赁在某地区越发达,技术更新速度就越快。在融资租赁发展比较成熟的西方发达国家,这一比值为15%~30%。与这个比例相比而言,我国的该项指标基本不超过5%,融资租赁额与我国庞大的GDP相比,只占了很小的一部分。融资租赁业如此低的市场渗透率,已经不能适应我国当前GDP的发展状况。不仅如此,我国的融资租赁主要以直接租赁和售后回租为主,如此单一的形式也无法与发达国家多种多样的融资租赁方式相比,这导致我国融资租赁业的发展不够成熟。

2015年是我国经济发展步入新常态的一年，作为"十二五"规划的最后一年，我国的经济面临着增长速度换挡、发展方式转变、经济结构调整、增长动力转换的新形势，转变我国经济发展方式、升级传统产业结构、持续加大基础设施建设，都离不开融资租赁业对投资固定资产和大型设备的助力，我国融资租赁的发展蕴含着巨大潜力，甚至可以称得上是当今世界上潜在的最大的融资租赁市场。

第二节 我国融资租赁业税收政策发展现状

一、从营业税到增值税

(一)营业税

1986年，财政部、国家税务总局联合发布了通知，这是我国政府第一次正式从税收角度关注融资租赁业。通知中称：融资租赁是一种通过融物为途径实质上起到了融资效果的新的经济活动，目前尚不明确该对此如何征税，建议对从事该业务的银行和其他金融机构开征营业税，其从属于金融业税目，适用税率5％。另外，该通知规定，开展业务收取的利息和手续费收入为计税依据，这就说明购买融资租赁物的本金部分是不需要缴税的。最开始，融资租赁被税务部门规定为差额征税。

融资租赁是指经有关部门批准的允许其从事融资租赁业务的单位所开展的设备租赁业务，在我国营业税现有的9个税目中属于金融保险业，融资租赁业按照金融业的税目征收营业税，税基为出租人向承租人收取的全部价款和价外费用（包括残值）减去出租方承担的出租货物的实际成本后的余额，按照直线法在使用年限内每年提取出等量的营业额，乘以其所适用的5％的税率。与融资租赁业兼具的融资性质和所有权转移为特点不同，普通意义上的租赁业是指"合同约定的限定时间内，将出租方的场地、房屋、物品、设备或设施等的使用权转让给承租方任其使用的一种业务"，适用的是服务业的税率，这种经营租赁是以全部租赁费用与5％的税率相乘计算出应纳营业税税额，而不允许任何成本的扣除。

国家税务总局在2000年7月颁布的第514号通知规定，有资质的融资租赁单位，不论最终被租赁物的所有权归属于谁，都属于营业税征收范围，缴纳营业税而非增值税，这里有资质的经营单位是指经人民银行、外经贸部、国家经贸委批准从事融资租赁业务的单位。除此以外，其他从事融资租赁业务的单位缴纳的税种与租赁物最终的所有权有关，最终所有权若不转让，仍然适用的是营业税，若转让，则应缴纳增值税。

2000年11月，国家税务总局下发了国税函第909号文件，该文件中对有资质的融资租赁企业进一步进行了解释，除了上段"通知"中规定的融资企业外，外经贸部批准的外资企业与中国人民银行批准的内资企业从事融资租赁业务的，同样适用金融保险业的税率缴纳营业税。

2003年，财政部、国家税务总局下发的第16号文中规定：出租方的应纳营业税税额＝其收到的全部价款及价外费用(含残值)－其承担的实际成本。该公式中出租方承担的出租货物的实际成本具体有八项，分别为出租方所承担的货物的购入价、关税、增值税、消费税、运杂费、安装费、保险费和贷款的利息(包括外汇与人民币借款利息)。该条款细化明确了1981年"通知"中的收入与成本所分别包含的项目。

2010年9月9日，国家税务总局发布的第13号公告明确了售后回租的税务处理办法，该公告中规定了在融资租赁业务中的承租方的售后回租行为既不属于增值税，也不在营业税征收范围内，不对这种出售资产给出租方的行为征税。

(二)"营改增"

2011年11月，财政部、国家税务总局发布的第110号通知是"营改增"重大改革的启动标志。接着，国家税务总局陆续颁布第111号文件及其附件。这两个文件中规定了部分现代服务业中的有形动产租赁服务属于此次税改范围，并且规定了有形动产租赁服务包含有形动产融资租赁和有形动产经营性租赁。而一些相关文件部分规定了对有形动产融资租赁的增值税实行"即征即退"的税收优惠政策，即在试点区域，对于有资质从事融资租赁的一般纳税人，其提供的有形动产融资租赁服务在改缴增值税后，若企业的增值税实际税负超过3%，即对超过部分退税。

二、城市维护建设税及教育费附加

按照《中华人民共和国城市维护建设税暂行条例》的规定，当纳税人发生增值税、消费税、营业税等流转税缴纳时，城市维护建设税及教育费附加是随之一起征收的随征税种，其应纳税额的计算方法是：以上述流转税税额为税基，与附加税适用税率相乘，其中，根据城市和县、镇等地区的不同，城市维护建设税分别有7%、5%、1%三种税率，教育费附加的税率为3%。

三、企业所得税

对于我国的融资租赁企业，适用2007年颁布的《中华人民共和国企业所得税法》《中华人民共和国企业所得税法实施条例》，而且超国民待遇于2008年起取消，不论外资还是内资的融资租赁企业，所得税税率统一为25%。企业所得税的税收优惠大体有以下三种。

(一)加速折旧

《关于促进企业技术进步有关财务税收问题的通知》规定：对于采用融资租赁

的方法为企业引进设备来升级改造技术的,在机器的折旧年限不少于3年的前提下,可以比较该设备的融资租赁期限和国家规定的折旧年限,选择期限较短的一个作为该设备的折旧年限;按照税法的规定,一般普通的生产设备的折旧年限为10年,而选择融资租赁方式签订合同的期限通常仅为3年,若企业选择融资租赁方式引进设备即可将折旧年限由10年降为3年,对企业本身来说无疑是十分有利的。但是在现实操作中,企业如果想采取这种在税前提取的加速折旧,要上报至国家税务总局批准备案才能实行,我国的企业目前还不能自主采取这种行为。

(二)税前扣除

在《企业会计准则》中,和企业自有固定资产的操作方法一样,以融资租赁方式获得的固定资产同样是按规定税前提取折旧金额,而非扣除企业租赁所产生的支出,对于租金中的利息部分则另有规定,各租赁期租金产生的利息按照期间费用处理,计入各期的财务费用内。

(三)投资税收抵免

《中华人民共和国企业所得税法实施条例》第一百条规定了鼓励企业购置使用节能环保设备所适用的税收优惠政策:属于环境保护、节能节水、安全生产专用设备企业所得税优惠目录内列举设备的,当我国企业实际购置并且投入自身使用,在该企业当年的应纳所得税税额中,能够直接抵免掉置办该设备所投资资金的10%,若当年的所得税税额被抵免掉之后仍有余,那么可以在接下来的5个纳税年度之内继续结转抵免所得税税额。但是5年内企业如果将专用设备转让、出租,那么其将不再能享受到这项优惠政策,不但如此,该企业还要将已经被抵扣掉的所得税税额进行重新申报补缴。由该条例可知,若企业以融资租赁形式引进符合上述条件的专用设备,也不可享受到这项税。

第三节 "营改增"对融资租赁业的影响

一、"营改增"对融资租赁行业发展的积极影响

目前国际上通行的做法是对融资租赁业征收增值税,并采取用租金收入扣除相应成本后的余额征收,而在我国本次"营改增"试点范围中,融资租赁业中的主要部分——有形动产融资租赁已经被先行纳入改革范围之内,此举对融资租赁业的发展有积极影响。

首先,能够更好地完善规范我国的增值税征纳制度,形成各环节各行业环环相扣的完整的抵扣链条,"营改增"后,融资租赁企业可以就其开展的有形动产租赁业务给承租方开具出能够用于抵扣进项税额的增值税专用发票,承租企业进入

全面营改增税收政策对现代服务业的影响及对策研究

增值税抵扣链条中,这种逐环节征税、逐环节抵扣的征纳特点能有效弥补征收营业税时存在的重复征税的缺陷。

其次,近年来融资租赁业的迅速发展拓宽了融资渠道,我国的企业尤其是中小企业,拥有了更多融资方面的选择。对融资租赁业实行"营改增",将会降低承租人的融资成本,使生产企业融资时,更倾向于选择融资租赁这种方式为企业融资。

再次,我国融资租赁采取的最主要的两种形式是直租和售后回租,业务种类的选择较单一,融资租赁在业务方式上缺乏创新更是成为整个行业发展中的短板。"营改增"给融资租赁业带来的减税的利好消息势必能激励并推动融资租赁企业探索多种形式的创新,进而推动整个行业的发展。

最后,由于我国流转税制和税收政策方面存在的问题,当前融资租赁的税收环境存在不公平的现象,而此次的增值税扩围有利于改善并消除这种不公平的环境。

本次税改前后融资租赁业所适用的税收政策见表14-1、表14-2。

表14-1 "营改增"前融资租赁业的税收政策

融资租赁的纳税义务人		税种	计税依据
经中国人民银行批准经营的单位		营业税——金融保险业(5%)	出租人向承租人收取的全部价款减去价外费用(含残值)与出租方承担的出租货物的实际成本和费用的余额,差额征税
其他单位	租赁物的所有权未转让给承租方	营业税——服务业(5%)	营业额全额征税
	租赁物的所有权转让给承租方	增值税(17%)	以营业额计算销项税额

表14-2 "营改增"后融资租赁业的税收政策

融资租赁的纳税义务人		税率/%	税收优惠
经批准的有经营资质的纳税人	一般纳税人	17	对其增值税实际税负超过3%的部分,享受增值税"即征即退"政策且承租方可凭借从出租方取得的增值税专用发票抵扣进项税额
	小规模纳税人	3	按照3%征收增值税,由国税机关代为开具增值税专用发票,承租方可凭票抵扣3%的进项税额
未经批准无经营资质的纳税人	一般纳税人	17	不享受增值税的"即征即退"政策
	小规模纳税人	3	按3%征收增值税

融资租赁业并非全部业务都被纳入本次税改,仅包括有形动产的租赁,其

他不动产租赁、无形资产租赁、股权租赁、基础设施租赁、公益设施租赁等仍然不在这个范围，适用于之前的税收政策。在本次试点的现代服务业中，税率最高的就是有形动产租赁（适用17%的税率，而其他服务业适用6%的税率），适用17%的税率是为了维持增值税抵扣环节的连续性，并且为了控制租赁公司在税改后的实际税负不至于过高，同时实施了对税负超过3%的增值税"即征即退"。

二、"营改增"对融资租赁业的税负影响

(一)税负的确定

税负即税收负担率，是由企业实际向税务机关缴纳的税额与收入相比计算而得出的百分比。

1. 税负的形式

税负的形式有三种：当纳税人收入变化时，衡量其所负税额与收入的比率，当其所负税额与收入之比不变时为比例税负，当该数值随收入的增加成正比时为累进税率，当该数值随收入的增加成反比时为累退税率。

2. 税负的种类

从宏观角度来看，以所有种类税收的总和（以我国为例，我国税种主要有增值税、消费税、营业税、企业所得税、个人所得税、资源税、房产税、城市维护建设税及教育费附加等）与国内生产总值（GDP）数值相比得出的数据，可以从整个国家的角度衡量一国总体所承担的税收；从微观角度来说，税负就是指个人或单个企业的实际税收负担，负税人就是最终实际缴税的单位和个人。

3. 税负的税率计算

国税发〔2005〕43号文件中所指的税收负担率是从宏观角度考察一国税制的综合税收负担率，当针对微观角度判断单位纳税人的税负时，由于目的不同，计算方法略有差异。在研究"营改增"前后的税负差异时，可以由营业税税负、增值税税负和所得税税负这三种主要指标组成，税负的计算公式为：税负＝应纳税额/应税销售收入。

(二)"营改增"前后融资租赁业税负变化分析

"营改增"之后，开展有形动产租赁业务适用税率从5%变更为17%，同时实施了对于超过3%的实际税负部分"即征即退"的税收优惠政策，而税基由原来的总收入减去本金和相关实际成本变为总收入减去本金，但是"即征即退"的税收优惠政策只适用于增值税而不包括随着增值税的缴纳所征收的附加税（城市维护建设税及教育费附加），这一部分税收在增值税产生退税时仍需要据实缴纳。

假设现有某租赁公司在"营改增"之后缴纳增值税并且属于一般纳税人，每年

符合税改后缴纳增值税的融资租赁业务相对应的营业收入为 X，该公司相对应的购买融资租赁物实际发生的成本和可扣除的相关成本为 Y，那么"营改增"之前该公司应缴纳的营业税为：应纳营业税税额＝$0.05(X-Y)$。改革后，这部分业务应纳税额为：应纳增值税税额＝$X\div(1+17\%)\times17\%-Y\times17\%=0.1453X-0.17Y$，将现行的"即征即退"政策考虑在内，此时该公司缴纳增值税的情况分为以下两种：其一，在适用"即征即退"的退税条件下，当 $0.1453X-0.17Y>0.03X$ 时，对超过部分退税，则该公司增值税的实际税负为 $0.03X$，此时若 $0.03X\leqslant0.05(X-Y)X/Y$，就意味着若无其他附加税，税改后的税负不超过之前的负担，就可得出临界值 $X/Y\geqslant160\%$，该数值代表若税改后税负不上升，该公司的收益率不少于 60%，而现实情形是，整个融资租赁行业的平均收益率为 20%～30%。当无法取得退税，即 $0.1453X-0.17Y\leqslant0.03X$ 时，与 $0.05(X-Y)$ 相比可知，此时公司的实际税负超过了之前缴纳营业税时的税负，大约为营业税政策下的 3 倍，即为 $0.1453X-0.17Y$。经过上述的简单推理可以看到，有形动产租赁缴纳的税额从之前营业额的 5% 变为改革之后购置租赁标的物含税价的 17%，若能符合"即征即退"的要求获得退税，企业的税负是有可能减轻的，否则税负是加重的。再加上"即征即退"政策也规定了实施期限，到期之后，税负更难以降低。

对于租赁企业中的小规模纳税人而言，则情况比较简单，"营改增"之前适用 5% 的营业税税率，"营改增"之后适用 3% 的增值税税率，而且不存在进项税额的抵扣，由于增值税是一种价外税，除去增值税的不含税价格是税基，税改后的税基反而减少了，所以税改之后，融资租赁企业中的小规模纳税人整体税负是降低的，结果见表 14-3。

表 14-3　小规模纳税人税负变化　　　　　　　　　　　　　　　　　　　%

营业税税率	增值税税率	税负变化
3	3	-0.09
5	3	-2.09

同时，我国税收政策规定：对于与流转税有关的"先征后退""先征后返"和"即征即退"等税收优惠政策，随征的城市维护建设税及教育费附加，除非有明确规定，不随流转税一并退（返）。因此，"即征即退"的适用范围中并不包含随增值税征收的城市维护建设税及教育费附加（这两种税率分别为流转税额的 7% 和 3%），因此附加税的税负加重，通过测算，大约为税改前的 2 倍。

第四节 促进融资租赁业发展的税收政策建议

一、"营改增"后融资租赁企业存在的问题

(一)部分企业无法享受"即征即退"的退税优惠

企业在税务管理流程中的某些特定操作导致有些企业可能没办法享受增值税"即征即退"的退税优惠。比如，在购买融资货物时租赁公司就能够获得商家开具的增值税专用发票，之后租赁公司就可以开出等额的增值税专用发票给承租方，给其用以进项税额的抵扣。这样在以后合同约定的租赁期内租赁公司就可以仅就租息开出增值税发票。这样操作，货物全部的进项税额在最开始便一次性被租赁公司全部抵扣，以后各期就租息部分缴纳增值税，而计算税负的时候规定以租金的全额为分母。用这种方法计算的之后各期增值税的实际税负就不可能达到3%的临界值，租赁企业之后便不能继续享受到退税。

(二)售后回租业务中尚存疑问

在营业税改征增值税前，国家税务总局在《关于融资性售后回租业务中承租方出售资产行为有关税收问题》(2010年第13号公告)中特意对售后回租业务进行了相关说明，明确指出售后回租的业务行为，对其既不在营业税范围内征税也没有被纳入增值税的征收范围之内，即不对该业务行为征收这两种税。同时这种操作手法也使承租方获得了进项税额，用于抵扣。但是"营改增"将有形动产租赁的业务行为纳入征收范围之后，相关政策文件没有及时跟进修改，没有出台新的文件对售后回租业务的增值税计征办法进行相关说明。在这种情况下，各地税务机关只得根据自己的理解采取了不同的操作办法。有些地区继续执行2010年第13号公告，如上海市便继续采用原有计税方法，开具的增值税发票仅仅只有租息部分。但是国家税务总局曾经明确要求，对于融资租赁业务双方所涉及的资金流和票据流需要保持统一，若要满足该要求，那么涉及售后回租的业务应该以租金的全部金额开票，但这种做法令租赁公司承担的风险和成本都很高：首先在并没有得到承租人出售租赁物的原值开具的增值税发票的情况下，还同时要给承租人提供其所获得的租金收入的增值税发票，对承租人方面来说是不利的；换一个角度来看，从企业会计核算方面进行分析，租赁企业的营业收入其实仅仅是租息而已，租金的本金部分并不是严格意义上的营业收入，倘若全部作为营业收入入账，对企业的所得税汇算清缴来说也是有不利影响的。从这一点来说，将租赁物原值和租金收入一起开具增值税发票也是不合理的。

(三)抵扣链条不完整

虽然进行了"营改增"改革，扩大了增值税的课征范围，但是逐环节征税、逐

环节抵扣的完整的增值税链条尚未完全建立。目前初级产品进入增值税纳税抵扣链条还不顺畅，如农业方面的融资租赁业务就不在这次税改新建的征收体系之内，因此租赁企业尚不能就农业方面的租赁业务开出增值税专用发票，对于农业方面租赁业务的承租方来说，由于不能获得可抵扣的进项税额，成本增加，承租方可能不会选取融资租赁的方式为企业融资，这对双方来说都是不利的局面。

(四)部分融资租赁企业遵从成本增加

首先，大部分融资租赁公司不仅将有形动产作为标的开展租赁业务，目前来看，越来越多的不动产租赁也被纳入业务范围，可是目前并没有规定将不动产融资租赁纳入此次增值税扩围的改革中。将不动产租赁和有形动产租赁的业务拆分开，这对于融资租赁企业来说很难理解。其次，现如今大部分融资租赁企业从事的业务都不是单一的，金融租赁公司的业务更是种类繁多。这类公司经常同时从事相关的金融服务，如吸收存款、发放贷款、同业拆借，即便是普通的从事一般动产融资租赁业务的租赁公司，在从事其主营业务的同时，可能还提供相关的租赁资产的维修及残值处理、咨询及担保等相关业务。而这次"营改增"的范围并不包含这些业务。因此，这些公司都存在兼营或混合销售的局面，在税收征管实际操作时兼营或混合销售会导致征税的复杂程度大大增加，效率大大降低。此外，为了提高融资租赁行业的融资能力而进行的业务创新，出现了如保理(托收保付)、信托、资产证券化等新兴的业务，但是目前并没有明确提出将此类业务产生的费用等支出纳入成本，这些创新业务的发展将有可能面临不利的影响。

二、优化"营改增"对于融资租赁业的税收政策

在经济发展中，融资租赁业能起到拉动内需、扩大投资、完善产品结构、促进产业结构升级的作用。根据分析可以明确，本次"营改增"的实施有利于融资租赁企业今后的健康发展，主要体现在可以平衡税负，对融资租赁行业内由于之前开征营业税而产生的重复征税现象起到较好的修正效果，更好地发挥增值税中性的特征，从税收负担和成本方面为企业减负。这样企业尤其是小企业在进行扩张或融资时选择融资租赁这种方式的积极性也会提高。但是，融资租赁业在此次改革过程中依然有一些过渡性问题存在，反而会使部分企业的税负加重、成本增加，偏离了改革的初衷。因此，应该适时提出一些与之相适应的财税政策，消除过渡时期可能给企业带来的税负上升现象，保障改革企业的长远利益，加强我国的税收征管质量，进一步为本次税改的顺利完成提供保障。

(一)加大"即征即退"的力度，简化返还的操作流程

目前"营改增"仍然处于试点实施过程中，当初实行的"即征即退"政策也是出于试点的考虑，所以对于该项政策有明确的时间限制，也使得该项政策具有较强的时效性。建议如下：一是可以长期执行这项政策，这样一方面可以保证融资租

赁企业在税改后的实际税负至少不会高于差额征收营业税时所承担的税负，另一方面有利于租赁行业整体的持续健康发展，而且可以更加有效地观察该项政策的实施效果。否则一旦政策到期后，对于应对不足的企业来说，税负的增加不仅会影响企业利润，也会给企业的资金周转带来不利影响，严重的甚至会引起链条式的崩盘。二是可以考虑加大税收优惠幅度，如将3%的标准降为2%，同时可以增加退税频率，采取按月征税、按月退税的程序。同时，对于税改导致部分税负加重的企业，上海市就为这些企业提供了财政上的过渡阶段的扶持，针对税负增加累计超过5万元的企业返还税负增加额的70%，此举大大减轻了税负过高企业的负担。另外值得一提的是，可以考虑对随着增值税征收的城市维护建设税及教育费附加等附加税采取和增值税一样标准的"即征即退"政策。在退税的实际操作过程中，常常由于手续烦琐，提交的申请材料过多，给征纳双方带来了负担，建议简化申报流程，及时让企业取得返还的税金。

（二）对售后回租方面的建议

对于在"营改增"背景下如何对售后回租业务进行实务操作，有如下建议：关于售后回租业务中租赁物的本金部分，可以建议租赁公司开具收据给融资方，而仅仅对租赁物扣除本金之外的租金部分开具出增值税专用发票，因为倘若出租方为融资方提供的是全额全款的增值税专用发票，融资方就会因为融得同一资产重复取得相同的进项税额抵扣凭证。除此之外，还可以借鉴未改征增值税前的做法，根据承租人的偿还计划，分期分次开具相应金额的增值税发票，而只有在承租方向出租方开具租赁物本金部分的增值税发票的前提下，出租方才有可能就回租业务开具包含租赁设备本金部分的发票。但是若《关于融资性售后回租业务中承租方出售资产行为有关税收问题》继续生效的话，在展开售后回租业务时，按照规定租赁公司就不能为除去租赁物租金以外的本金部分提供增值税专用发票。或考虑将售后回租业务拆分成出售和回租两部分，分别从这两个环节计征增值税。因为这种做法不仅能够解决融资租赁企业的成本问题，还可以令企业的现金流和票据流保持统一，规范税务处理。总而言之，国家应尽快出台有关政策来规范明晰售后回租业务的税务处理。

（三）扩大融资租赁改革范围，完善税收优惠政策

继续扩大"营改增"的覆盖范围，要想达到改革对融资租赁业全方位的覆盖，就要将融资租赁标的物和融资租赁业务的多种模式都纳入"营改增"的范围中。这样融资租赁业的税收环境能够更好地达到公平统一，融资租赁企业的业务操作将会更便利，这样不仅有利于融资租赁业务的开展，而且可以降低企业的遵从成本。同时，为使融资租赁业务平稳过渡，保持税收缴纳环节的连续一致，应分别对待"营改增"前后签订的融资租赁合同，对于税改前签订的项目仍然征收营业税直至租赁期结束，税改后的项目则按照新税制的规定征收增值税。根据一般的融资租

赁的期限，原项目要 3~4 年租赁期限全部结束后，整个融资租赁行业的税收才有可能全面过渡到增值税体系内。

与此同时，我们也应当积极借鉴发达国家促进融资租赁业方面的做法，与我国自身的财税政策、会计制度相结合。例如，在税法中可以规定允许承租方对租赁物采取加速折旧，承租方的租金和坏账准备金允许在税前扣除；对出租方来说，可以为其提供设立税收投资抵免制度、完善租赁风险准备金制度等一系列相关税收优惠。

(四)统一明确有关税收政策

尽管融资租赁业在我国的起步晚于西方发达国家，但是近年来由于其在我国的飞速发展，业务模式上的创新也是日新月异，因此税务机关实践方面经验的缺乏更为明显，各地税务部门对具体融资租赁业务适用税目税率的界定以及相关税收政策法规的理解不尽相同，导致了不同区域的税务机关有可能就同一税收行为做出不同的处理结果。在这种情况下，要想规范统一各地区税务当局的税务处理，有效及时的政策性文件的作用尤为重要，而且能同时推动融资租赁整个行业的业务开展。由于现在很多融资租赁业务的开展都是跨地区进行的，在当前情况下，融资租赁公司与当地税务机关的顺利沟通成为融资租赁业务得以开展的前提条件，这不仅增加了融资租赁双方和税务机关的时间成本，也给融资租赁业务的开展带来了一定的阻碍。很多融资租赁公司就是由于在回租业务中出租人取得向承租人收取的本金部分开具发票用以税前扣除的规定比较笼统，致使现实操作中承租人和相关地区国税局在处理上存在疑问，不知按照哪种操作规范办理。山东省国税局的做法则值得借鉴，在其"营改增"的政策指引中，第十一条的规定指出，按照国家税务总局发布的《关于对外资企业征收城市维护建设税和教育费附加有关问题的通知》，在售后回租业务中出售租赁标的物给出租方的行为，既不属于增值税也不属于营业税的课征范围。所以，承租方属于增值税纳税人的，就其在约定业务中出售资产的行为向出租方开具的发票，可以仅仅标注出销售金额，这项收入不用作为增值税销售额申报缴税。综上，国家税务总局若是能够针对融资租赁中的创新业务模式做出更为清晰的界定并且对现有政策中的细节加以明确，可以使全国各地的税务机关在执行政策时统一口径，方便整个融资租赁行业业务的开展。

参考文献
References

[1] 中华人民共和国增值税暂行条例(中华人民共和国国务院令第 538 号).
[2] 中华人民共和国增值税暂行条例实施细则(财政部、国家税务总局令 2008 年第 50 号).
[3] 财政部 国家税务总局关于全面推开营业税改征增值税试点的通知(财税〔2016〕36 号).
[4] 国家税务总局关于发布《营业税改征增值税跨境应税行为增值税免税管理办法(试行)》的公告(国家税务总局公告 2016 年第 29 号).
[5] 财政部 国家税务总局关于营业税改征增值税试点若干政策的通知(财税〔2016〕39 号).
[6] 国家税务总局关于营业税改征增值税试点期间有关增值税问题的公告(国家税务总局公告 2015 年第 90 号).
[7] 国家税务总局关于发布《纳税人跨县(市、区)提供建筑服务增值税征收管理暂行办法》的公告(国家税务总局公告 2016 年第 17 号).
[8] 国家税务总局关于发布《房地产开发企业销售自行开发的房地产项目增值税征收管理暂行办法》的公告(国家税务总局公告 2016 年第 18 号).
[9] 财政部 国家税务总局关于进一步明确全面推开"营改增"试点金融业有关政策的通知(财税〔2016〕46 号).
[10] 财政部 国家税务总局关于金融机构同业往来等增值税政策的补充通知(财税〔2016〕70 号).
[11] 财政部 国家税务总局关于明确金融、房地产开发、教育辅助服务等增值税政策的通知(财税〔2016〕140 号).
[12] 财政部 国家税务总局关于资管产品增值税政策有关问题的补充通知(财税〔2017〕2 号).
[13] 国家税务总局关于个人保险代理人税收征管有关问题的公告(国家税务总局公告 2016 年第 45 号).
[14] 财政部 国家税务总局关于进一步明确全面推开"营改增"试点有关再保险不动产租赁和非学历教育等政策的通知(财税〔2016〕68 号).
[15] 财政部 国家税务总局关于明确金融房地产开发教育辅助服务等增值税政策的

通知(财税〔2016〕140 号).

[16] 国家税务总局关于发布《纳税人转让不动产增值税征收管理暂行办法》的公告(国家税务总局公告 2016 年第 14 号).

[17] 国家税务总局关于发布《不动产进项税额分期抵扣暂行办法》的公告(国家税务总局公告 2016 年第 15 号).

[18] 国家税务总局关于发布《纳税人提供不动产经营租赁服务增值税征收管理暂行办法》的公告(国家税务总局公告 2016 年第 16 号).

[19] 国家税务总局关于纳税人转让不动产缴纳增值税差额扣除有关问题的公告(国家税务总局公告 2016 年第 73 号).

[20] 国家税务总局关于明确"营改增"试点若干征管问题的公告(国家税务总局公告 2016 年第 26 号).

[21] 国家税务总局关于"营改增"试点若干征管问题的公告(国家税务总局公告 2016 年第 53 号).

[22] 国家税务总局关于修订《增值税专用发票使用规定》的通知(国税发〔2006〕156 号).

[23] 国家税务总局关于纳税人申请代开增值税发票办理流程的公告(国家税务总局公告 2016 年第 59 号).

[24] 国务院关于印发全面推开"营改增"试点后调整中央与地方增值税收入划分过渡方案的通知(国发〔2016〕26 号).

[25] 财政部 国家税务总局关于科技企业孵化器税收政策的通知(财税〔2016〕89 号).

[26] 财政部 国家税务总局关于国家大学科技园税收政策的通知(财税〔2016〕98 号).

[27] 财政部关于印发《增值税会计处理规定》的通知(财会〔2016〕22 号).